시민사회

제3판

Michael Edwards 지음
서유경 옮김

명인문화사

시민사회, 제3판

제1쇄 펴낸 날 2018년 7월 5일
제2쇄 펴낸 날 2021년 3월 5일

지은이 Michael Edwards
옮긴이 서유경
펴낸이 박선영
주 간 김계동
디자인 전수연

펴낸곳 명인문화사
등 록 제2005-77호(2005.11.10)
주 소 서울시 송파구 백제고분로 36가길 15 미주빌딩 202호
이메일 myunginbooks@hanmail.net
전 화 02)416-3059
팩 스 02)417-3095
ISBN 979-11-6193-008-4
가 격 20,000원

ⓒ 명인문화사

이 도서의 국립중앙도서관 출판예정도서목록(CIP)은 서지정보유통지원시스템 홈페이지(http://seoji.nl.go.kr)와 국가자료공동목록시스템(http://www.nl.go.kr/kolisnet)에서 이용하실 수 있습니다. (CIP제어번호 : CIP2018019607)

....

Civil Society, 3rd Edition
Michael Edwards

This edition is published by arrangement with Polity Press Ltd., Cambridge.

Korean edition ⓒ 2018 Myung In Publishers

국내외 저작권법에 의거하여 복사제본과 PPT제작 등 **무단 전재**와 **무단 복제**를 **금지**합니다.

시민사회

제3판

Michael Edwards 지음
서유경 옮김

차례

저자 서문 ·· vi
역자 서문 ·· xiv

1장 서론: 그 거대한 사상이란 무엇인가? ················· 1
- 시민사회: 하나의 사상으로서 그것의 약사(略史) · 7
- 시민사회의 부상(浮上) · 15

2장 결사적 삶으로서의 시민사회 ························· 25
- 지금 세계 속에서 어떤 '결사혁명'이 진행되고 있는가? · 28
- 누가 시민사회에 '속하며' '속하지 않는'가? · 33
- 조직들 및 생태계들 · 41
- 교차적 관점에서 본 결사적 삶 · 48

3장 '좋은 사회'로서의 시민사회 ························· 61
- 결사적 삶과 좋은 사회 · 67
- 국가, 시장 그리고 '문명화된' 사회들 · 81
- 시민사회와 시장 · 83
- 시민사회와 국가 · 90

4장 '공공영역'으로서의 시민사회 ······················· 95
- 왜 공공영역이 중요한가? · 103

- 현대의 공공영역들: 위협과 기회 요인 · 111
- 공공영역을 강화시키는 새로운 기회들 · 118
- 결론 · 126

5장 종합: 시민사회라는 수수께끼 풀기 ········· 129
- 결사적 삶, 공공영역 그리고 좋은 사회 · 132
- 지구시민사회 · 149
- 결론: 일반화는 가능한가? · 159

6장 이제 우리는 무엇을 해야 하는가? ········· 165
- 진짜 시민사회의 전제조건 구축 · 169
- 건강한 결사적 생태시스템 개발의 촉신 방안 · 178
- 결론 · 187

보론 시민사회 사상의 역사와 21세기 시민사회 ········· 193
- 정치철학의 전통에서 살펴본 시민사회 용어 및 개념 · 193
- 시민권의 변천을 통해 본 근대 시민사회의 탄생 과정과 성격 변화 · 198
- 담론정치의 장으로서 시민사회 · 202
- 『시민사회』는 어떤 내용을 담고 있는가? · 206
- 『시민사회』 비판: 하나의 시민사회로서 지구시민사회? · 210

주 ········· 216
참고문헌 ········· 226
보론 참고문헌 ········· 247
찾아보기 ········· 248
역자 소개 ········· 255

저자 서문

2004년 이 책의 초판이 나온 이후 구글 Google에서 'civil society'를 검색한 횟수 기록이 매년 70퍼센트 씩 감소했다.[1] 이 수치가 시민사회에 대한 관심이나 지지도를 가늠하는 특별히 엄격한 척도는 아닐 것이다. 그럼에도 그것은 내가 이 책의 초판 서문에서 언급했던 바대로 시민사회를 '장차 다가올 100년 동안 살아남을 거대한 사상'으로 봤던 나 같은 사람들에게는 경악할 만한 사건이 아닐 수 없다. 물론 사람들이 스스로 자발적인 집합행동을 조직하고 **'아랍의 봄**Arab Spring'과 같은 일화들이 계속해서 헤드라인을 장식하기는 할지라도, 그런 사건들은 시가지와 광장을 메웠던 시위자들이 사

---

* **아랍의 봄(Arab Spring)** – 2010년 12월 북아프리카 튀니지에서 발생한 비폭력 저항운동으로 정부를 전복시키고 이것이 매개체가 되어 2011년 이집트, 바레인, 시리아, 이라크, 사우디아라비아, 이란, 예멘을 포함한 북아프리카와 중동지역으로 확산된 반정부 시위운동이다. 이 혁명들의 목적과 성격은 다양했다. 일부는 정부에 만연해 있는 부패를 비판하고, 일부는 자유의 신장과 인권 존중을 포함하는 보다 민주적인 정부를 요구했다. 또한 일부는 극심한 빈부차이에 불만을 표출하였다. 정부를 전복시키는 방법으로 폭력적인 군사행위가 아닌 비폭력 저항의 힘이 발휘되었다. 아랍의 봄으로 튀니지, 이집트, 예멘, 리비아에서 장기 독재집권 세력을 축출하는 데 성공하였다.

라지고 나면 이내 약간 덜 강렬한 활동 형태들로 가라앉고 만다. 그러한 '공민적'(이 책에 반복적으로 나타나는 'civic'이라는 용어는 시민들의 공적 지향성을 보다 선명하게 드러내기 위해 '공민적[公民的]인'으로 옮긴다. 예를 들어, civic action은 '공민행동'으로 civic life는 '공민적 삶'과 같은 방식으로 표현될 것이다 – 역자 주)인 현상이 그것의 직접적인 원인들이 표출된 이후까지, 그리고 광범위한 억압과 불안 상황을 무시하면서까지 지탱되기는 어렵다는 사실을 감안하면 이런 결과는 아마도 피할 수 없을 듯하다. 내가 이 서문을 쓰는 시점에 이스탄불Istanbul의 탁심광장Taksim Square과 브라질의 여러 도시들에서는 이와 유사한 이야기가 다시 쓰여지고 있을 것이며, 어쩌면 개혁에 대한 더 큰 개방성 대신에 최루탄과 몽둥이질이 난무할지도 모르겠다. 심지어 정치인들이 공민행동을 육성하려는 적은 수의 긍정적인 시도들마저도 후퇴하였다. 영국의 '**큰 사회**Big Society'*는 하루가 다르게 작아지고 있으며, 미국의 풀뿌리 민중이 버락 오바마의 재선 캠페인에 광범위하게 참여했다는 사실이 그의 정부로 하여금 미국 내에서 보다 급진적인 어젠다를 추구하도록 만들었다는 증거는 거의 존재하지 않는다.

  그럼에도 내가 보기에 이러한 사실들은 장기적인 정치 및 문화의 진화과정에서 시민사회가 가지는 중요성을 조금도 바꾸지 못한다. 모든 상황에서 시민 행동주의의 현실은 뉴스 헤드라인들이 제시하는 것처럼 늘 그렇게 화려한 것이 아니었으며, 강력한 사회운동이라는 것은 비

---

* **큰 사회(Big Society)** – 2010년 보수당과 자민당의 정치연합으로 선거에서 승리한 카메론(David Cameron) 총리가 내 건 지역공동체 활성화 정책으로서 지역마다 '큰 사회 네트워크(Bic Society Network)'와 '큰 사회 은행(Big Society Bank)'를 조직하여 지역민들이 공동 프로젝트를 수행하도록 하는 정책 프로그램을 말함.

교적 드문 사회현상이다. 사람들이 자신의 사회들을 형성하는 힘은 보통 그들이 자발결사체와 공동체들, 교회, 모스크, 회당, 노동조합, 정당, 그리고 '정상적인' 공민적 삶의 다른 표현 형태들에 매일같이 참여하는 방식을 통해서 전달된다. 나는 2장에서 시민사회를, 수면 위로는 높은 지명도를 가진 단체들과 사건들의 형태로서 봉우리들을 가지고 있으며, 수면 아래에는 어마어마한 공민적 상호작용을 감추고 있는 형태의 빙산에 비유했다. '아랍의 봄'과 같은 사례들은 기본적으로 그 사건 자체로도 중요하다. 그럼에도 그것의 장기적인 중요성은 어쩌면 사건의 표면 아래에서 일어나고 있는 어떤 것에서 발견할 수 있을 듯하다. 2000년대 초 이래로 면대면 형태의 공민적 상호작용에 대한 인기가 점점 시들해지고, 또한 그것을 지속하기가 점점 더 어려워짐에 따라 이 빙산의 '얼음' 상당 부분이 녹아내리고 있다는 증거가 늘어나고 있다. 만약 그게 아니라면, 그 '빙산' 자체가 어쩌면 기술, 사회적 매체와 시장의 새로운 변화상의 영향 아래서 제 스스로 재형성되고 있는 것일지도 모른다. 그것의 영향은 시민사회에 대해 긍정적일 수도 있고 부정적일 수도 있으며 아니면 양자의 중간 어디쯤에 걸친 결과들을 초래할 수도 있을 것이다. 이 책, 『시민사회』의 제3판은 바로 이러한 장기적인, 수면 아래서 이루어지고 있는 발전상들에 초점을 맞추어 기술되었다.

일정한 간격을 두고 개정판을 내는 일이 지닌 이점은 작업과정에서 새로운 발상과 해석들이 추가될 수 있다는 것이다. 실은 이 책을 교재로 사용했거나, 연구조사 임무나 정책수립 과정이나 공교육 등에 활용하였거나, 또는 비정부단체들NGOs: nongovernmental organizations 재단들, 그리고 기부기관들의 전략기획에 활용한 적이 있는 독자들로부터 비판적인 의견을 상당히 많이 경청했다. 그래서 이번 3판의 개정작업에서는 2009년에 출간된 제2판 이후에 빠르게 진전되어 온 주제들과 관련하여 새로운 절 2개를 추가로 집필했다. 첫 번째 절에서는 시민사회와 시장이 중첩되는 부분들을 다루고 있다. 그것들은 가지각색의 사회적 기업들 또는 사회적 기업가들로 알려진 혼성적인 기관 형태로서 '벤처 자선사업'이나 '임팩트 투자방식' 또는 기타 다른 유형의 기금투자 방식들의 후원을 받고 있다. 이런 유형은 기업적 사고방식의 강력한 영향력 아래에 놓여있다. 이런 주제들은 우리가 3장에서 좋은 사회good society의 정초(定礎)라는 용어상으로 이해하는 방안들에 영향을 주는 모종의 잠재적으로 중요한 변화요인으로 다루어질 것이다.

두 번째의 새 절은 공민적 상호작용에 소셜미디어와 점증하는 정보통신기술ICTs의 사용을 중심으로 전개된 발전상들을 다룬다. 이미 이것은 최근 시민사회 관련 토론장에서 가장 많이 논의된 사회현상일 것이다. 그러한 기술들과 그것들이 가능하게 한 소통방식에서의 변화들은 공적 영역 내 특정 부분들의 엄청난 확장 잠재력을 가지고 있다. 이 책의 4장에서는 바로 이 주제를 다룰 예정이다. 이 두 가지 경향들은 시민사회에 대해 정말로 모호하지만 건강한 논쟁을 불러일으키는 함의들을 담지하고 있다. 이에 덧붙여 새로운 자료들이 2장의 지리적 성격을 띠는 논의에 추가되었다. 이런 방식으로 나는 내가 중동과 아프리카의 시민사회를 다루었던 원래 방식, 즉 귀속적인 성격의 결사체들과 그것의 부속 관계들 대(對) 교차적인 성격의 결사체들과 그것의 부속 관계들이라는 너무 제한적인 이해방식에 의존했다는 적확한 비판들에 대해 응답하려고 했다. 신사회운동 또는 진보와 보수 양 세력 진영에서 나타난 운동들의 분출 현상이 내가 2장에서 논의할 주제라면, 4장에서는 시민사회가 중심역할을 하는 참여민주주의의 출현 양식들에 관해서

보다 상세한 설명이 주어질 것이다. 끝으로, 이 책에서 사용된 사례연구 결과들, 데이터, 예제 및 참고문헌 등을 최신 것으로 전부 보완했음을 밝혀둔다.

이 책이 2000년대 초 이래로 진화를 거듭하는 동안 나는 마침내 상이한 수정사항들을 총체적으로 지탱해 주는, 그리고 현재 이 책의 본문 전체를 더욱 선명하게 관통하는 두 가지 장기적 경향들을 인지하게 되었다. 첫 번째는 시민행동citizen action의 하부구조를 일반 대중의 차원에서 건설하고 지속시키며 활성화해야 할 절대적 필요성인데, 이것 없이는 시민사회가 그 어떤 형태로도 기능을 할 수가 없기 때문이다. 이런 말은 꺼낼 만한 가치가 있는 것인지 잘 모르겠지만, 시민사회에 관한 이야기는 관료들이나 억만장자들이 아니라, '인간관계의 외형 구조'를 재배치하고 싶어 하는 수백만의 평범한 사람들에 의해서 그들이 '좋은 사회'라는 것에 대해 가지고 있는 비전들과 부합되는 방식으로 쓰여야만 한다.[2] 시민사회의 창설은 하나의 인간 드라마인 것이지, 정부 기획에 따른 기술적 구현 또는 투입물과 산출물이 조종되고 통제될 수 있는 어떤 기업들의 공급 연쇄체가 아니다. 만약 그렇지 않다면 시민들이 독립적인 입장에서 책임을 물을 수 있는 힘을 갖기를 바란다거나, 시민들이 위에서 아래로 내려오는 명령과 시장이 제시하는 유인책들의 수탁자가 되는 대신 다른 시민들과 더불어 자신들의 미래를 스스로 결정할 힘을 갖기를 기대해서는 안 된다.

빈곤과 차별에 영향을 가장 많이 받는 사람들이 시민사회 행동을 통해 자신들을 직접적으로 표현할 수 있게 만드는 것이 특히 중요하다. 그래야만 그들을 대신하여 행동한다고 주장하는 집단들이 자발결사체들과 정치참여 그리고 공적인 토론들을 지배하지 않게 되기 때문이다.

그리고 그것은 항상 공민적 상호작용의 핵을 구성해왔던 자기-통치적인 단체들을 보호하고 신장시키는 것을 의미한다. 인구의 대다수는 공민적 상호작용을 통해 그들이 지닌 창조적 시민들로서의 에너지를 활성화시킬 수 있다. 2장, 3장, 5장에서 논의한 시민사회 생태계를 획일화시키는 일 — 조합화, NGO화NGO-ization, 더욱 강력해진 관료제 등의 용어로 다양하게 설명된 현상 — 은 저임금 집단과 다른 주변부에 위치한 공동체들의 집합행동 능력에 특별한 위협요소가 된다. 일례로 미국 내 노동운동의 파괴 시도나 자선재단들 사이에서 나타난 공동체 조직에 대한 지지 급감 현상이 보여주듯이 말이다. 바로 이 힘들고도 기본적이며, 공민적 또는 공공적인 일이 오늘날 폭넓게 확산된 경제적 불안, 삶의 모든 영역에서 획신되는 개인주의와 불평등, 정치적 억압과 정부의 감시, 그리고 명사(名士) 인도주의자들, 억만장자 자선사업가들, 소셜미디어와 시장의 거상(巨商)들의 인기 등의 조합으로부터 가장 큰 위협을 받고 있는 것이다. 이들 거상들은 여러 나라에서 시민사회의 외장을 번쩍거리게 만들 광택을 부여하지만 시민사회의 핵심을 건설하는 일은 거의 하지 않는다. 별로 매혹적이지도 않고 지향점도 없으며 흔히 지지도 받지 못하지만 우리가 간단히 잃어버릴 수 없는 것이 바로 이 시민사회다. 우리 모두에게 실질적 가치가 있는 어떤 것을 우리가 개별적으로 일해서는 결코 얻을 수가 없으며, 한 사람의 탁월한 독주자가 아닌 오케스트라와 같은 집합행동을 통해서만 이채로운 실 몇 가닥이 아닌 모종의 직물로서의 시민사회를 얻을 수가 있기 때문이다.

둘째, 모든 세대는 새로운 일련의 상황들을 배경에 두고서 또 이전 것과 다른 일련의 보급 장비들을 사용하여 시민사회를 육성시키라는 도전에 직면하고 있다. 이상적으로 말하자면 과거로부터 이어져 온 가치 있는 것 ― 면대면 상호작용과 민주적 거버넌스의 가치 등 ― 을 거부하지 않으면서 사회적 시장이나 소셜미디어와 같은 새로운 연장들의 이점을 취하는 것이 가능해야만 한다. 그러나 현실은 이런 목표를 달성하기가 어려운 듯하다. 그 이유는 어쩌면 우리가 공민적 참여와 개입이 지속적으로 줄어드는 문제들을 단번에 해결할 수 있는 새로운 매직탄환들을 끊임없이 탐색하고 있기 때문이거나, 아니면 우리가 특히 평판과 재원들을 긁어모아야 할 필요가 있을 경우 새로운 것이라면 그게 뭐든 상관없이 그것의 혜택을 과대평가하기 때문일 수도 있다. 구글에서 'civil society' 검색 횟수가 70퍼센트 감소했던 시기와 동일한 9년 기간에 'social media'[3]와 'social entrepreneurs(사회적 기업가)'[4]에 대한 검색은 각각 90퍼센트와 40퍼센트 씩 증가했다. 이는 세태 변화의 확실한 신호탄이다.

이러한 발전상들이 결사적 삶과 공공영역의 건강을 강화하는 중요한 기회들임에는 의심의 여지가 없고, 또한 그것들이 온라인과 오프라인 조직 방식을 더 나은 결과로 통합시키며, 사회적 유대관계들의 결속과 연계, 그리고 비영리 목적의 자급적 방식의 자금조달과 상업적 수입 창출에 도움이 될 수도 있다. 그러나 책의 후반부에 포함된 장들이 확실히 보여주고 있듯, 이 새로운 발상들을 도입하는 일과 관련해서는 여러 가지 갈등과 양보사항들이 수반된다. 따라서 새로운 발상들은 조심스럽게 따져보아야 하고 그것들에 열광하는 사람들의 과장이나 그것들을 비판하는 사람들의 향수에도 현혹되지 말아야 한다. 나는 시민사회의 핵심 기능들을 추구하는 데 있어 소셜미디어나 시장이 부여하는 기회들보다는 면대면의 공적 업무처리 방식이 언제나 훨씬 더 강력한 힘을 발휘한다는 견해가 의심스럽다. 또한 우리가 그 어떠한 장비들을 가지고 서로 소통하고 우리의 업무에 필요한 자금을 모으더라도 새로운 도덕혁명들이 우리의 육신 속에서 계속 조직될 것이라는 견해에도 의구심을 가지고 있다.

끝으로, 나는 장차 시민사회가 여러 나라에서 찬양되고 강화될 것이라는 사실 못지않게 그것이 또 다른 여러 나라에서 억압되거나 약화될 것이라는 사실에 대해서도 역시 의심치 않는다. 이는 권력관계에 대한 이의가 제기되고 재조정되는 곳이라면 어디서든 볼 수 있는 반격과 재반격의 현실일 뿐이다. 집합행동은 사회적 존재인 우리 자신의 유전자 속에 새겨져 있으며 우리의 집합적 에너지를 실천으로 옮길 명분과 기회는 결코 부족하지 않다. 강렬한 동원방식들이 불평등과 비(非)정의 수준을 높여가는 권위주의 정권들에 대한 반작용에 계속 불을 붙일 테지만, 그것의 진짜 임무는 시간이 흐르더라도 그것들을 지속가능하게 하는 일인 것이다 — 즉 내가 6장에서 설명한 것처럼 사람들이 시민사회를 형성할 수 있는 선결조건들이 지속가능하도록 만드는 것이다. 그렇게 되었을 때에만 강한 시민사회는 어떤 예외상황이 아닌 규범으로서 안착할 것이다. 사람들은 상황이 변하면 이런 일들을 위해서 자신들이 사용하는 장비들과 기술에 적응하게 될 것이며, 자신들보다 앞선 맥락들에 적합했던 집합행동 기술들 몇몇을 재학습하거나 그것들에 재적응해야 할지도 모른다. 이 과정에 출현하게 될 공민적 개입 양태들은 매우 다른 것일까? 혹시 그 차이점들이 '문명화된 사회들' 내의 민주주의와 자유에 관한 보다 큰 질문들에 중요한 의미를 가지는 것으로 드러날까? 나는 이 책이 이런 질문들을 이해하고 답하는 데 도움이 될 수 있기를 바라마지 않는다.

역자 서문

　　　　　　　　시민사회 연구자들은 대체로 시민사회의 규범적 틀이 18세기 무렵 유럽에서 처음 짜여졌고 그것이 1980년대를 전후하여 동유럽에서 '부활'함으로써 새로운 생명력을 획득하게 되었다는 주장에 대해 별다른 이견을 보이지 않는다. 현재 시민사회라는 개념은, 샐리그먼도 지적하듯이, 관점과 강조점에 있어 상당한 차이를 보이고 있다. 그럼에도 '우익, 좌익, 중도파는 물론 북반구와 남반구, 동구와 서구'에서 각기 활발히 논의되고 있으며, "다당제와 시민권에서부터 개인의 자발주의voluntarism와 공동체 정신에 이르는 모든 주제들과 동일시되고 있다"(Seligman 2002: 13). 이처럼 매우 '융통성'이 많은 시민사회 개념에 대해 학자들과 논객들의 주장은 각자가 처한 입장에 따라 서로 엇갈리고 있는 게 사실이다. 그럼에도 그동안 제기된 입장들은 대체로 다음 3가지 유형으로 정리할 수 있다.

　첫째, 최근 복지국가의 축소운영과 관련하여 국가의 실패를 역설하는 국가쇠퇴론자들은 시민사회의 부상은 자유시장과 개인의 자유를 확장시킴으로써 정치의 역할을 근본적으로 축소시키는 의미라는 입장을 취한다. 둘째, 세계사회포럼World Social Forum과 같은 반세계화 운동 진영에서는 시민사회가 권위주의적 국가와 무소불위의 전제성을 띠고 있는 시장을 견제하는 유일한 대안이라고 주장한다. 끝으로, 유럽의 제3의 길The Third Way 정치가들과 미국의 온정적 보수주의자들 Compassionate Conservatives은 시민사회를 시장 메커니즘을 통해 사회적 정의를 구현하는 일종의 정치적 수단쯤으로 인식하고 있다.

물론 이런 상이한 입장들이 우리와 무관하다고 간단히 일축할 수 있다면 아무 문제도 되지 않을 것이다. 하지만 세계가 아주 빠르게 긴밀한 상호의존의 틀 속으로 빠져들고 있기 때문에 도저히 그럴 수 없는 게 문제이다. 이는 지구시민사회라는 새로운 지평이 우리의 눈앞에서 빠르게 펼쳐지고 있고 우리가 이 지구촌에서 일어나는 일들에 대해 모종의 집합적 책임의식을 느끼지 않을 도리가 없기 때문이다. 어느 쪽의 주장이 옳은가? 누구의 입장에 더 무게를 둘 것인가? 이도저도 아니라면 우리 자신의 입장은 무엇인가?

이 책 『시민사회』를 만나기 전에 내가 이런 질문들을 받았다면 30년 넘는 사회과학 연구 경력에다 시민사회와 밀접한 전공과목들을 가르쳐온 결코 짧지 않은 강의 경력에도 불구하고 쉽고 명쾌한 답을 내놓을 수 있었을지 의문이다. 물론 지금은 가능하다. 다 이 녹록치 않은 책 덕분이다. 이 책이 보여주는 선명한 개념도(槪念圖), 나는 이것을 주변의 많은 사람들과 공유하고 싶었고, 그래서 번역을 결심하게 되었다. 2005년 책이 나온 후 많은 분들의 사랑을 받았고, 또 그해 문화체육관광부 우수학술도서에 선정되는 영광을 누리기도 했다. 이 책은 국외에서도 많은 독자들로부터 사랑을 받은 것 같다. 그렇지 않았다면 2009년 재판본이 나오고 다시 2014년에 3판본이 나올 이유는 없었을 것이기 때문이다.

2017년 봄, 명인문화사에서 내게 3판본의 번역을 의뢰해왔다. 초판의 번역본이 이미 있는 터라 몇 군데 수정 정도만 하면 되겠지 하는 생각으로 가볍게 수락하고 책을 읽기 시작했는데 달라진 부분이 생각보다 훨씬 더 많았고 내용도 새로워졌다. 어디 그뿐인가. 지난 12년의 세월 동안 이 책과 관련된 많은 주제들을 연구하고 가르치고 경험한 덕분에 나 또한 이전 번역본 작업 때의 미흡함을 대부분 뒤로한 상태였다. 따라서 이 책의 최대 강점은 보다 완벽해진 텍스트를 보다 완숙해진 번역자가 옮긴다는 사실에서 찾을 수도 있을 것이다.

  오늘 다시 책의 출간을 앞두고 내가 초판 발간에 앞서 했던 얘기들을 되짚어보았다. 그때 나는 "독자들의 반응이 사뭇 궁금하다. 하지만 이 작은 책의 독자들이 나와 같은 생각을 하게 될 것임을 믿어 의심치 않는다. 꼭 필요한 책이라는 확신은 번역을 결심했던 당시보다 모든 작업이 다 끝난 지금 오히려 더 강해졌기 때문이다."라고 적었었다. 사실 그 확신은 지금까지 단 한 번도 바뀐 적이 없었다. 그것은 아마도 이 책이 비록 '작지만 강한 텍스트'로서 타의 추종을 불허하는 흡인력을 지녔기 때문일 것이다.

  이 책의 저자 마이클 에드워즈는 책의 서문에서 현재 '시민사회'라는 개념은 그것이 마치 무슨 마술 탄환이라도 되는 양 무분별하게 사용되고 있다고 지적한 다음, 그 개념에 대한 합의 부재가 그런 결과로 이어졌다고 진단한다. 이어서 그는 일반의 언어 표현 속에 자주 등장하는 개념으로서 시민사회의 명료성을 강화하고 사회과학적 용어로서 그것의 사용법에 엄격성을 부여하려는 의도에서 책을 집필하게 되었다고 밝힌다. 그간 무수히 많은 사회과학 서적들을 접해온 나의 전문가적 관점에서 볼 때 그의 집필 의도는 상당한 성공을 거두었다고 평가한다.

물론 비(非)사회과학도인 일반 독자에게는 결코 쉽게 읽히는 책이 아닐 것이다. 우선 책에서 사용되고 있는 대부분의 용어들이 근래 서구와 일부 비서구 지역의 시민사회와 국제개발NGO라는 특수 분야의 이론적 논의들 속에서 통용되는 것들이다. 2005년 초판 번역본이 나온 시점에 그것들 대부분은 이 분야에 관심을 두지 않았던 독자에게는 아주 생소하게 들렸을 것이다. 그러나 초판 출간 이후 12년의 시간이 흐르는 동안 우리들 자신은 물론 우리 시민사회 생태계도 빠르게 진화하였고 그 과정에서 이전의 생소함도 많이 누그러진 듯하다. 자연히 그 용어들의 사용법도 이전보다 훨씬 정교해지고 세련미가 더해졌다.

그 한 예가 바로 'civil'과 'civic'의 용어 사용법에 대한 분명한 원칙이 새롭게 정립된 것이다. 그긴 이 두 개의 용어는 공히 '시민적인' 또는 '시민의'라는 우리말로 옮겨져 왔으며, 그렇게 옮겨도 사실 큰 문제는 발생하지 않는다. 같은 연장선상에서 전자의 명사형인 'civility'와 후자의 명사형인 'civicness'도 공히 '시민성'으로 옮겨져 왔다. 요컨대 이 두 용어는 영어라는 언어체계 내에서는 미묘한 의미적 차이를 가진 두 개의 다른 개념인데, 우리말로는 마치 그것들이 하나의 개념인 양 뭉뚱그려 한 개의 용어로 표현해 왔다는 것이다. 이것은 명백한 의미론적 오류이다.

이 점을 인식하고 있었던 나는 이전 번역본에서도 'civic'을 다소 어색한 표현이기는 해도 '시민공익적인'이라고 옮김으로써 'civil'의 '시민적인'과 차별화하는 동시에 그 둘의 유사성을 애써 드러내 보여주려고 했다. 그러나 이번 작업에서는 많은 고민 끝에 후자를 '공민적인'이라는 어휘로 옮기기로 했다. 누군가가 이 용어에 포함된 '공민(公民)'이라는 어휘는 사회주의체제(특히 북한)에서 사용되고 있으므로 우리는 쓰지 말아야 하는 것이 아니냐고 문제를 제기한다면, 나는 우리가 이 '공민'이라는 용어를 주저 없이 사용할 수 있는 합당하고도 중요한 이유 3가지를 다음과 같이 제시할 것이다.

첫째, 무엇보다도 현대 민주주의 이론의 관점에서 볼 때 'civil-civility'는 '시민으로서의 권리'를 중시하는 계몽주의적-개인주의 전통에서 비롯된 개념이라면, 'civic-civicness'는 '시민으로서의 책임과 의무'를 강조하는 공화주의적-공동체주의 노선을 따르는 개념이다. 따라서 'civil'은 시민의 개별성에 'civic'은 시민의 공공성에 바탕을 두고 있는 개념이다. 둘째, 일본에서도 'civic'을 '공민적인'으로 옮기고 있으니, 이 '공민'이라는 어휘를 사회주의 국가나 북한과만 연결시키는 것은 불합리하다. 끝으로, 이 '공민'이라는 용어가 북한에서 사용되고 있고 우리가 그 용어를 새롭게 공식화하여 사용한다면, 남북 간의 공통 어휘가 하나 더 느는 셈이니 한반도 평화 조성에 조금이나마 보탬이 되지 않겠는가. 이거야 말로 일거양득인 셈이다.

다시 『시민사회』에 관한 논의로 돌아가서, 이 책의 가장 두드러진 특징은 아마도 저자 에드워즈의 빠른 호흡과 불친절한 설명방식일 것이다. 그가 거두절미하고 자신의 논점 제시에 주력하기 때문에 어쩌다 그의 논의 맥락을 놓쳤거나 그것에 대한 사전 이해가 부족한 독자라면 쉽사리 당혹감에 휩싸이게 될지도 모른다. 이런 어려움을 줄이는 것은 온전히 역자의 몫으로 남는다. 그래서 나는 추가 설명이 필요한 곳에 역자의 주를 붙임으로써 가독성을 높여 보려고 했다. 책의 뒤편에 붙여둔 '보론' 역시 이런 노력의 일환이다. 가령 시민사회라는 용어가 자신에게 낯설다고 느끼는 독자라면 뒤쪽으로 먼저 가서 보론을 읽고 다시 앞으로 와서 본문을 읽기 시작하는 것도 현명한 방법일 것이다.

책도 사람처럼 나이가 든다. 12년 전 이 책 초판 번역본의 젊고 신선한 충격이 시나브로 사라지고 어느 이름 모를 서가 한구석에서 먼지를 뒤집어쓴 채 조만간 무용지물로 변해버릴 찰나, 이 책에 새로운 생명력을 불어넣을 수 있는 소중한 기회가 찾아왔다. 책의 3판 한역본 출간을 기획하여 그 기회를 내게 허락하신 명인문화사 박선영 사장님께 심심한 감사 말씀을 드린다. 책의 편집을 맡아주신 전수연 선생님과 다른 동료 직원들께도 고마움을 전한다. 끝으로, 하필 이 지독히 재미없는(?) 책을 골라 읽기로 마음먹은 나의 특별한 '시민' 독자에게 이 생소한 말을 남기고 싶다. 당신이 바로 나의 시민사회입니다!

2018년 6월

서 유 경

CHAPTER 1

서론: 그 거대한 사상이란 무엇인가?

런던의 블랙히스Blackheath에 있는 아센선Ascension 교회 벽에 부착되어 있는 쇠로 된 작은 현판에 이런 문구가 새겨져 있다. "형제애는 생명이고 그것의 결핍은 죽음이다. 지옥에는 그 어떤 형제애도 존재하지 않으며 각자에게는 오직 자기 자신만 존재할 뿐이다." 1381년 무렵 이 말을 한 사람은 당시 농민반란을 주도했던 볼John Ball이었다. 그가 자기 자신을 '시민사회'의 일부로서 생각한 것은 아니었겠지만, 이러한 그의 정서는 그 후 수 세기가 지나는 동안 한 집단에 가입한 적이 있거나 어떤 결사체를 만들어 본 적이 있는, 아니면 자신들이 믿고 있는 명분들을 수호하거나 진작시키려고 자발적으로 나서 본 경험이 있는 사람들에게 면면히 전수되어 공명을 일으켰다. 좋은 사회를 탐색하는 집합행동은 보편적 인간 경험의 일부다. 비록 그것이 시간, 공간, 문화상의 차이들로 인해 수백만 가지의 상이한 방식으로 명시화되었을지라도 말이다. 내가 살고 있는 뉴욕의 설리번 카운티Sullivan County에는 그것과 동일한 현상의 현대판 사례들이 즐비하다. 이를테면 자원봉사소방대, 애완동물의 먹이를 구매할 능력이 없는 사람들에게 무상으로 건초 공급하기, W-JEFF(미국의 유일한 수력발전 공영라디오 방송국) 라디오 방송의 음반 판매, 에일린 하워스 웨일Eileen Haworth Weil 장학금 모금팀 등이 지역 봉사활동을 벌이고 있으며, 그밖에도 다른 무수한 집단들이 각자 친근함과 관심에 부응하고 있다. 그럼에도 설리번 카운티는 경제적으로 침체되고 정치적으로 역기능을 하는 지역으로 남아 있으며, 한 국가의 변두리에 위치한 지역으로서 점점 더 폭력적이고 불평등해지고 있고 급박한 사회문제들을 자체적으로 해결할 능력이 없어 보이는 일군의 공동체일 뿐이다. 이 사례에 비춰 보면 강한 시민사회가 결코 그 사회를 강하고 문명화된 사회로 만드는 보장책은 아닌 것 같다.

　시민사회의 여러 개념들은 모종의 풍요로운 역사를 가지고 있다. 그러나 그 개념들이 국제무대의 중심으로 이동한 것은 1980년대 초반 이후였다. 이런 발전상을 설명해 주는 여러 가지 이유가 존재한다. 예컨대 공산주의의 붕괴와 그것에 수반된 민주주의의 개화, 과거의 경제·정치 모델들에 대한 실망, 점점 더 불안정해지는 세계 속에서 자라나는 함께함에 대한 열망, 그리고 전 세계를 무대로 삼아 성장하고 있는 NGO들의 급속한 부상 등이 그러한 이유다. 오늘날 시민사회는 이러한 문제들에 대한 일반화된 '해법'으로서 약간 덜 인기가 있다. 그러나 시민사회는 지구 전체를 가로지르며 더 나은 세계를 성취하기 위해 투쟁을 벌이는 수백만 명이 하나의 통찰로 여긴다는 사실은 말할 것도 없고, 정부 관료, 언론인, 기금 모금업체, 작가와 학자의 어젠다상에서 높은 위치를 차지하고 있다. 좌와 우 그리고 좌우 양자 사이에 걸쳐 있는 모든 이념적 관점을 대변하는 정치인들과 사상가들이 사회진보의 핵심 요소로서 제시한 바 있는 시민사회는 이념적 스펙트럼에 포함된 모든 부분이 자신의 개념이라고 주장한다. 그런데 시민사회의 정확한 개념은 무엇인가?

자유해방주의libertarianism를 표방하는 워싱턴 DC 소재의 카토연구소 Cato Institute는 "시민사회가 시장과 개인의 자유를 확장시킴으로써 정치의 역할을 근본적으로 축소하고 있다"라고 말한다.[1] 이 입장은 시민사회를 급진적 사회운동의 온상으로 인식하는 좌파 진영 사람들에게는 놀라움 그 자체다. 카토연구소의 분신 중 하나인 주창연구소 Advocacy Institute는 시민사회를 '탈냉전 세계 속에서 정치로 나아가는 최선의 길'이며, '권력에 도전할 목적으로 스스로 조직화하는 사람들을 보호하는 하나의 사회'이고, '권위주의 국가와 전체적인 시장에 대한 가장 확실한 단일 대안'이라고 규정한다.[2] 무리하지 않는 한도 내에서 중도적 정치 스펙트럼을 대변하는 사람들은 시민사회가 수세대에 걸쳐 목도된 국가와 시장의 실패를 서서히 바로잡는 방식으로 사회민주주의의 성공가도에 꼭 필요한 연결고리 역할을 할 수 있다고 주장한다. 그런 한편 시민사회는 학계 내에서 '사회과학의 단골 메뉴'이자 '사회질

---

* **자유해방주의(libertarianism)** – 자유주의(liberalism)의 한 분파로서 국내에서는 '자유지상주의' 또는 '자유지선주의'로도 번역되어 사용된다. 이 고전적 자유주의에서 파생된 사상은 개인의 정치적 자유(liberty)를 최우선적으로 방어해야 할 보편가치로 여기며 선택의 자유, 자발적 결사, 개인의 판단을 강조한다.

서의 신비를 푸는 새로운 분석 열쇠'가 되었다. 미국의 저술가 리프킨 Jeremy Rifkin은 시민사회를 "우리의 최후, 최고의 희망"이라고 부른다. 영국의 정치인들은 정치노선에 불문하고 급격히 글로벌화하는 시장들에 대항하여 사회를 지탱하는 중심이 바로 시민사회라고 본다. 예컨대 유엔과 세계은행은 그것을 '좋은 거버넌스good governance'와 빈곤-감축 성장poverty-reducing growth의 열쇠 가운데 하나로 보고 있다. 누군가가 이러한 시민사회 개념을 서구의 거대한 음모로 보지 않게 하기 위해 인용하자면, 중국의 준(準)관영 영자 계간지인 『중국의 목소리와 의견Huasheng Shidian』의 2002년도 가을 호는 "21세기 NGO의 역할은 20세기에 국민국가가 수행했던 역할만큼 중요하게 될 것"이라는 살라몬 Lester Salamon의 주장을 표절이라도 한 듯 거의 그대로 옮기고 있다. 이런 표현들은 야심찬 꿈을 꾸는 낯선 동침자인데, 과연 그들이 전부 옳다고 볼 수 있는 것일까?

그러한 카멜레온 같은 특질들이 '시민사회' 개념에만 고유한 것은 아니다. 하지만 동일 문구가 그렇게 본질적으로 상이한 관점들을 정당화하는 데 사용되는 것을 볼 때 현재 시민사회 내에 무슨 일이 일어나고 있는지에 관해 약간 더 깊이 있는 질문들을 해야 할 시점인 것만큼은 확실하다. 사실 모든 것을 뜻하는 개념은 어쩌면 아무것도 의미하지 않는 것과 마찬가지일 수도 있다. 우리가 양식 있는 대화를 하려고 한다

---

* **좋은 거버넌스(good governance)** – 국제개발학 문헌에 등장하여 점차 적용 범위가 확장되고 있는 용어다. '거버넌스'는 주로 다자간의 문제해결 방식, 즉 협치를 의미하며, 대표적으로는 국가(제1섹터), 시장(제2섹터), 시민사회(제3섹터) 3자가 공적 현안이나 공공정책의 문제를 함께 해결하는 협업 방식을 의미한다. '좋은 거버넌스'는 특히 정부와 통치기관들이 특정 집단들의 이익을 넘어 국민 전체의 이익에 부응해야 할 책임성을 강조한다.

면 적어도 현재 사용되고 있는 상이한 이해방식들에 관한 명료성만큼은 반드시 확보해야 한다. 그러나 시민사회 문헌을 대강 훑어보는 작업 자체는 사람들 대부분을 완전한 혼란 속에 빠뜨릴지도 모른다. 시민사회는 누구의 관점을 채용하느냐에 따라 산업혁명이 전통적 혈족과 공동체의 관계를 붕괴시키면서 사회적 삶과 시장경제 사이의 갈등을 중재하기 위해 자연발생적으로 등장한 국민국가와 자본주의의 산물일 수도 있고, 모든 나라의 발전 단계에서 등장했지만 역사와 문맥에 따라 다른 방식으로 표출된 개인들의 집합적 삶에 대한 보편적 표현일 수도 있기 때문이다. 개발도상에 있는 대부분의 국민국가들이 대개 식민주의의 소산인 까닭에 그 국가의 시장경제는 허약한 토대를 가지고 있으며, 남반구의 시민사회들은 북반구의 시민사회들과 다를 수밖에 없다.

일부 학자들은 시민사회를 국가 및 시장과 더불어 세 개의 섹터 가운데 하나로 본다. 비록 이 세 섹터가 때로 중심부에서 일부 겹쳐지기는 하지만 서로 별개이며 상호독립적이다. 또 다른 학자들은 이 세 섹터들 사이에 현존하며, 다양한 유형들의 혼종물들에 의해서 점점 더 그 성격이 규정되는 '불분명한' 경계선과 상호관계들을 강조한다. 일각에서는 특정 결사체들, 이를테면 자발적이고 민주적이며 현대적인, 그리고 사전에 규정된 특정 규범 범주의 기준으로 볼 때 '시민적 덕목을 갖춘' 결사체들만이 시민사회의 일부라고 주장한다. 또 다른 사람들은 시민사회가 '시민적 덕목을 갖추지 못한' 사회는 물론 종족성과 같은 태생적 특성들에 기초한 전통적 결사체까지를 다 포함한다고 역설한다. 가정은 시민사회에 '포함'인가, 아니면 '불포함'인가? 기업섹터는 또 어떤가? 시민사회는 국가에 대항하는 일종의 보루인가? 그것은 정부 개혁가들에게 떼려야 뗄 수 없는 지원세력인가? 아니면 그것이 존속하기 위해 국가의 개입에 의존하는가? 시민사회는 민주주의체제가 보장하는 다원주의 경험을 통해 개인의 자유를 실현하는 열쇠인가, 아니면 특수한 이익 정치를 조장하는 민주주의의 위협 요인인가? 시민사회는 (사회의 일부를 지칭하는) 보통명사인가, (모종의 사회 유형을 지칭하는) 수식어인가, 아니면 사회적 심의의 장인가? 그도 아니면 이 세 가지 모두의 혼합물인가?

이러한 입장들 각각에 대한 지지를 발견하는 것은 어렵지 않다. 우리는 추후 이 책에서 상이한 주장들에 관해 훨씬 더 많이 듣게 될 것이다. 그 자체로는 매우 불명확해 보이는 한 개념에 대해 무엇을 어떻게 해야 할까? 개념의 정의란 것들도 망치로 말랑말랑한 젤리를 벽에다 못질하는 것과 비슷하지 않은가. 한 가지 대응방식은 그 개념을 완전히 파고드는 것인데, 이것은 아마도 실수일 것이다. 시민사회 논쟁은 '지금 세계 내 어디에도 현존하지 않는 옛날 조건들 속에서 발전된 인종중심적 가정들로 인해 곤욕을 치르고' 있고, '더 이상 그 어떤 일관된 이론이나 원칙들에 기초하고 있지 못'하며, '지금까지 반대론자들을 위한 일종의 이념적 재탕 설전'으로 환원되었고, 그 결과 '사회적·정치적 실천 모델로서 비효과적'인 상태에 있다. 사실 시민행동은 이론과 실천 양 측면에서 모두 활기를 띠고 있으며 정치, 공공정책, 행동주의 및 국제원조의 세계에서 추동력으로 작용하고 있다.[3] 그러므로 "(각국) 시민사회들이 현재 외부의 개입을 위한 합법적 구역으로 인정되어왔다는 사실을 감안하면 (시민사회 개념에 대한) 지적인 혼동은 현실세계를 엉망으로 만들 수도 있다."[4] 시민사회가 하나의 구호가 되는 순간 그것의 개념적 명료성, 분석적 엄밀성, 경험적 진정성, 정책적 적실성, 그리고 해방적 잠재성 같은 것들이 전부 위협을 받게 된다. 그럼에도 선택적 경멸, 학자적 훈계나 보편적 합의를 부과하려는 시도들이 이 문제를 해결할 것 같지는 않다.

그럼 과연 무엇이 앞으로 나아가는 최선의 길일까? 그 길은 모다 더 큰 명료성과 엄밀성에 있기 때문에 시민사회에 대한 상이한 해석들이 갖는 장점들에 관해 토의가 이루어져야 한다고 생각한다. 명료성과 엄밀성이 아니라면, 어떤 가치와 목표가 걸린 것인가에 상관없이 시민사회 이론들은 공공정책과 시민행동에 관한 빈곤한 안내문에 불과할 것이다. 적어도 엄밀성은 진실로 위장하고 있는 도그마를 들춰내 보이며, 이념적 속셈을 가진 정책수립자들에게 도전을 가할 것이다. 추후 내가 보여주려고 시도할 것이지만 시민사회에 관한 사상들은 우리가 거짓된 보편 요소들, 마술던환들, 고통 부재의 만병통치약들을 포기할 준비가 되어 있는 한, 엄밀한 비판적 태도를 통해 번성하게 될 것이다. 이 책의 목표는 (시민사회 논쟁에서 성취하기 어려울 것으로 짐작되는 어떤) 합의가 아니라 보다 높은 수준의 명료성이다. 그리고 나는 이 보다 높은 수준의 명료성이 장차 더 나은 수준의 대화를 위한 기초가 될 수 있기를 희망한다.

시민사회: 하나의 사상으로서 그것의 약사(略史)

보다 높은 수준의 명료성을 획득하기 위한 첫 단계는 정치사상사에 대한 고찰을 통해 현시점의 시민사회에 대한 상이한 이해들의 기원을 밝히는 일이다. 이 책은 이론서도 시민사회론 교과서도 아니지만, 이론이 뒤섞이고 실제에 잘못 적용되어 온 방식들을 평가하기 위해서 간단하게나마 이론을 살펴보는 일은 중요하다. "스스로 이론적 영향에 면역이 되어 있다고 생각하는 권위적 지위에 있는 실천가들은 대개 쓸모없어진 경제학자의 노예들"이라는 케인즈John Maynard Keynes의 유명한 경구가 상기시키듯, 오늘날 '시민사회 건설자들'은 의식적으로든 아니든 과거 속에 깊숙이 뿌리박고 있는 개념들에 의해 동기화되고 있다.

다행히도 우리는 이 시민사회 개념에 관해 이미 탁월하면서도 상세한 설명을 제공하는 많은 서적들의 혜택을 누리고 있다.[5] 그 서적들은 고대 이래로 시민사회가 어떻게 당대의 중요한 이슈들을 이해하려는 철학자들의 사유 작업 속에서 하나의 준거점으로 존재해 왔는지를 보여준다. 여기에는 좋은 사회의 본질, 시민의 권리와 책임들, 정치와 통치의 실천방식, 그리고 가장 특별한 항목으로서 타인들과 더불어 평화롭게 살아가는 방법 등이 포함된다. 타인들과 더불어 평화롭게 살아가는 것은 우리의 개별적 자율성과 집합적 야망들을 조화시킴으로써, 자유와 그것의 한계 사이에서 균형점을 발견함으로써, 그리고 다원주의와 획일주의를 결합시킴으로써, 복잡한 사회들이 효율성과 정의의 원칙에 따라 기능하도록 만듦으로써 실현된다. 사회 내 대면(對面)적 상호작용을 통해 신뢰와 상호성이 구축된 소규모의 작고 동질적인 공동체 내에서는 그러한 문제들을 해결하기가 어려웠을 것이다. 그러나 그 조건들 중 어느 것 — 소규모 또는 동질성 — 도 적용할 수 없고, 점점 더 통합되어 가는 세계 속에서는 위의 사항들이 한층 더 요구되고 있는 것은 사실이다. 그러나 2011년과 2012년 '아랍의 봄'이라는 정치적·사회적 소요 속에서 출현한 논의들은 분명 아리스토텔레스Aristotle, 홉스Thomas Hobbes, 퍼거슨Adam Ferguson, 토크빌Alexis de Tocqueville, 그람시Antonio Gramsci와 기타의 사람들도 포함되어 있는 2천 년에 걸쳐 생성된 긴 명부 속의 시민사회 사상가들에게도 친숙한 것들이었을 것이다. 비록 시민사회 사상들이 시대적 분위기에 따라 부침을 거듭했을지라도 시민사회에 대한 의견 개진은 항상 정치토론과 철학논쟁의 일부로 존재해왔다.

서양 고전사상 속에서 시민사회와 국가는 구별이 불가능한 것으로 인식되었다. 양자 모두 시민들이 서로에게 해를 입히는 것을 막는 규칙들을 부과함으로써 사회적 갈등을 통제하는 모종의 정치결사 유형을 지칭했기 때문이다. 아리스토텔레스의 **폴리스**polis는 시민들 — 혹은 자격이 되는 소수의 개인들 — 이 스스로 지배하는 동시에 지배를 받는 덕스러운 임무들을 공유하도록 규정한 '결사체들의 결사체'였다. 이런 의미에서 국가는 '시민의civil' 사회 형태를 표상했고, '시민성civility'은 좋은 시민의 자격조건들을 설명해 주었다. 중세 후기의 사상은 시민사회와 '정치적으로 조직된 공동체'의 가치를 동격화함으로써 이 전통을 연장시켰다. 이것은 사람들이 국가에 의해 보호되었던 법치 결사체들 속에 살았기 때문에 가능했던 문명의 한 유형이었다.[6] 이것과 대치되는 것은 사회적 다원주의Social Darwinism, 즉 '적자생존'이라는 가치였다.

산업혁명기인 1750년과 1850년 사이에 시민사회에 대한 생각들은 주류 사회질서의 위기와 더불어 그것에 대응하는 차원에서 새롭고 근본적인 전환기를 맞게 되었다. 이 위기는 시장경제의 등장과 그에 따른 점증적 이익 분화현상이 촉발했다. 이는 '이방인 공동체들'이 '이웃사촌 공동체들'을 대체하게 된 사실, 그리고 프랑스혁명과 미국혁명의 결과로 전통적인 권위 패러다임들이 붕괴된 데 따른 결과기도 했다. 아리스토텔레스, 플라톤, 홉스 등과 대조적으로 스코틀랜드 계몽주의 사상가들은 시민사회를, 자발적인 결사체 조직을 통해 새로 실현된 개인의 권리 및 자유 형태들에 국가가 부당하게 침범하는 것을 막는 방어책으로 보았다. 이 학파의 사상 속에서 시민사회란 그 어떤 비용을 지불하고서라도 폭정에 대한 저항이라는 자신의 역할 보존을 위해서 국가로부터 보호받아야 할 필요가 있는 동일한 이상들에 헌신하는 결사체들로 이루어진 일종의 자기 규율적인 우주였다. 시민사회는 일련의 사상가들이 채택하여 연구했던 주제였다. 예를 들면, 매디슨James Madison은 그의 『연방교서The Federalist Papers』에서 이 주제를 다뤘고, 아마도 그 사상가들 가운데 가장 잘 알려진 시민사회 예찬론자였던 토크빌, 그리고 시점 상 한참 나중에 동유럽의 반체제인사들에 의해 조직된 '자유를 위한 작은 동아리들', 서구에서 그들을 찬미했던 겔너Ernest Gellner와 같은 작가들, 그리고 이탈리아와 미국을 비롯한 다른 지역에서 시민의 결사적 삶의 조건과 그것의 효과를 조사하면서 '사회적 자본social capital'이라는 새로운 주제에 관한 총체적 논쟁을 촉발시켰던 푸트남Robert Putnam과 같은 강단학자들이 이 시민사회라는 주제를 다룬 바 있다. 이 푸트남 논쟁의 지배적인 주제는 중앙집중화하는 기관들의 권력을 억제하며 다원주의를 보호하고 건설적인 사회규범, 특히 '일반화된 신뢰와 협동' 가치를 배양하는 자발결사체들의 역할이었다. 결사체에 대한 중복가입을 허용하는 고도로 정교화된 시민사회는 안정된 민주주의 정치공동체의 토대로, 어떤 한 특수 집단의 지배에 대한 방어책으로, 그리고 반(反)민주주의 세력들에 대한 방어벽으로 간주되었다.[7)]

  오늘날 이 '**신토크빌주의**Neo-Tocquevillianism' 전통은 특히 미국에서 강력하게 나타난다. 미국에서는 이 전통이 주민자치, 국가에 대한 의구심, 공중이 정치 및 공민적 삶으로부터 이탈한 것에 대한 우려들과 같은 기존의 전통들과 자연스럽게 맞물리고 있다. 그것은 또한 월저

Michael Walzer, 갤스턴William Galston과 그 외 사람들의 공동체주의, 지방주의, **'자유주의적 평등주의**liberal egalitarianism'와 같은 사상학파들과도 긴밀히 연계되어 있다.[8] 고전적 자유주의자들과 대조적으로 자유주의적 평등주의자들은 자원 및 기회 등에 대한 불평등한 접근성이 시민사회의 건강과 기능을 약화시키는 효과들을 창출한다는 점을 인정한다. 이것은 매우 중요한 통찰이다. 일부 학자들은 이러한 사상적 토대 위에서 신토크빌주의 전통을 포괄적으로 비판했다. 이 비판은 특정 집단들의 이익표출을 막는 구조적 장애요인들, 인종중심주의 또는 결사체들 및 결사효과와 관련된 가설들에 대한 단순한 비(非)신뢰성, 그리고 글로벌화, 경제 재구조화, 정치적 부패와 상이한 유형의 권력관계 등의 영향을 올바르게 이해하지 못한 것에 초점을 맞추고 있다.[9] 그러나 이러한 비판조차도 역사를 한참 거슬러 올라가 계몽주의 시대에 발전된 개념들에 관한 앞선 논쟁들과 맥이 닿아 있다. 헤겔은 이러한 초기 비판가들 가운데 단연 선두주자로 꼽힌다. 그의 비판은 '시민의 것the civil'을 유지하기 위해 국가의 지속적인 감독을 필요로 했던 시민사회 내 상이한 경제적 이익집단과 정치적 이익집단 사이에 불거진 갈등 및 불평등에 초점을 맞추었다. 이 쟁점은 시민사회를 자본주의하에서

---

* **신토크빌주의(Neo-Tocquevillianism)** – 1830년대 미국을 여행한 이후 『미국의 민주주의』를 집필하여 미국의 독특한 '대중민주주의'를 구대륙의 '입헌군주제'와 대비시킨 동시에 전자의 강점들을 이론화한 프랑스 사회사상가 알렉시스 드 토크빌의 사상을 현시점에서 새롭게 조명하고 발전시키려는 사상 노선이다.
* **자유주의적 평등주의(liberal egalitarianism)** – 개인의 자유, 사회적 평등, 개인의 책임이라는 세 가지 가치를 함께 강조하는 사회사상이다. 이 사상의 목표는 자유주의의 무제한적 자유 추구의 폐해를 개인의 책임이라는 또 다른 가치로써 극복하여 사회적 평등, 또는 사회적 정의를 실현하려는 것이다.

지배계급의 이익을 증대하기 위한 또 다른 수단으로 보았던 맑스Karl Marx와 '제2차 세계대전 이후 시민사회라는 용어의 부활에 대해 전적인 책임을 져야 할지도 모를' 그람시에 의해 한층 더 발전되었다.[10] 비록 맑스주의적 범주들을 사용해서 이론화 작업을 했을지라도 그람시는 자신의 지적 스승인 맑스와 다른 몇 가지 결론에 도달했다. 이는 그가 시민사회를 자발결사체들뿐 아니라 시민들의 정치적 태도를 형성하는 데 중요한 가족, 학교, 대학, 미디어 등을 통해 문화적·이념적 헤게모니를 구축하는 장(場)인 동시에, 정통적인 것orthodox에 대한 반란의 장이라고 보았기 때문이다.

듀이John Dewey와 아렌트Hannah Arendt 같은 미국 내 철학자들은 논쟁의 영역으로서 시민사회와 관련된 그람시의 개념들을 수용했고, 그 개념들을 중심으로 민주주의의 본질적 구성요소로서 모종의 '공공영역public sphere' 이론을 발전시켰다. 듀이에게 있어 '공공public'이라는 말은 당대의 커다란 현안들에 관한 공적 심의를 뒷받침한 사회적·정치적 삶을 공유한 경험을 의미했다. 이 공공영역을 부식시키는 것 — 미디어의 상업화 또는 교육의 상품화 같은 것 — 은 그게 무엇이든 저항해야만 할 것이다. 이런 생각들은 오늘날에도 "심의민주주의deliberative democracy (우리 사회 일각에서는 '숙의민주주의'라고 지칭하기도 함. - 역자 주)"에 대한 신념이 강한 미국인들 사이에 지속적으로 공명을 일으키고 있다. 그러나 공공영역 이론이 최고 수준에 도달한 것은 유럽이었다. 바로 하버마스Jürgen Habermas 덕분이었다. 하버마스는 시민사회 내 지배관계를 드러내는 맑스주의 전통과 개인적 자율성의 수호에 있어 시민사회의 역할을 강조하는 자유주의 전통을 결합시켰다. 그는 '의사소통적 행위communicative action', '담론민주주의discursive democracy',

'생활세계의 식민화colonization of the life world' 등과 같은 일련의 이론적 구조물들을 통해 상이한 이론 노선들을 한데 모았다. 하버마스와 여타 '비판이론가들critical theorists'에게 있어 건강한 시민사회란 '구성원들의 공유된 의미들을 기반으로 구성원들에 의해 운영되는' 사회다.[11] 여기서 '공유된 의미들'이란 공공영역 내 의사소통의 구조들을 통해 구성원들이 민주적으로 구축한 것을 뜻한다. 오늘날 이러한 생각들은 시민사회를 진보정치의 장 — '불평등의 문화가 해체될 수 있는 어떤 민주주의적 공공영역의 사회적 토대' — 으로 보는 좌파 진영의 이론가와 활동가들에게 공명되고 있다. 또한 키인John Keane과 알렉산더Jeffrey Alexander와 같은 정치철학자들에게도 반향을 불러일으키고 있는데, 이들은 각국의 헌법과 국제법에 배태된 국가의 권위를 통해 '위로부터' 비폭력적 참여를 진작시킴으로써 집단들 간의 차이들을 존중하고 살펴보는 새로운 시민사회 비전을 수립하려는 시도를 하고 있다. 동시에 폭력적 경향들을 공공영역에서의 비폭력적 결사체적 삶으로 여과시킴으로써 '아래로부터'의 참여도 진작시키려고 한다.[12]

이 간단한 역사적 고찰을 통해 보더라도 시민사회에 관한 사상들이 어떤 합의에 도달하지 못한 상태로 다채로운 국면들을 통과해왔음을 알 수 있다. 이 점은 심지어 내가 기본적인 논점 소개에 집중하기 위해 생략했던 시민사회에 대한 다른 사유방식들, 예컨대 비(非)서구적 이론들 또는 비(非)서구사회에 관한 이론들, 미국 내 흑인사회에 관한 연구물, 시민사회 논쟁과 여타 다른 논쟁들에 관한 페미니스트들의 공헌과 같은 것들을 제쳐두더라도 마찬가지다. 비록 나의 분석이 주로 북미와 서유럽, 그리고 그쪽에서 나온 문헌들에 치중하고 있을지라도 나는 잠시 후 그러한 공헌물들에 대해서도 논의할 것이다. 그러나 북미와 서유럽의 문맥들 밖에서도 시민사회 연구가 증가하고 있을지라도 아직 체계적인 비교가 가능할 정도의 수준에는 도달하지 못한 실정이다. 그럼에도 시민사회 논쟁이 계속해서 근본적인 방식으로 학자들을 분열시킬 것이라는 사실은 의심의 여지가 없다. 비록 그러한 분파들이 결코 공고한 형태는 아닐지라도 나는 이 책의 본문에서 우리가 이 장에서 전개한 시민사회 사상에 대한 간략한 역사적 논의를 통해 실체가 드러난 세 개의 대조적인 사상학파들에 초점을 맞추려고 한다. 그것은 우선 결사적 삶에 논의의 초점을 맞추는 신토크빌주의 학파가 내놓은 '사회의 일부 a part로서 시민사회', 다음으로는 특수한 사회적 목표들을 달성함에 있어서의 성공은 물론 실정(實定) 규범들과 가치들에 의해 성격화되는 '사회의 한 유형 a kind으로서 시민사회', 그리고 끝으로 '공공영역 public sphere으로서의 시민사회' 등 세 가지다. 이 학파들 각각을 상세히 검토한 다음 이 책 후반부에서는 그것들이 어떻게 서로 연관되는지, 그러한 통합적 접근이 공공정책의 용어상으로 선도할 수 있는 영역이 어딘지를 보여줄 것이다.

각각의 사상학파는 존경할 만한 지성사를 가지고 있다. 또한 학자, 정치가, 재단과 국제기구의 담론 속에서 그 존재감을 분명히 발견할 수 있다. 그 중에서도 가장 우세한 것은 첫 번째 ― 결사적 삶으로서의 시민사회 ― 학파다. 하버마스나 헤겔의 유령이 아니라 알렉시스 드 토크빌의 유령이 세계은행 건물의 복도들을 배회하고 있는 것이다. 실제로 처음 두 사상학파들은 규칙적인 방식으로 혼합되고 있다. 이는 건강한 결사적 삶이 예측 가능한 방식으로 '좋은 사회'에 공헌하거나 심지어는 좋은 사회를 창출하기도 한다는 가정 때문이다. 반면에 공공영역 학파는 대체로 무시되고 있다. 이 수단과 목적의 애매한 뒤범벅은 다음에 이어지는 몇 페이지에 걸쳐 광범위한 비판을 받게 될 것이다. 그러나 이 조사 작업의 착수에 앞서 그런 나태한 사유법이 매우 일반적인 이유에 대해 먼저 이해하는 것이 중요하다. 시민사회에 관한 이 특수한 해석이 냉전 종식 후 그렇게 많은 인기를 얻게 된 까닭은 어디에 있는 것일까?

시민사회의 부상(浮上)

1960년대 초반 이래로 국가, 시장, 자발결사체들의 권력과 책임을 정련시킨 광범위한 정치적·이념적 변화상의 주된 수혜자가 바로 신토크빌주의자들의 시민사회에 관한 사상이었다는 점은 의심의 여지가 없다. 사회가 집합적 문제들을 가장 광범위한 차원에서 해결할 수 있는 방법은 세 가지다. 국가가 강제권을 사용하여 규칙 및 법규를 부과하는 방법, 시장에서 내려진 개별 결정들의 비의도적인 결과들을 수용하는 방법, 그리고 자발적 행위, 토론, 동의에 배태되어 있는 사회적 기제들을 통하는 방법이 그것이다. 그동안 이 각각의 모델들에 부여된 비중이 의미 있는 방식으로 변화하였다. 북반구의 복지국가와 남반구의 중앙집권적인 계획화 시기에 해당되는 1945년에서 1970년대 중반까지는 국가 기반의 해결책들이 상승세를 탔고, 북반구의 **레이거노믹스** Reaganomics와 남반구의 '구조조정'의 시기에 해당하는 1970년대 후반

---

* **레이거노믹스(Reaganomics)** – 미국의 40대 대통령이었던 로널드 레이건이 1980년대에 실시한 신자유주의적 경제정책이다. 이 정책의 핵심은 정부지출 감축, 자유시장경제, 기업규제 완화, 자본창출을 통한 낙수효과의 추구 등이었지만 크게 성공을 거두지는 못했다고 평가된다.

부터 1990년대 혹은 그 즈음에는 시장 기반의 해결책들이 정점에 달했다. 주지하듯이 지나친 국가개입에 따른 김 빼기 효과와 시장에 대한 과도한 의존이 부른 인간적 부작용을 각기 대변하는 이 두 모델의 결과들에 대해 민심이반 현상이 일어났고, 국가와 시장의 실패를 바로잡는 어떤 새로운 접근법이 요구되었다. 1990년대와 2000년대 동안 탄력을 받은 이 새로운 접근법은 여러 가지 이름으로 불렸다. 예컨대 '**제3의 길**'과 '**온정적 보수주의**'라는 명칭이 그것이다. 그 접근법의 핵심 기조는 사회의 세 가지 '영역들sectors' — 공공public, 민간private, 공민civic — 이 함께 협업하는 파트너십이 사회적·경제적 문제들을 극복하는 최선의 길이라는 것이다. 결사적 삶으로서 시민사회는 이 프로젝트 가동의 핵심사상이 되었으며, 이 프로젝트는 사회적 진보를 성취하는 새로운 방식으로서 '문명화된 사회들'의 건설과 동일시되었다.

이에 덧붙여 1989년 베를린 장벽의 붕괴로 귀결된 정치적 변혁들은 시민사회라는 개념에 계몽주의 시대 이래로 단 한 번도 향유할 수 없었던 유명세를 선사했다. 동시에 이 과정은 목적과 수단의 혼합도 부추기

---

* **제3의길**(The Third Way) - 1990년대 영국의 토니 블레어 총리, 미국의 빌 클린턴 대통령, 독일의 게하르트 슈뢰더 총리가 표상했던 중도좌파적 정치노선과 이념이다. '신노동당'이란 기치하에 이 노선을 대표했던 블레어 총리는 맑스주의 사회계급에 기초한 정당정치 시대는 끝났다고 선언하며, 전임 보수당의 신자유주의적 시장경제 정책을 계승하고 보다 유연해진 사회민주주의 정책으로 선회한 바 있다.
* **온정적 보수주의**(compassionate conservatism) - 원래 이 용어는 미국의 역사가이자 정치가인 더그 웨드(Doug Wead)의 1979년 연설 제목에 처음 등장했으며 미국의 43대 대통령 조지 W. 부시의 통치이념이자 보수당의 정치노선이 되었고 이어 영국 보수당 총리 데이비드 캐머런과 뉴질랜드의 존 키 총리도 이에 편승했다. 이 노선은 기본적으로 신자유주의적 시장경제를 바탕으로 경제적 빈곤층 보호 필요성을 강조한다.

는 방식이었다. 시민사회는 한편으로는 반체제인사들을 규합하는 구호 — 자유민주주의 규범들에 의해 성격이 규정된 새로운 유형의 사회 — 로, 다른 한편으로는 권위주의 국가들을 전복시킬 정도로 강력한 사회운동들을 조직함으로써 자신들이 구호에서 표방한 새로운 사회를 성취하는 수단으로 인식되었던 것이다. 이 두 시각들이 혼합된 범례는 제2장에서 설명하고 있는 폴란드의 '**솔리다리티**Solidarity'였다. 다른 동유럽 지역과 현재 중동 전역에서 벌어지고 있는 것과 마찬가지로 폴란드에서도 반체제인사들이 일단 선거를 통해 공직에 입문하면 결사적 삶은 상당히 빠르게 무시되어가는 경향이 있다. 그럼에도 불구하고 동구, 구(舊)소련, 그리고 1990년대 개발도상 지역의 대부분에서 일어난 정치변동의 한 특징으로서 직접민주주의의 부상은 지구적 중요성을 보유한, 그리고 18세기와 19세기의 대의민주주의 발명에 버금가는 중요성을 갖는 어떤 경향으로 남아 있다. 직접민주주의와 대의민주주의의 균형이 대안적 참여 수단들의 매력은 물론 전통적 정치 방식에 대한 비

---

* **솔리다리티(Solidarity)** – 1980년 바웬사(Lech Walesa)의 지휘 하에 폴란드의 민주화운동을 이끈 자유노조연맹이다. 로마 가톨릭교회와 연합하여 1980년대에 반공주의 비폭력 사회운동을 주도했다. 소련의 위성국가였던 폴란드의 노동조합은 국가에 속해 있었으나 조선소 전기공이었던 바웬사가 노동자의 요구조건을 정부와 공산당이 거절하자 솔리다리티라는 노조연맹을 하며 조선소 파업을 이끌었다. 반체제 지식인들의 지지까지 등에 업은 솔리다리티 운동은 전국으로 확산되어 공산당의 전횡을 차단하는 정치적 효과를 냈다. 하지만 1981년 12월 정부가 계엄령을 선포하면서 바웬사를 비롯한 많은 솔리다리티 간부들을 체포하였고, 1982년 10월 8일, 폴란드 정부는 솔리다리티를 불법화하였다. 하지만 정부의 솔리다리티에 대한 탄압은 성공하지 못하고 1982년 11월 12일 바웬사가 11개월에 걸친 감금에서 풀려났다. 이후에도 노조활동은 불법이었지만 노동자의 파업과 소요가 계속되자 정부는 1989년 4월 자유노조의 합법성을 인정하였다. 폴란드의 솔리다리티 운동은 동유럽 국가 중 처음으로 국가의 통제를 받지 않는 자유노조라는 데 의의가 있다.

(非)호감에 의해 추동된 결과 직접민주주의에 유리한 쪽으로 지속적으로 이동함에 따라 참여를 조직하는 주요 매개체로서 자발결사체들의 정치적 역할도 계속 커져가고 있다. 책의 후반부에 전개시킬 논의를 통해 알게 되겠지만, 이러한 변화들이 기회는 물론 문제들도 가져오겠지만 그렇다고 해서 그러한 경향이 뒤집힐 것 같지는 않다.

국가의 축소와 민영화라는 전 세계적인 동향들은 심지어 시민사회가 현재 적용한 인도주의적 기법들을 도입했음에도 불구하고 글로벌 시장 통합, 증대된 이동성, 급속한 사회적·기술적 변화라는 배경을 깔고 세계 인구 중 다수의 사람들 사이에 개인적인 불안정성을 가속화시켰다. 벨라Robert Bellah가 상기시키는 것처럼 근대성modernity은 일종의 '분리의 문화'이며, 자본주의는 우리가 소비자라는 사실 말고 우리를 함께 묶어줄 그 어떤 집합적 정체성도 제공하지 않는다.[13] 전통적인 사회기관들과 복지국가, 노동조합, 핵가족과 같은 불안전성을 다루는 방식들이 이 과정에서 급진적으로 해체되어온 결과 매우 높은 수준의 취약성과 불확실성을 남겨놓았다. 이러한 상황에서는 낯익은 것들로의 후퇴 경향이 예상되며 자발결사체들이 제공하는 것이 바로 이것이다. 결사체는 음식물 교환에서부터 자조(自助)활동과 정신적 구원에 이르기까지 물질적 지원은 물론 정서적 지원도 제공하는 비슷한 생각을 가진 사람들 간의 연대감과 상호지원을 재확인시켜주는 일종의 오아시스이기 때문이다. 사실 1990년대 초반 이후 시민사회에 대한 관심이 급속히 늘어나게 된 또 다른 이유는 결사적 삶이 1970년대와 1980년대에 인식되었던 것보다 훨씬 더 중요한 사회적·경제적·정치적 역할을 한다는 연구결과가 폭증했기 때문이다. 시민사회가 주목을 받아왔는데 그 이유는 NGO와 다른 집단들의 커져가는 공적·정치적 위상 때문만이 아니라 그러한 현재의 위상을 정당화하는 일군의 증거자료가 현존하기 때문이다. 그런 자료들은 대학과 씽크탱크 전문가들의 전문성에 의해 뒷받침되고, 연구지원 기관과 재단 및 정부로부터 막대한 액수의 연구비가 지원된 결과였다. 국가적 개발사업의 성과 측면에서 이 증거는 강한 국가와 강한 사회 사이의 시너지가 지속적인 빈곤감축적 성장의 열쇠 가운데 하나임을 보여준다. 매개적 성격을 갖는 결사체 네트워크들은 기득권적 이익들에 대한 평형추 역할을 담당하며, 국가들과 시장들 사이의 제도적 책임귀속성을 진작시키고, '일선'에서 벌어지고 있는 일과 관련하여 결정권자에게 정보를 제공하며, 개발사업이 필요로 하는 정부와 시민들 간의 사회적 계약들을 다음과 같은 방식으로 중재하기 때문이다. "내가 성장, 투자, 서비스를 조달하여 당신의 등을 긁어드릴 테니 당신은 임금동결을 이끌어 내거나 복지비용을 부담하는 방식으로 내 등을 긁어주시오." 가장 성공적인 후발 산업국가들 중 하나인 대만은 1980년대 초까지 노동조합, 학생연합회, 지방자치단체 등을 포함하는 매개집단들 속에 800만 명 이상의 회원을 가지고 있었다.[14]

좀 더 자세한 논의를 하기 위해서는 국가의 개발사업과 관련된 시민시회의 역할들을 세 개의 서로 연결된 영역들 — 경제영역, 사회영역, 그리고 정치영역 — 로 나누어 살펴보는 것이 유용하다. 시민사회의 경제적 역할은 호구지책을 확보하며, 국가와 시장이 약점을 보이는 곳에 서비스를 제공하고, 신뢰와 협조를 비롯하여 성공적인 시장경제를 뒷받침하는 사회적 가치와 네트워크 및 기관들을 육성하는 데 집중된다. 레스터 살라몬과 그의 동료들이 보여준 것처럼 세계의 자발결사체들은 주요한 인간 봉사 — 특히 보건과 복지 분야 — 의 제공자가 되었으며, 현재 표본 추출이 가능한 40개 국가에서만도 무려 미화 2.2조 달러 규모의 산업을 형성하고 있다.[15] NGO들, 종교단체들 및 기타 시민단체들은 예전부터 항상 주요 서비스 제공자들이었다. 현시점에 나타난 차이라면 그들이 서비스 공급에 있어 의도적으로 국가를 대체시킬 더 좋은 유통 경로로 간주된다는 점이다. 세계사회포럼과 같은 약간 급진적인 모임들이 시민사회를, 기업들 사이에 책임귀속성을 그리고 정부들 사이에 누진적 사회정책을 진작시키며 시장의 효율과 협동 가치들을 결합하는 새로운 '사회경제학' 실험들을 촉발시키는 '인간적으로 변하는 자본주의humanizing capitalism'의 전파수단으로 간주하는 것도 바로 이 때문이다.

시민사회의 사회적 역할상 시민사회들은 배려, 문화생활, 지적 혁신을 위한 저수지로 인식되고 있다. 시민사회는 적어도 신토크빌주의자들에 의하면 시민권을 올바르게 활용할 수 있는 능력들을 가르치고, 안정성을 촉진한다고 간주되는 '사회적 자본'이라는 범주하에 느슨하게 모아진 일련의 실정(實定)적 사회규범들을 배양하기 때문이다. 결국 사회적 자본은 공동선을 위한 집합행동을 촉진시키는 데 있어, 또는 개인들의 교환에 대한 요구가 점점 복합적으로 변하고 있는 현대 경제체제 내에서 개인들이 효과적인 기능을 수행하려고 할 때 중요한 사회적 유대관계들을 실제로 창출하고 유지시키는 데 있어 결정적인 구성요소로 인식된다. 신토크빌주의적 주장의 핵심에 자발결사체의 규범적 효과가 놓여있다. 비록 이 점이 그들에게 도덕적 이슈 이상으로 사회적 이슈가 되는 이유라고 할지라도 말이다. 이것은 어느 정도 예상되었던 바다. 이는 신토크빌주의자들 다수가 보수주의자이기 때문인데, 보수주의자는 어떤 특수한 도덕적 기준 세트에 따라 정의했을 때 그들이 최상의 시기로 여기는 시점을 현재에 재현시키기 위해 뒤를 돌아보는 경향이 있다. 그런 반면 자유주의자들과 사회민주주의자들은 장차 다가올 더 나은 시대를 염원하는 경향이 있다. 따라서 그들은 새 해법들을 창출해내는 매체로서의 시민사회라는 개념에 더 많은 관심을 기울인다. 그러므로 공공영역에 관한 이론들의 상대적인 주변화 현상은 현재 서구 정치에서 보수주의자들과 보수주의적 사유방식이 상승국면에 있다는 사실로 부분적인 설명이 가능하다.

정치적 역할 측면에서 자발결사체들은 국가와 기업의 권력에 대해 결정적인 평형추로 보이며, 또한 투명성과 책무성 그리고 '좋은 거버넌스'의 다른 측면들을 진작시키는 중요한 일꾼으로 보이기도 한다. 주지하듯이 좋은 거버넌스라는 표현은 최근 원조를 제공하는 외국 정부나 기관들이 즐겨 사용하는 용어다. 특히 공식적으로 시민권적 권리들이 제대로 자리 잡지 못한 경우 정부가 보통 사람들의 목소리를 반영하여 정책을 결정하도록 압력을 가하는 채널들을 제공하는 것이 바로 시민사회다. 물론 시민적·정치적 권리들을 보호하고 진작시키며 미래의 정치지도자로서 갖추어야 할 능력들을 강화시키는 것 역시 시민사회의 정치적 역할 중 중요한 덕목이다. 민주주의 이론을 차용하여 주장하자면, 강한 시민사회는 자율성과 선택을 위협하는 권력의 응집을 막고 국가 권위의 남용을 효과적으로 견제하며 시민들이 거버넌스의 목적과 수단에 관해 논쟁을 벌일 수 있는 민주적인 공공영역을 보호할 수 있다. 권위주의적 지배체제에 대항하여 반대파를 결집시키고 다당제 선거제도로의 이행 과정을 지원하는 데 있어 NGO들과 사회운동의 역할은 아프리카와 동유럽, 라틴 아메리카, 중동 등지의 문헌에 매우 잘 기록되어왔다.[16] 이러한 기능들은 1990년대 초반 이래 NGO네트워크들이 국제 금융기관들의 정책에 도전장을 던지는 일에, 그리고 정책의 책임귀속성과 관련하여 새로운 규범들을 수립하는 일에 점점 더 큰 영향력을 행사할 수 있게 됨에 따라 글로벌 차원으로 확장되었다. 이런 견지에서 시민사회는 '인민의 힘people power'을 대문자화 한 것과 같은 의미로 볼 수 있다.

이러한 주장들은, 적어도 표면상으로는, 시민사회를 결사적 삶으로 보는 입장에 강력한 지지를 표명하고 있다. 그러나 시민사회에 대한 공식적인 지지가 순수하게 연구결과에 기초하여 결정된 것이라는 주장은 그다지 신빙성이 없어 보인다. 그러한 공식적 지지가 "업무에 도움이 된다"는 사실 역시도 중요하기 때문이다.[17] 비록 기업들이 NGO들과 화기애애한 분위기를 연출하는 최근의 동향들이 이러한 추세를 설명하는 일면이기는 할지라도, 내가 이 표현을 통해 단지 기업섹터만을 지목하고 있는 것은 아니다. 이 표현은 공공기관들이 자신들보다 훨씬 더 높은 수준에서 공중의 신뢰를 향유하고 있는 시민집단들과 '제휴를 통한 정당성' 확보를 도모하려는 모든 시도들을 겨냥한 것이다. 시민사회 집단들과 긍정적인 관계를 발전시키는 일은 동일 섹터로부터의 공격에 대비한 모종의 '사전 정지 작업'이 되었다. 세계은행과 유엔의 전문기구들은 전부 이런 방식으로 시민사회단체들에게 서서히 문호를 개방하고 있다. 반면에 은둔을 선택하는 방식의 정치적 손실은 그들의 공적 이미지와 여론의 지지 측면에서 상당할 것 같아 보인다. 물론 그러한 경향들은 조직 흡수의 위험성을 높인다. 특히 NGO들 사이에서는 공공기관들의 '시민사회에 대한 지원'은 국가의 역할 축소와 기업이익 증진을 위한 일종의 연막(煙幕)으로서 시민사회를 이용하는 '은밀한 민영화'를 의미한다는 우려의 목소리가 나오고 있다.

2004년 이후 시민사회에 대한 높은 관심과 지지가 쇠퇴하는 조짐들이 존재해왔으며, 이는 "시민사회는 너무 인기가 있어서 실패했다"는 울프Alen Wolfe의 판단을 확인시킨다.[18] 사실 "시민사회는 한물갔다"는 것이 최근 필자와 사석에서 대화를 나눴던 독일 정부 고위관료의 결론이었다. "그것은 1990년대 전성기를 누렸고 지금은 무언가 다른 것으로 옮겨갈 시점"이라는 것이다.[19] 이러한 비판가들 중 몇몇은 똑 소리가 났고 그 분석 또한 매우 유용했다. 그들의 분석은 자발결사체들의 실제적 가치를 재확인시켜주는 한편, 찬도케Neera Chandokee가 표현한 바 있는 '시민사회의 자만심'을 거부하는 것이기도 했다. 이 자만심은 자발결사체들의 정치적 중요성 혹은 국민국가를 대체할 수 있는 능력 — 리프David Rieff에 따르면, '지푸라기를 잡는 것'에 비유할 만한 어떤 환상 — 에 대한 과장된 생각들을 기리키고 있다.[20] 또 다른 부류의 사람들은 2000년 '시애틀의 전투'와 보다 최근에 일어난 스페인의 '성난 사람들Indignados', 그리고 전 세계적으로 번진 '점령하라Occupy' 시위들과 같은 것들에 대해 본능적으로 거부반응을 일으키기도 했다. 이렇게 반발하는 데는 몇 가지 이유가 있다. 그 중에는 남아프리카와 남아시아 지역의 여러 국가에서 NGO들이 정당성이나 책무성도 갖추지 않고서 국가를 대체할지도 모른다는 식의 두려움도 포함된다. 또한 2001년 9월 11일 뉴욕과 워싱턴에서 일어난 알카에다al-Qaeda 테러 이후 시민사회에 "누가 속하는가"에 관한 혼동도 그 중 한 가지다. NGO들이 일련의 편협한 목적들을 위해 시민사회의 이름과 기능들을 낚아채갔다는 노동조합들의 걱정이나 잘 알려진 주요 자선단체들의 부패사건 등도 여기에 포함된다.[21] 그러나 전체적으로 보았을 때 이러한 비판들은 매우 유익하다. 그것들이 우리에게 시민사회는 건강한 사회를 위한 논쟁의 주체여야 하며, 앞으로도 계속 그래야 한다는 점을 상기시켜주기 때문이다. 영향력이 증대되고 있는 어떤 기관이라도 반드시 그 책무성에 관한 한 외부의 감시를 받아야 한다는 것 역시 부분적인 이유가 된다. 2002년 전 세계적으로 실시된 한 여론조사에 따르면, NGO는 이제 '제5부 the fifth estate'를 구성하고 있다.[22]

시민사회를 특권화된 개인들로 이루어진 일부 사회계층 — 고대 그리스 폴리스의 시민들, 18세기 유럽이나 서구 또는 북구나 남구의 재력을 갖춘 백인 남성들 — 을 위한 전유물로 간주하는 것은 더 이상 가능하지 않다. 시민사회 사상은 전 세계로 파급괴어 정치와 실생활에 있어 강력한 동기가 되어가고 있다. 그러나 그 사상은 시민사회가 무엇인지, 무슨 일을 하는지에 대한 협소하고 논쟁의 여지가 있는 이해방식의 지배하에 놓여 있다. 현재 이 협소한 이해방식이 실제적 사회변혁의 힘으로서 시민사회의 잠재력을 부식시킬 수 있을 정도로 커다란 위협으로 작용하고 있다. 이 잠재력을 보전하기 위해서는 시민사회 사상에 관한 토론을 동시다발적으로 확장시켜야 할 필요가 있으며, 이 토론에는 다른, 덜 지배적인, 관점들을 포함시켜야 한다. 이러한 시각들 각각에 대한 정교화는 시민사회에 대한 보다 명료하고 총체적인 이해방식을 도출하는 데 기여할 것이다. 그 과정의 출발점은 '결사적 삶의 세계로서의 시민사회'라는 정통적 해석을 뒷받침하는 특정 가설들과 우선적으로 결별을 고하는 일이 되어야 한다.

---

* 제5부(the fifth estate) - 시민사회(특히 비영리섹터)를 의미하는 것으로 제1부는 입법부, 제2부는 사법부, 제3부는 행정부, 제4부는 언론이다.

CHAPTER 2

결사적 삶으로서의 시민사회

　　　　　　　　　　　13세기 후반 마르코 폴로는 중국 항저우 (杭州)의 생동감 넘치는 결사적 삶의 모습에 놀라움을 금치 못했으며, "그 도시가 자랑하는 갖가지 향락들 못지않게 자선기관들이 존재한다는 사실에도 주목한 바 있다."[1)] 공공 병원들, 시장의 결사체들, 무료 공동묘지들, 문화집단들과 노인수용시설들로 가득 차 있었다. 그의 이전 탐험가들 역시 그들의 여정에서 이와 유사한 것들을 보았을 것이다. 이런 결사체들은 적어도 이집트의 파라오 시절부터 존재해왔기 때문이다. 인간들, 적어도 우리들 대부분은 사회적 피조물이다. 우리는 집합 행동을 통한 문제 해결에 도움이 되는 집단들에 가입하며, 우리가 신념을 가지고 있는 명분을 진전시키고, 삶 속에서 보다 더 많은 의미와 성취를 발견하거나 또는 단순히 특정한 재미를 추구하는 것이 인간실존의 보편적인 부분이다. 그러한 기회들을 갖지 못한 삶은 심각히 그리고 아마도 끊임없이 쪼그라들 것이다. 일부 사람들에게는 특정 자발결사체가 거의 영성적 중요성이 부여된 인류의 자연상태로 간주된다. 잉겔Ronal Engel은 "인간들은 자유로운 결사의 삶을 위해 태어났으며 신성한 실재, 즉 성령Holy Spirit은 공동의 삶 속에서 민주적인 방식으로 정의를 추구하는 일에 헌신하는 모든 결사체들 속에서 명시화된다"라고 말한다.[2] 그러한 삶의 태도들은 특히 미국에서 일반화된 형태로 나타난다. 적어도 미국인들은 미국 결사체들의 건강과 활력이 종종 '전 세계의 부러움'을 사고 있다고 간주한다.[3] 1830년대 미국 여행 시 처음 이 결사적 삶의 매력에 푹 빠진 사람이 바로 토크빌Alexis de Tocqueville이었다. 그는 자신의 책 『미국의 민주주의Democracy in America』에서 "연령이나 조건의 차이, 또한 성향의 차이를 불문하고 모든 미국인들은 지속적으로 결사체를 조직하는 경향이 있다"고 선언했다.[4] 일례로 오늘날 75만 명이 넘는 미국인들이 자원봉사소방대 대원인데 이 수치는 미국 내 모든 소방대원의 69퍼센트에 해당된다. 이 자원봉사소방대는 수 세기 동안 존재했던 양동이 소방대와 손수레가 사라진 이후 그 일부가 1983년부터 전수되어 온 본질적으로 미국다운 풍습이다.[5]

　토크빌의 로맨스는 정치적 스펙트럼 상에 있는 모든 진영 사람들의 열정을 자극했다. 보수주의자들은 결사체들을 전통적 도덕 가치들의 재건을 위한 매개체로 해석한 반면, 진보주의자들은 결사체들을 개별 사회 전체의 재발명 수단으로 인식했다. 그러나 과연 이것이 자발적 행위가 항상 소방서비스 체계를 운영하거나 사회를 개혁하는 최선의 방법이라는 의미일까? 시점상 한참 앞선 1911년 베버Max Weber

는 프랑크푸르트에서 열린 사회학자 총회에서 결사체들이 갖는 효과에 대한 낭만주의적 해석을 다음과 같이 경계했다. 그는 당시 독일 전역으로 퍼져나가고 있던 관행, 즉 서명을 남발하는 협회들의 정치참여의 부정적 효과들을 언급하면서 "오늘날 인간의 전형은 의심할 나위 없는, 어떤 소름끼치며 결코 꿈도 꿀 수 없을 정도로 결사인(結社人, an association man)이다"라고 주장했다. 이것은 교회 성가대의 긍정적인 공민적·정치적 효과들을 찬양한 푸트남과 같은 우리 시대 비평가들의 출현을 예견한 놀라운 통찰이었다.[6] 결사체들은 굉장히 중요하며 고무되어 마땅하다. 그러나 우리가 이미 1장에서 간략히 살펴보았듯이 그것들이 난마처럼 얽힌 사회적·경제적·정치적 문제들을 푸는 무슨 '마술탄환'이기라도 되는 것처럼 결사적 삶에 너무 많은 기대를 거는 것도 위험하기는 매한가지다. 자발결사체들에게 거는 기대는 점차 사회서비스 조직, 지역공동체의 운영, 실업문제 해결, 환경보호 활동에 이르기까지, 그래도 남는 시간이 있다면 국가의 도덕적 삶을 재건하는 일에까지 확대되는 듯하다. 실례로 페루의 NGO지도자인 파드론Mario Padron은 "우리 능력 이상을 책임지도록 한 다음 실패의 책임을 우리에게 떠넘기지 마시오. 우리는 그 짐을 모두 감당할 수가 없습니다"라고 토로한 바 있다.[7]

이번 장에서 우리는 국가 및 시장과 구별되는 사회의 일부로서 시민사회라는 개념에 초점을 맞추어볼 것이다. 이 견해는 현재 사용되고 있는 시민사회 개념들 중 가장 일반적인 것으로서 19세기 미국에 대해 토크빌이 가졌던 생각들을 직접 계승한 것이다. 통상 '제3섹터'나 '비영리섹터'로 지칭되는 시민사회는 이런 의미에서 가정과 국가 사이의 모든 결사체들과 네트워크들을 포함한다. 그곳에서 이루어지는 회원가입과 활동들의 성격은 '자발적'이며, 매우 상이한 유형의 NGO들, 노동조합들, 정당들, 교회와 기타 종교단체들, 전문집단들과 기업 결사체들, 공동체와 자조집단들, 사회운동들과 독립 미디어들이 다 여기 포함된다. 월저Michael Walzer의 유명한 정의에 의하면, 이것은 '비강제적인 인간 결사의 공간'이며, 이 공간을 '관계적 네트워크들 — 가정, 신앙, 이익과 이념을 위해 형성된 — 의 세트'가 함께 채우고 있다.[8] 여기서 '자발적'이라는 말은 약간 상세한 설명을 필요로 한다. 왜냐하면 많은 자발결사체들이 자원봉사자들은 물론 임금을 받는 전문가들에 의해 운영되기 때문이다. 주요 기준들은 다음과 같다. 우선 회원가입이 법적으로 요구된 것이라기보다는 합의에 의해 성립된 것이라는 점인데, 그 의미는 "사회적 지위, 공적 권리, 또는 공적 권리에 수반되는 혜택을 상실하지 않고도 탈퇴가 가능하다"는 것이다. 다음 요건은 자발적인 기제들이 목표 성취에 사용된다는 점인데, 그 의미는 정부가 강제하는 복종이나 또는 기업들이 제시하는 시장 유인책 대신에 대화, 교섭, 설득이 주로 사용된다는 것이다.[9] 그런 결사체들이 최소한 시간과 돈 또는 둘 중 어느 한 가지를 목적으로 특정의 자발적인 기부를 유도하는지의 여부는 추가로 검증해야 할 유용한 항목이다.

지금 세계 속에서 어떤 '결사혁명'이 진행되고 있는가?

자발결사체들은 수백 년 동안 세계 대부분 지역에 존재했었다. 예컨대 프랑스혁명 이후 행동을 개시했던 지방 농민들의 협동조합, 1838년 링

컨Abraham Lincoln이 처음으로 연설하는 연습을 했던 일리노이 주 스프링필드의 청년리케움Young Men's Lyceum, 인도에서 대규모 정치행동을 예고했던 사마지Araya Samaj와 같은 19세기 개혁운동 집단들, 그리고 위험한 상황에도 불구하고 공산주의 지배 기간 동안 동유럽에서 활발한 활동을 전개했던 수많은 반체제 집단들 같은 것들이 다 여기 속한다. 1980년대 후반 이래로 특정 결사적 삶의 형태들이 매우 신속히 또 전세계적으로 확장되었다. 이에 대해 논평가들은 '결사혁명associational revolution' 또는 잠재적으로 심상치 않은 중대성을 담지한 모종의 '권력이동power shift'이라는 표현들을 내놓기 시작했다.[10] 권위주의 정부들이 여전히 원칙적으로 자발결사체들의 발전을 막고 있는 미얀마와 쿠바 같은 소수의 사례들을 제외하면, 등록된 비영리단체들NPOs의 숫자는 특히 개발도상국에서 역사상 유례를 찾아볼 수 없을 만큼 놀라운 속도로 증가했다. 그들은 훨씬 더 밑바닥에서 시작했지만 다른 국가들로부터 NGO들에 투자하는 방식으로 상당한 액수의 대외원조를 받았기 때문이다.

일례로 2009년 인도에는 330만 개의 NGO가 있었는데 불과 15년 전에는 100만 개였다. 2007년 브라질에는 22만 개, 이집트에는 2만 4,000개의 NGO가 있었다.[11] 가나, 짐바브웨, 케냐에서는 이 제3섹터가 보건과 교육 서비스의 40퍼센트 또는 그 이상을 제공하고 있다. 심지어 정부의 NGO 관련 정책이 의심스러운 중국에서조차도 비영리단체들의 숫자가 2001년에 이미 2,000개에 달했다.[12] 이런 수적 성장에 비견될 만한 것은 남아시아의 개별 NGO들이 자국 국민 상당수에게 제공하는 서비스의 성장세다. 예컨대 방글라데시 농촌진흥위원회BRAC는 2012년에 1억 1,300만 명 이상에게 서비스를 제공하였다.[13]

서유럽과 미국에서는 그러한 빠른 성장률을 찾아보기 어렵다. 하지만 자발결사체들의 전체적인 숫자들은 여전히 인상적이다. 예를 들어, 미국에는 거의 150만 개의 자선단체들이 존재하며, 영국에도 최소한 16만 4,000개의 자선단체와 60만 개의 '비공식' 집단들이 존재한다.[14] 그러나 이러한 숫자들은 결사적 삶의 구성방식에서의 중요한 변화상을 가려 버린다. 영국과 미국 양국에서 종교집단들과 공식적으로 등록된 '중간지원조직' NGO들이 1980년대 이래 꾸준히 성장해온 반면, 비록 최근 들어 낮은 임금 수령자들과 이민자 공동체들을 중심으로 **풀뿌리행동**grassroots action이 다시 불붙고 있다 할지라도 비종교적 회원단체들과 노동조합들은 쇠퇴해왔다는 사실 말이다.[15] 노동운동의 쇠퇴가 특별히 눈에 띈다. 미국 내 노조들은 1950년대 초에 그들이 대표했던 노동자 숫자의 3분의 1만을 대표하고 있으며,[16] 스카치폴Theda Skocpol이 '지역에 뿌리를 두고 전국적으로 왕성한 활동을 벌이는' 결사체로 인식한 미국재향군인회American Legion, 미국노동총연맹-산업별조합회의AFL-CIO(미국 노동운동의 상급 운동 연합체)와 같은 범(凡)계급적 회원 결사체들 내에서의 쇠퇴가 두드러진다. 스카치폴은 미국 시민사회의 관심이 결과적으로 '회원에서 운영으로' 이동했다는 결론을 내린다.[17] 바꿔 말해서 전통적 토크빌적 결사적 삶의 핵심이 빠르게 부식되고 있다는 것이다. 이러한 쇠퇴는 여성들 사이에서 특히 눈에 띄는 현상인 듯한데, 이는 어쩌면 미국 내에서 여성의 시간에 대한 요구가 점

---

* **풀뿌리행동(grassroots action)** - 흔히 풀뿌리운동(grassroots movement)의 전략적 특성으로 이해할 수 있는 풀뿌리행동은 읍, 면, 구, 동과 같은 지역에 뿌리를 두고 있는 주민 또는 시민들이 자발적으로 조직화하여 자신들이 원하는 정책이나 요구사항을 해당 지역의 제도적 정치과정에 반영하고자 하는 집합적 시민행동을 말한다.

점 증가하는 데 비해 육아에 대한 지원은 부적절하기 때문일 것으로 보인다. 그러한 지원이 가용한 영국, 캐나다, 네덜란드 같은 곳에서는 여성의 자발결사체 참여 영향이 매우 긍정적으로 나타난다.[18] 전체적으로 봤을 때 미국과 영국에서 자발결사체의 숫자는 안정적이거나 양적인 면에서 조금씩 늘고 있는 추세다. 그러나 이 경향은 누가 어떤 결사체에 참여하는가와 관련된 중요한 변화상을 감추고 있다.

국제적 차원에서는 1990년대 초반 이래로 새로운 NGO들과 NGO 네트워크들로 이루어진 새로운 층위가 출현하여 하나의 '**지구시민사회**'를 구성하고 있다. 적어도 일부 이론가들의 해석은 그러하다. 이미 세계무대에는 5만 6,000개의 국제NGO와 2만 5,000개의 초국가직 NGO네트워크들이 활발하게 움직이고 있는데, 그들의 90퍼센트가 1970년대 이후 형성된 것들이다.[19] 그들 중에는 **옥스팜**Oxfam, 세이브더칠드런Save the Children, 지뢰퇴치와 무기통제 캠페인 집단들, (이미 4,900만 명의 회원을 가지고 있다고 주장하는) 헤미스페릭소셜얼라이언스Hemispheric Social Alliance, 3개 대륙에 걸쳐 수십 만 명과 연계

---

* **지구시민사회(global civil society)** – 냉전체제가 붕괴한 1990년대 이후 '시민사회'가 재출현했고, 그것의 사상이 새로운 이론적 관점에서 재조명되기 시작했다. 한편, 신자유주의적 시장의 글로벌화, 정보통신혁명과 교통혁명이 가속화한 정치·경제·사회·문화 제 분야에서의 글로벌화 현상은 이전까지 국민국가의 경계선 내로 제한됐던 시민사회의 활동영역을 글로벌 차원으로 확장시켰고 마침내 지구시민사회의 출현으로 이어졌다.

* **옥스팜(Oxfam)** – 1942년 영국 옥스퍼드에서 결성된 빈민구호 NGO단체이다. 처음에는 제2차 세계대전 당시 나치로부터 억압받는 그리스인을 구호할 목적으로 기근구호위원회(Oxford Committee for Famine Relief)라는 명칭으로 출범하였다. 종전 후 벨기에 등에서 전쟁 난민 구호에 앞장서면서 국제적인 단체로 자리잡았다. 1965년 옥스팜으로 개칭하고, 옥스팜 인터내셔널(Oxfam International)이 설립되어 전세계적 차원에서 개발과 구호, 빈곤퇴치 활동을 펼치는 국제적인 개발NGO이다.

하고 있는 공동체 집단 연합체인 쉑드웰러즈인터내셔널Shack Dwellers International, 그리고 시장(市長)들, 지방자치단체장들, 기업의 대표들, 전문가들, 대학들과 작가들의 국제적 연합체들이 모두 포함되어 있다.

그러나 이러한 엄청난 숫자들에도 불구하고 우리는 전 세계에 퍼져 있는 결사적 삶의 경향들에 대한 단 하나의 분명한 사실과 더불어 남겨진다. 공식적으로 등록된 NGO의 숫자들이 1989년 이후 상당히 증가했다는 사실이 그것이다. 이 경향이 시민사회에 의미하는 바가 무엇인지는 불분명하다. 세계 대부분 국가로부터 수집한 데이터는 단지 등록된 단체들만을 알려줄 뿐, 결사적 삶의 다른 영역들에서 나타나는 경향들에 대해서 규명하는 데는 도움이 되지 않는다. 특히 공동체 집단이나 풀뿌리 운동처럼 강단 연구 영역의 바깥에서 나타나는 경향들의 경우가 그러하다. 우리는 과거의 발전상들이 미래를 위한 믿을만한 안내판일지 아닐지에 대해 잘 모른다 (특히 NGO들이 외국 원조가 아니라 자국 사회로부터 모은 후원금에 의존하도록 강제된다면 말이다). 학자들은 이러한 경향들이 지닌 보다 광범위한 함의들이 무엇인지에 관해 쉽게 동의하지 못한다. '결사혁명'이나 '권력이동'이 단지 삶의 변방에서 활동 중인 NGO의 숫자와 규모의 증대를 의미하는 것만은 아닐 것이다. 이는 분명 정치·경제·사회관계의 구조적 변화에 대한 신호탄이다. 어떤 경우든 비영리단체들, 즉 포드재단Ford Foundation에서부터 남아프리카에 있는 한 매장(埋葬)사회에 이르는 모든 '결사적 삶'의 형태들을 어떤 단일 범주로 뭉뚱그려 규정하는 것은 아무런 의미도 없다. 또한 외국 원조공동체가 했던 바대로 NGO들을 아주 많은 결사체들 중에서 가장 중요한 결사체 유형으로 고착시키는 태도 역시도 의미 없기는 마찬가지다. 의견이 갈리는 첫 번째 원천은 "어떤 결사체들이 시민사회에 속하며 어떤 것들이 속하지 않는가"라는 껄끄러운 이슈와 관련된다.

누가 시민사회에 '속하며' '속하지 않는'가?

세 개 섹터 사회모델은 국가, 시장, 비영리 집단들이 서로 분리되어 있으며 상호독립적이라는 사실 — 아마도 각자의 합리성과 특수한 작동 방식 속에 은둔자처럼 폐쇄적으로 존재한다는 사실 — 을 암시한다. 그러나 현실 속의 기관들을 한 번 슬쩍 들여다보기라도 한다면 그것은 곧 비상식으로 드러난다. 경계들은 항상 유동적이며 필연적으로 그럴 수밖에 없는 이유들이 존재한다. 여러분과 마찬가지로 나 역시 시민인 동시에 이웃사람이고, 유권자인 동시에 임금노동자이며 소비자다. 이 역할들 중 하나를 수행하기 위해 발전시킨 자질들은 다른 역할들에도 영향을 미치게 된다. 따라서 우리가 바랄 수 있는 것은 오직 긍정적인 효과들을 기대하는 것뿐이다. 시민사회와 국가를 예로 들면, 그것들은 항상 상호의존적이었다. 국가들은 민주적인 시민사회가 기능하는 데 필요한 법적 규제의 틀을 제공해주고, 시민사회는 선출된 정부들이 제대로 본분에 맞는 책무를 다하도록 압력을 행사한다. 스카치폴이 제시하였듯이 1945년에서 1980년 사이 미국의 효과적인 사회정책은 정부와 지방에 근거를 둔 회원을 가진 결사체들 사이에서 발전된 공생적 유대관계들을 통해 수행되었다.[20] 물론 이것이 시민사회가 국가의 일부라거나 아니면 그 반대를 뜻하지는 않지만 — 국가와 시민사회는 명백히 상이한 기관 세트들이다 — 만일 그들의 관계가 단절된다면 양자가 서로에게 미치는 긍정적인 효과들이 무효화될 수도 있음을 의미한다. 국가가 시민사회에 대해 더 많은 영향력을 가지고 있는지, 아니면 시민사회가 국가에 대해 더 많은 영향력을 가지고 있는지는 200여 년 이상 학자들 사이에서 의견 대립을 야기한 대단한 논쟁거리였다. 그러나 한 가지 확실한 것은 정부정책이 결사체적 삶의 저력과 형태에 어떤 중요한 영향력을 행사한다는 것이다. 이와 관련하여 레이건과 대처가 노동운동에 가한 공세들을 떠올리거나, 아니면 영국의 '신노동당 New Labour'이나 미국의 민주당과 공화당 행정부들이 장려하는 비영리 섹터의 서비스 제공을 생각해보라. 국가와 시민사회간의 연결고리들이 너무 긴밀하고 편안해지면 정부는 시민사회 내 특수한 이해관계를 대변하는 부류들에게 발목을 잡힐 수 있다. 반면에 시민사회는 정부 감시 역할을 제대로 수행할 수 없게 될 것이다. 그렇게 때문에 국가 기관들은 결사적 삶의 일부가 될 수가 없다.

결사체들과 국가 사이에는 '정치사회political society'라고 불리는 회색지대가 존재한다. 이것은 정당, 정치조직들, 그리고 의회들로 구성되어 있다. 이것은 시민사회 학자들을 두 개의 경쟁적인 진영으로 나누었다. 첫 번째 진영은 정치사회를 시민사회의 중요한 구성요소로 파악한다. 시민집단들이 국가권력을 추구하거나 (물론 그들은 그렇게 하지 않는다) 개인들의 이익을 집성하여 정치적으로 반영하기 때문이 아니라 (사실 그들은 그렇게 할 수가 없다), 시민집단들이 민주적 결사체들의 생활방식과 공공영역 내에서 아무 제약 없이 논의를 통해 정치에 대한 영향력을 창출하기 때문이다. "장기적 안목에서 볼 때 민주적 정치사회들의 건강상태는 독립적인 전(前)정치적 결사체들 및 공중 속에 그들이 얼마나 깊숙이 뿌리 내리고 있는가에 좌우된다."[21] 폴란드의 솔리다리티는 노동조합인 동시에 얼마 후 정치정당이 될 터였고, 사회운동들 대부분은 암묵적인 정치의제들을 가지고 있다. 예컨대 라자스탄Rajasthan에서 활동하는 마즈도어 키산 샥티 산가탄Mazdoor Kisan Shakti Sangathan은 노동자들 및 농민집단들과 협업하는 모종의 비정당적 정치조직으로서 이미 지방선거에서 후보들을 낸 바가 있고, 조만간 중앙정부 차원에서도 의석 확보 경쟁에 뛰어들 것이다.[22] 인도네시아처럼 약한 다당제 정당체제를 가지고 있는 (혹은 지방 수준에서 정당 설립이 금지된) 국가들의 한편에서는 전국적 정치조직들 사이의 연합이, 다른 한편에서는 지방과 지역 수준에서 농민운동과 노동조합이 연합하는 관행이 급속히 확산되고 있다.[23] 이와 같이 집단들이 동시다발적으로 인민들의 참여를 동원하고 상이한 임무들을 수행하는 국가의 방계조직들과 연결하는 사례들은 특히 민주화과정을 겪고 있는 사회들의 공통 사항이다. 1970년대와 1980년대 대만, 싱가포르, 한국의 마을위원회들의 경험이 이 점을 잘 보여주었다. 그러한 연결고리들은 공개적인 항의를 위태로운 것으로 만들지만 그럼에도 약간 덜 대결적인 전략이나 전술들이 제시될 수 있는 공간만큼은 유지할 수 있게 한다.[24] 남아프리카의 치료행동캠페인ATAC 본부는 HIV/AIDS 환자용 RNA 종양 바이러스 약품 사용에 관한 정부정책을 바꾸기로 결정한 NGO들의 연합체로서 출발했지만 현재는 어떤 공식적인 정치적 정체성을 표명하지 않은 상태임에도 **아프리카민족회의**ANC의 통치 배경에 이의를 제기하는 반대파적 특성 몇 가지를 발전시키고 있다. 칠레와 필리핀, 그리고 브라질과 같은 나라의 지도자들은 NGO에서 정부로, 다시 NGO로 복귀하는 규칙적인 행보를 보여준다.[25] 총체적으로 말해서, 시민사회와 정치사회 사이의 연계장치들은 자연스럽고 유용하며 장려되어야 한다. 특히 직접민주주의와 대의민주주의 사이의 균형추가 전자인 직접민주주의 쪽으로 이동하고 있는 시점에는 더욱 그러하다.

두 번째 시민사회 학자 진영은 정치가 결사체들에 끼치는 부패적인 영향력에 대해 진저리를 친다. 결사체들은 특정 당파의 어떠한 정치적 이익들로부터도 독립적이라고 가정되기 때문이다. 만약 결사체들이 독립적이지 않다면 그들은 자신들이 요청받은 역할, 즉 일반화된 신뢰와 상이한 정치공동체들 간의 관용을 단단히 접착시키고 또한 진정한 의미의 공통 관심사 또는 공적인 관심사를 진작시키는 역할을 담당할 수 없을 것이다. 신토크빌주의 사상가들은 무정치적 결사체들이 정치적 효과들을 가질 수 있다는 사실을 수용하는데, 그 이유는 그들이 투표를 포함하여 정치참여의 여러 차원들에 전체적으로 영향을 끼치기 때문이다. 비록 이 명제와 관련된 찬반 양쪽의 증거가 경합을 벌이고 있지만 말이다.[26] 그러나 자발결사체들이 기본적으로 보유하고 있는 정치적 영향력과 공식적인 정치활동이 동일한 것은 아니다. 자발결사체들이 공식적으로 정당들과 연합하여 선거에서 득표 경쟁에 뛰어들 때 입은 손상 사례들은 분명히 존재한다. 일례로 1996년 방글라데시의 NGO연합체인 ADAB는 일단 그 연맹이 정권을 잡으면 새로운 후견인과 고객 관계로 발전시킬 것을 염두에 두고 아와미 연맹 Awami League과 연합했다.[27] 10년 뒤 노벨평화상 수상자인 유누스 Muhammad Yunus는 방글

---

* **아프리카민족회의(ANC: African National Congress)** – 남아공에서 인종분리정책에 저항하기 위해 흑인들이 1912년 창설한 정치단체이다. 현재는 다인종단체이다. 1940년대와 1950년대에는 도시 흑인 노동자들이 스트라이크와 시민불복종 운동을 전개하였고, 1960년과 1961년에는 게릴라전을 펼쳤다. 1964년 단체의 지도자인 넬슨 만델라(Nelson Mandela)가 투옥되었다. 이후 지속적으로 반정부 활동을 전개했으며 1990년 만델라의 석방과 더불어 정당으로 변신을 꾀하여 1994년 정식 정당으로 등록했다. 그리고 넬슨 만델라가 남아공의 대통령으로 선출되었다.

라데시에서 '시민의 힘Citizens' Power'이라는 당명의 신정당을 창당하려고 했으나 자신이 세운 **그라민은행**Grameen Bank과 여타 성공적인 NGO들 간에 결성된 심오한 네트워크들조차도 기성 정치권에 명함을 내밀 수 없음을 알게 되었다.[28] 또 다른 사례로서 미국 내에서 종교적 보수주의자들은 (미국기독교연합회를 통해) 워싱턴 국회의사당의 고참 공화당 의원들과의 인맥을 활용하여 출산의 권리들과 다른 이슈들에 관한 공공정책에 자주 영향력을 행사해왔다. 물론 이와 유사한 사례들은 민주당원들로부터도 인용할 수 있겠지만 요점은 그게 아니다. 여기서의 요점은 공익을 촉진한다고 주장하는 어떤 결사체라 하더라도 그것이 당파정치 의제와 연계될 때 위험에 빠지게 된다는 것이다. 그러면 시민사회 내 시민들의 보다 포괄적인 의제를 대변한다는 자신의 주장을 허구로 만들게 되기 때문이다. 사실 "정치에 질려버렸다"는 말은 공동체 집단들과 자원봉사자들 사이에서 자주 나오는 익숙한 후렴구다. 많은 사람들에게 신뢰가 시민사회의 윤활유로 인식되는 반면, 위선은 정치적 영향력의 연고(軟膏) 쯤으로 이해된다.

시민사회 열광자들 중에 시민사회에는 정부 개입이나 전통적 의미에서 정부에 대한 필요가 전혀 필요 없는 가운데 스스로 자신을 성공적으

---

* **그라민은행(Grameen Bank)** – 방글라데시의 무하마드 유누스(Muhammed Yunus)가 빈곤퇴치, 빈곤구제라는 목적을 가지고 1983년 법인화된 은행이다. 1973년 유누스가 20달러 때문에 고리대금업자의 횡포에 시달리던 빈민들에게 돈을 빌려준 것으로 시작하여 1976년부터 빈민들에게 담보 없이 소액신용대출을 하는, 이른바 '그라민은행 프로젝트(Grameen Bank Project)'를 실험하면서 이루어졌다. 현재 그라민은행으로부터 700만 명 이상이 대출을 받았으며, 그 대출자 중 97퍼센트가 여성이다. 현재 그라민은행의 원리는 아시아 다른 국가들을 비롯하여 아프리카와 남미 등으로 확산되었다. 이러한 성과로 인해, 2006년 그라민은행과 그라민은행의 창설자 유누스가 공동으로 노벨평화상을 수상하였다.

로 조직하고 다스릴 수 있다는 신념에 의해 부분적으로 추동된, 콘라드 George Konrád가 자신의 저서(1989)에서 '반(反)정치antipolitics'라고 지칭한 바 있는 강력한 사상 노선이 존재해왔다. 문제는 시민이 정치과정에 몸소 '참여하는' 직접민주주의의 중요성이 점점 커져감에도 불구하고, 시민의 직접적인 참여는 뉴잉글랜드의 타운미팅town meeting의 규모에나 어울리는 얘기이며, 전체 국가 차원에서는 효과적이지 못하다는 점이다. 더욱이 글로벌 통치방식 속에서는 더더욱 비효과적일 듯하다. 그러므로 국가는 확실히 시민사회의 '외부'에 존재하며 비당파적 정치활동은 분명 그것의 '내부'에서 이루어진다. 이 두 극단의 영역 사이에 있는 모든 것은 논쟁 대상으로 남겨진다. 유일하게 수용 가능한 타협점은 정당들이 정권을 잃었을 때는 시민사회 '내부'에서 활동하고, 그들이 정권을 잡았을 때는 시민사회의 '외부'로 빠져나가는 방식이다.

만약 이 국가와 시민사회 간의 경계가 선명치 않다고 말하기에 아직 충분치 않다고 느낀다면, 시민사회와 시장 사이의 경계는 훨씬 덜 선명하다는 점을 지적하고 싶다. 여기서 우리는 또 다시 기업과의 접촉을 통해 공민정신civic spirit의 순수성이 오염된다는 두려움을 표하는 사람들과, 겔너Ernest Gellner(1994)에서처럼 기업은 불가피하게 시민사회 — 아니면 적어도 기업이 융성시킬 필요가 있는 사유재산 관계들 및 시장 관련 제도들 — 의 일부라고 주장하는 사람들 사이의 견해차와 맞닥뜨리게 된다. 로크John Locke의 저술로 돌아가 보면, 이 이론 노선은 항상 사적인 경제활동을 시민사회를 지탱하는 중요한 대들보 중 하나로 보아왔다. 적어도 이론상으로는 사적인 경제활동이 권력을 국가로부터 분산시키며 개인의 자유를 보호하는 데 도움이 되기 때문이다. 이 전통은 오늘날 국가가 사회적·경제적 서비스를 제공하는 데 점점 더 많은 비영리 기관들을 활용하는 일과, 추후 3장에서 분석하게 될 '자선자본주의philanthrocapitalism'의 부상 현상에도 반영되어 있다. 이것은 자선 기관들과 재단들이 점차 기업적 사고방식과 시장기제들을 채용하는 현상을 말한다.[29] 이 전통을 비판하는 사람들은 시민사회를 모종의 사회적, 문화적, 정치적 현상으로 인식하면서 서비스 제공자들을 시장 내에서 영리를 추구하지 않는 섹터에 할당하고 시민집단들이 경제적 이해관계들로부터 독립적이라는 것을 역설한다. 월저Michael Walzer와 래쉬Christopher Lasch는 '돈의 가치가 비교적 덜 평가되는' 삶의 영역 — 시장에서 자유로운 지대 — 이 시민사회라고 역설한다. 반면에 코헨Jean Cohen과 아라토Andrew Arato는 오로지 경제와 차별화시킨 시민사회라는 개념민이 … 어떤 비판직 사회와 징치 이론의 중심이 될 수 있다는 결론을 내린다.[30] 그럼에도, 실제상, 그런 식으로 철두철미한 구분들을 만드는 데는 어려움이 따른다. 예컨대 시에라리온Sierra Leone의 시장에 종사하는 여성들은 (집합행동 방식으로) 1996년에 그리고 또다시 1997년에 민주선거가 실시되는 것을 확인하려는 목적에서 프리타운Freetown의 노상에 집결하였다. 이와 유사한 사례로서 바르쉬니Ashutosh Varshney의 연구는 인도의 몇몇 도시들에서 힌두교도와 이슬람교도들의 경제적 이해관계들을 함께 묶은 기업 결사체들의 존재가 공동체들 사이의 폭력 사건을 줄이는 데 (또는 그것들의 부재가 폭력 상황을 악화시키는 데) 매우 주효했다는 사실을 보여주었다. 쿠바에서 독립적인 단체들을 위한 특정 공간을 제공한 것은 소규모의 비공식적인 기업들이었다. 쿠바에서 다른 형태의 결사체들은 국가에 의해 통제된다.[31]

　이러한 역할의 혼선은 부분적으로 어떤 종류의 '기업'에 관해 이야기하고 있느냐를 규정하지 않은 데 따른 것이다. 쉘Shell이나 아이비엠 IBM과 같은 다국적기업이 기업차원에서 합법적으로 선언한 목표들은, 적어도 부분적으로는 어떤 사회적 재화를 생성하거나 어떤 집합적 이익을 증진시킬 목적으로 현존하는 협동조합, 신용조합, 사회적 기업들과 공(公)·민(民) 파트너십 체제와 같은 기업 공동체의 목표들과 다르다. 종종 공식적인 경제섹터가 매우 작은 특징을 보여주는 개발도상국가들 내에서 대부분의 경제활동은 비공식적인 영역에서 이루어지는데, 여기서는 사회적 관계들과 시장의 관계들이 손 댈 수 없을 정도로 서로 뒤엉켜 있다. 또한 개별 기업들의 영리추구 활동과, 환대서양 기업 대화Transatlantic Business Dialogue나 각국의 상공회의소와 같은 기업 결사체들의 공민적 또는 정치적 역할도 구별할 필요가 있다. 논리상 전자는 시민사회로부터 제외될 것이지만 후자는 그렇지 않을 것이다. 그런 결사체들은 소속 회원들의 이익을 대표하는 것은 물론 협력과 신뢰의 태도를 장려하는 중요한 역할을 맡을 수도 있을 것이다.

"누가 포함되고 누가 포함되지 않는가"라는 어렵고도 논쟁적인 질문은 '문명화된 사회'와 '비문명화된 사회'에 대한 정의를 중심으로 회전한다. 이것은 3장에서 논의할 주제이며, 이것은 단순히 결사체들의 특질들뿐 아니라 '좋은 사회'의 본질, 가정의 역할, 그 외에 다른 많은 것들과도 관련이 있다. 결사적 삶의 모델들은 그 어떠한 비(非)국가 기관이나 비(非)시장 기관들이 우리가 위에서 설명한 바 있는 회원 기준의 구조적 또는 분석적 범주에 들어맞는 한 그것들을 배제하기 어렵다는 점을 언급할 가치가 있다. 몇몇 저자들은 자신들이 승인하지 않는 결사체들을 배제한다. 그러나 그들은 상당한 지적인 곡예 과정을 거치지 않으면서, 또한 '좋은 것', '나쁜 것', '추한 것'에 대한 어떤 특수한 — 그러므로 부분적으로 찬인 — 정의를 부과하지 않으면서 방어될 수 있는 근거를 토대로 그렇게 하는 것은 아니다. 내 견해로는 시민사회의 구조적 모델들은 비억압적인 결사체들 전체가 포함될 경우에만 이치에 맞다. 그러므로 비록 자발결사체, 국가, 시장의 경계선들이 점점 더 유동적인 특성을 보이지만 결코 사라지지는 않을 것이다. 옥스팜은 쉘Shell이 아니며, **점령하라**Occupy **캠페인**은 미국정부가 아니다 (적어도 지금까지는 말이다).

조직들 및 생태계들

흔히 신토크빌주의자들은 결사적 삶 전체의 하위 단위로서의 비영리단체들 또는 '비영리섹터'에 초점을 맞춰 기술한다. 비영리섹터는 하나의 총체로서 결사적 삶 전체의 하부단위이다. 그것들은 '흘수선 waterline(吃水線) 위로 튀어나온 봉우리들'이며, 이것은 풀뿌리집단들과 여러 상이한 종류의 회원들로 구성된 결사체들이 보다 덜 공식적인 방식으로 조직하는 시민행동을 밑에 깔고 있는 '빙산(氷山)'과 대조적인 개념이다.[32] 내 생각에 이 대목에서 더욱 유용한 분석적 시각은 시

---

* **점령하라(Occupy) 캠페인** – 2011년 9월 17일 뉴욕시의 주코티 공원에서 있었던 반(反)월스트리트 시위로 시위대의 대부분은 학생, 노조, 진보적 활동가, 실업자 등이었지만, 중산층 상당수가 시위대의 생각에 크게 공감했다. 자신들 스스로를 '99%(미국의 최상위 부자 1퍼센트와 대비)'라고 지칭했던 월가점령운동 시위대는 금융기관들을 판하였으며, 월가의 탐욕을 비난하고, 민주정치 과정에 대한 기업의 간섭을 축소하라고 요구했다. 월가점령운동 시대위대의 집단야영은 끝났지만, 2012년 월가점령운동은 주택압류 중단 노력, 대학생 부채 감소 노력 등 일련의 새로운 운동으로 이어졌다.

민사회의 상이한 구성요소들을 각각 살피면서 그것들 상호간에 어떤 상호작용이 일어나고 있는지를 고찰하는, 결사적 삶에 관한 모종의 체계론적 관점이다. 마치 어떤 복합적이고 허약한 생태계인 듯, 시민사회는 풀뿌리 집단들, 비영리 중간조직들, 회원 결사체들이 집합적 목표들, 사회 전체를 망라하는 연합체들, 상호적 책무성, 공유된 행동학습 과정을 촉진하는 방식들을 통해 서로 연계될 때 탄력을 받는다. 이 설명은 여러 상이한 맥락들을 망라하여 지지되는 한 가지 일반화 방식이다. "제3섹터의 풍경은 비록 깔끔하게 정돈되지는 않았지만 아주 활기가 넘친다. … 중요한 것은 혼동이 아니라 풍성함이다."[33] 결사체들은 다양한 이익들이 대표되고, 상이한 기능들이 수행되며, 광범위한 일련의 역량들이 발전되도록 허용하는 방식으로 다원주의를 촉진한다. 그 어떠한 유형의 단체들도 이러한 역할들, 역량들, 그리고 이익들의 적은 하위영역 이상을 다룰 수 있을 것으로 기대해서는 안 될 것이기 때문에 시민사회 내부에서 다원주의는 필수적이다.

사회적 자본 이론으로부터 차용하자면, 이것은 '유대감 형성bonding' (집단들 내부에서의 연결)과 '가교(架橋) 형성bridging' (집단들 간의 연결), 그리고 '연결고리 형성linking' (결사체들, 정부, 시장 사이의 연결)을 의미한다. 유대감 형성은 결사체들이 오직 해당 집단들의 이익들만을 진작시키는 데 익숙하게 될 것이기 때문에 불평등을 두드러지게 하며, 이는 특수-이익 정치의 한 결과로서 시스템의 정체상태로 치달을 수 있다. 가교 형성은 사람들이 자신들의 차이들을 보다 넓은 공동이익의 맥락에서 해소함에 따라 불평등을 줄여가게 될 것으로 간주되며, 연결고리 형성은 모든 집단들에게 필요한 지원, 자원, 기회, 영향력을 제공할 수 있는 기관들과 적절한 연결고리들을 만들게 함으로써 그들이 번영을 이룰 수 있게 돕는다고 간주된다.[34] 집단 내 강한 유대관계가 제공한 안전망이 부재하다면 가교 형성은 평등한 조건으로 경쟁할 수 없는 환경의 변두리에 놓여 있는 사람들을 노출시킬 수도 있고, 또한 뒤에 남겨진 많은 사람들을 희생시키면서 소수의 사람들에게 그들이 번영하도록 혜택을 제공하게 될 수도 있을 것이다.

공동체 조직들처럼 강력한 유대감에 바탕을 둔 결사체들은 그들이 수직적인 동시에 수평적으로 함께 연결될 때 더욱 효과적이며, 자신들의 투쟁을 한 차원 더 높은 수준으로 끌어올려 줄 상호교차적 네트워크 및 연합체들, 강력한 풀뿌리 토대로부터 구축되는 계급, 인종, 종교 노선들을 가로지르는 동맹들을 형성할 때에도 훨씬 더 효과적이다. 호킨 Paul Hawken은 자신의 진 세계직 환경운동에 관한 연구에서 "싊이 스스로 사슬들로 묶이는 것과 마찬가지로, 비영리(非營利)조직들도 이익들과 사람들 또는 공동체들을 함께 연결하거나, 아니면 관련 단체들과 연결시키는 방식을 통해 집성된다."고 결론짓는다.[35] 미국에 있는 **푸쉬백 네트워크**Pushback Network, **가말리엘**Gamaliel, 산업지역재단Industrial Areas Foundation은 다른 훌륭한 사례들이다. 베빙턴Tony Bebbington이

---

* 푸쉬백 네트워크(Pushback Network) – 2005년에 설립된 것으로 선거활동이나 공동체를 조직하는 등 지역, 주정부, 국가에 자신들의 주장을 표명할 수 있도록 유권자의 구성과 참여 수준을 변화시키는 것을 목표로 하는 시민단체이다. 유색인종, 빈민층과 노동자 계층, 그리고 젊은이들과 같이 대표성이 낮은 사람들에게 권한을 부여하는 전략을 강조하여 민주주의가 다양하게 확산될 수 있도록 하고 있다.
* 가말리엘(Gamaliel) – 정확히는 가말리엘 재단(Gamaliel Foundation)으로 1968년 미국 시카고에서 아프리카계 미국인의 주택 구매자를 돕기 위해 설립되었다. 작은 이웃 공동체에서 시작해 지역, 대도시까지 영향을 미치도록 연합을 하고, 이민개혁, 의료, 고용, 저렴한 주택공급, 모두가 누릴 수 있는 대중교통 시스템 등 다양한 문제들에 대해 국가정책에 영향을 미치도록 하는 NGO 단체이다.

연구한 농민연합들은 라틴아메리카에서 소규모 영농집단들을 함께 연결한다.[36] 그러나 비영리 중간지원조직들이나 NGO들도 역시 중요한데, 그들은 전문가의 지원, 역량구축, 주창서비스를 보다 광범위한 네트워크와 동맹들에 제공하는 방식으로 시민사회의 '연결 조직(組織)'의 대부분을 공급한다. 인도 뭄바이에 있는 NGO인 SPARC는 Shack Dwellers International 운동의 지원과 관련하여 이러한 '연결 조직' 역할을 수행함으로써 전 세계적인 평판을 발전시켰다.

시민사회 네트워크들이 보다 근본적인 변화를 일구어내기에 충분한 어떤 시간-기간에 걸쳐 하나의 척도를 기준으로 합류하였다면, 그들은 사회운동들로서 분류될 수 있다. 성공적인 사회운동들 — 미국의 공민권운동, 브라질 무(無)토지보유자들의 운동, 전 세계적인 환경운동과 여성운동들을 생각해 보라 — 은 세 가지를 공통요소로 가지고 있다. 첫째로 강력한 사상, 이상, 또는 정책 어젠다, 둘째로 이러한 사상들을 정치계, 정부, 미디어에 전달하는 데 필요한 효과적인 소통전략들, 그리고 마지막으로는 목표 대상들이 운동의 견해들을 경청하도록 만들고 그 견해들이 정확히 대표되도록 보증하는 데 필요한 사회적 압력을 제공하는 강력한 지지세력이나 사회적 기반이 그것이다.[37] 이 세 가지 것들이 함께 준비되면 예상치 못한 일들이 훼방을 놓더라도 성공은 따 놓은 당상이다. 예를 들어, 미국 내에서 생활임금캠페인 Living Wage Campaign 운동집단은 보수가 의회를 지배하였던 2000년대였음에도 불구하고 다수의 주들과 도시들에서 법안을 통과시키는 데 성공을 거두었다. 그런가 하면 엘살바도르의 헬스케어 노동자들의 STISSS라는 노동조합은 빈자들을 제외시키는 효과가 있다는 이유를 들어 헬스케어의 민영화를 불법화하도록 정부를 설득했다.[38] 물론 운동들이 언제나 그들의 정치성향에서 진보적인 색채를 띠는 것만은 아니다. 미국에서 1980년대 초 이래로 가장 성공적인 운동 가운데 하나는 종교적 권리를 위한 결사체들 — 예컨대 '약속을 지키는 사람들Promise Keepers'과 '도덕적 다수Moral Majority'와 같은 단체들 — 에 둥지를 튼 신보수주의의 부상이었다. 이 신보수주의 운동은 헤리티지연구소Heritage Institute와 같은 씽크탱크는 물론 공화당과도 잘 연결되어 있었다.[39] 이 운동의 또 다른 요소로서 2009년에 출범한 **티파티**Tea Party는 종종 진보주의자들로부터 조롱을 받는다. 하지만 연구결과는 그것이 풀뿌리 차원에서 어떤 실재적인 지지를 확보하고 있고, 보수주의 자선가들로부터 후원금을 받고 있을 뿐 아니라 씽크탱크들과 로비집단들로부터 정기적으로 시상 공급을 받고 있는 끼닭에 강력한 결합력을 가진 이념을 보유하고 있음을 보여준다.[40] 실제로 2011년 미국과 영국 내에서 일어난 '점령하라' 시위와 다른 세금탈루 반대 시위들의 형태에 투영된 티파티의 이념적 거울 이미지는 그들의 주인공들이 인정할 수 있는 것보다 훨씬 더 많은 것들을 보수주의 운동들과 공유한다. 양자는 현재 상태에 대해 널리 확산된 좌절감에서 자라나왔으며 권위에 대한 반항을 암시했고, 이전의 다른 사회운동들 또는 운동처럼 보이는 활동의 에피소드들과 마찬가지로 그것들은 계속 성하고 쇠하기를 반복한다. 당시 그것의 중요성에 관한 몇 가지 인기 있는 해석들과 대조적으로 '점령하라' 시위는

---

* **티파티(Tea Party)** – 미국 정부의 건전한 재정 운용을 위한 세금감시 운동을 펼치고 있는 시민중심의 보수단체이다. 티파티 운동은 오마바 대통령이 취임한 첫해인 2009년부터 미국 정부가 부시 행정부 당시 파산한 주택 담보 대출 보유자들을 구제하고 경제를 살리기 위해 막대한 세금을 쏟아 붓자 이에 반발한 사람들이 늘어나면서 전국으로 번졌다. 증세와 큰 정부 반대운동을 주장한 티파티는 2010년 공화당 후보 87명을 하원의원으로 당선시켰다.

"모든 것을 바꾸지는 못했다."⁴¹⁾ 이것은 대부분의 사회운동들이 작동하는 방식이 아니다. 역사는 사회운동들이, 장기적인 관점에서 시간을 두고 자신들의 목표대상과 연결시키고 동지들과 연결시켜주는 보다 폭넓은 논쟁적 정치의제 목록 속에 닻을 내리고 있을 때 가장 효과적임을 보여준다.⁴²⁾

현실에 있는 어떤 생태계의 경우에서와 마찬가지로, 가령 그 시스템이 효과적으로 작동하려면 모든 부분들이 현전하고 서로 연결되어야 할 필요성이 있다. 한 부분을 인위적으로 제거하거나 약화시키고 다른 부분들을 강화하면 그 시스템은 고장이 난다. 결사체들의 밀도, 다양성, 심도 등이 불충분하면 그 생태계가 외부 충격들을 견디지 못하기 때문에 권위주의적 지배에 보다 취약한 사회 상태가 된다. 예를 들어, 독자적인 언론이나 감시단체가 오직 하나 뿐이라면 정부는 (무가베 Robert Mugabe 정권하의 짐바브웨에서처럼) 쉽게 반대의견을 일축하겠지만, 그런 것이 서른 개가 현존한다면 (우간다나 심지어 중국의 경우를 보더라도) 최소한 일부 반대 의견은 살아남을 것이다. 다른 무엇보다 가장 나쁜 것은 동질성이며, 자연생태계나 사회생태계 양자 모두의 아킬레스건이 바로 그것이다. 그러나 실재하는 결사적 생태계들은 간극들, 약점, 공여자 주도의 순응성 등으로 가득 차 있다. 풀뿌리 차원에서 활동하는 비공식적 결사체들은 자주 무시되거나 간과되지만 투쟁에 관한 한 매우 중요한 주체들이었다. 예컨대 남아프리카의 인종차별 반대투쟁이 그러했고, 현재 중국에서 활동하는 '공터 및 거리 거주민회'라거나 '장례(葬禮) 및 사찰(寺刹) 협회', 농민결사체나 청년클럽 등의 투쟁이 바로 그런 사례다. 동시에 새로운 시민사회 결사체 유형들이 출현했는데, 이들은 수직적인 방식보다는 그들의 선배들의 특징인 관료적이거나 민주적인 구조들이 없는 수평적인 방식으로 소셜미디어를 훨씬 더 많이 활용하는 형태로 조직되었다. 미국의 경우에 그러한 결사체들에는 식당 종업원들, 가사 도우미들과 그밖의 사람들이 조직할 수 있도록 도움을 주지만 공식적인 노동운동의 일부가 아닌 형태로 돕는 집단들이 포함된다.[43] 이 새로운 결사체들의 영향력에 관해서는 5장에서 논의할 것이다.

이러한 변화상들로 인해 시민사회가 쇠퇴일로에 있다는 테제를 누군가가 거부한다손 치더라도, 세계 각지에서 시민사회의 형태가 중요한 방식으로 변하고 있다는 사실만큼은 무시하기 어려울 것이다. 결사적 삶이 결코 정태적이지 않기 때문에 이 점은 이미 예상된 바다. 집중된 권력이 일반적으로 민주주의에 해로운 것이라고 하는 한편, 그것이 시민사회에 이로운 것이라는 주장을 펼치기는 어렵다. 그럼에도 그러한 변화상들 중 일부는 그러한 부정적 효과에 위험할 정도로 근접해 있다. 기술적인 의미로 말해서 비영리섹터의 전문화가 전 세계적으로 이루어지고 있으며 점차 결사체들이 자신들의 사회적 토대와 거리를 두는 현상이 발생하고 있다. 이것은 'NGO-ization NGO화', 기업화 corporatization, 그리고 비영리산업복합체 Non-Profit Industrial Complex 등으로 다양하게 설명된다.[44] 자금은 거대한 NGO, 잘 알려진 씽크탱크, 수도에 소재한 주창운동 집단들의 주머니로 압도적으로 들어가고 있으며 북반구 NGO들이 초국적 네트워크들의 출현을 주도하였다. 이런 것이 시민사회를 강화하지는 않지만 시민사회가 어떻게 작동되어야 하는가와 관련하여 사전 숙고된 관념들에 근거하여 특정 결사체들을 다른 것들보다 촉진시킨다. 그로 인해 그 생태계 안에 있는 상이한 요소들 사이에 분열이 확대되는 결과를 낳는다. 누군가가 말 그대로 또는 은유적으로 시민사회 전체는 여전히 뒤에 남아 버스 속에 있는데 NGO들만 비즈니스석을 타고 해외여행을 다닌다고 점점 더 볼멘소리를 쏟아낼지도 모를 일이다. 그럼에도 불구하고 심지어 이러한 관찰사항들도 그것들이 만들어진 맥락에 좌우된다. 그래서 결사적 삶의 생태계는 이 사회에서 저 사회로 이동함에 따라 매우 다르게 보이고 또 상이하게 작용한다.

교차적 관점에서 본 결사적 삶

시민사회 이론 대부분은 유럽과 미국에서 개발되었다. 그 이론은 자발 결사체의 특성들에 관한 일련의 가설들을 내놓는다. 이 가설들은 다른 나라들, 다른 문화들, 특정 시대의 다른 시기들을 망라하여 적용되기가 어려울지도 모른다. 심지어 그것들은 같은 나라의 상이한 공동체들에게 적용하기도 마뜩찮을 수 있다. 예를 들어, 미국 내 아프리카계 미국인들의 결사적 삶이나 영국 내 이슬람계 결사체들 또는 남성이 아닌 여성이 이끄는 집단들 말이다. 참여 규범들은 미국 내 백인과 아프리카계 미국인들 간에 차이가 있는데, 후자는 그들이 관여하는 결사체 대다수의 특성을 반영하는 저항문화의 일환으로서 항의집회와 유세활동에 더 많이 참여하는 듯이 보인다.[45] 유교문화들은 소속감, 연대성, 시민권에 관해 다르게 사고하며, 그 이유는 부분적으로 개인보다 집합체에 방점을 두기 때문이다. 사회적 멤버십 — 적어도 역사적으로는 — 은 비(非)선택적이고 우선권이 사회 전체의 필요들에 주어졌기 때문에 중국과 같은 나라의 결사체들은 국가의 통제 밖에서 활동하는 것을 힘겹게

느껴왔다.[46] 이와 유사하게 이슬람의 공동체적 특성은 개인의 자율성은 때때로 보다 큰 공동체의 필요들을 위해 양보되어야 한다는 것과 모든 윤리적 질문들은 그 공동체에 의해 지속적으로 재평가되어야만 한다는 것을 요구한다.[47] 비(非)서구 문화에서 결사적 삶의 현실은 항상 '섞고 맞추는' 것들 가운데 하나이다. 그런 사회는 식민기와 후기 식민기를 거치면서 여러 가지 외부적 영향들을 받아왔기 때문이다. 이 논점을 확대하기 위해서는 시민사회 관찰자들에게 특별한 관심을 끌고 있는 중동과 아프리카라는 두 지역의 결사적 문화들의 조합을 보다 세밀하게 살펴보는 것이 유용할지도 모른다.

중동의 결사적 삶

시민사회는 비서구사회들에는 존재할 수 없다는 것이 에른스트 겔너의 유명한 주장이다. 그의 견해상, 시민사회는 서구사회의 진화과정의 특정 시점에 나타난 시대적 산물이기 때문이다. 겔너는 중동과 같이 강한 이슬람 전통을 가지고 있는 지역들이 유의미한 공민적 삶meaningful civic life을 발전시킬 수 있을 것이라고 생각하기를 거부했다. 하나의 제도로서 이슬람은 자유롭게 탈퇴를 하거나 가입할 수가 없기 때문이다. 그는 언젠가 "당신은 양을 죽이지 않고도 노동당에 입당할 수 있고, 변절의 대가로 사형선고를 받지 않고서 출당할 수도 있습니다"[48]라고 말한 적이 있다. 최근의 사건들을 통해 알 수 있듯이 그러한 판단들은 중동 사회 내 다양한 결사적 삶의 현실들에 대한 어떤 정확한 안내지침을 제공하기에는 너무 조악하다. 중동 사회들은 여러 상이한 유형의 이슬람 단체들이 공존하며, 협조하고, 세속적인 NGO들, 씽크탱크들, 여성

집단들, 항의운동들, 노동조합들, 미디어 운영자들, 블로거들과 서로 경쟁한다. 그런 식으로 해서 나타난 혼합체는 나라마다 뚜렷한 차이가 나며, 오만이나 리비아에서의 결사적 삶의 형태는 요르단, 이집트 또는 쿠웨이트의 형태와 매우 상이하다. 현재 생동감 있는 이슬람 사회 내 시민사회 논쟁의 가장 중요한 측면 중 하나는 이미 부과된 서구모델들 자체와 그 모델들에 때때로 따라붙는 '문명충돌론' 테제를 거부하는 것이다. 이 테제의 거부는 상이한 맥락들에서 결사적 삶의 양태들이 어떻게 토착적으로 형성되는지를 탐구하는 것에 무게를 둔 입장을 지원한다. 주안점은 상이한 정치체제 하에서 실행가능한 공민적이고 민주적인 행태의 유형들을 실현시키는 데 있다.

2011년 튀니지의 거리에서 모하메드 부아지지라는 이름의 대학교육을 받은 노점상이 정치적, 경제적 조건들에 항의하는 의미로 자신의 몸에 불을 질렀을 때, 그는 이전에 도전을 받은 적이 없었던 겔너의 가설에 도전장을 던진 일련의 사건들에 시동을 걸었다. '아랍의 봄', '아랍의 자각', **아랍 인티파다**Arab Intifada' 등으로 다양하게 기술된 대규모의 인민 시위들은 이 사건 이후 전 지역으로 신속히 퍼져나갔고 그 지역 내 시민사회에게 하나의 변곡점을 상징한 듯이 보였다. 2013년까지 이전의 동구나 다른 지역 시민사회 봉기들의 경험과 공통으로 이런 희열감은 가혹하게 억제되었지만 아주 사라지지는 않았다. 민주주의로 가는 길이 거리의 항의들로 시작하여 국가를 접수하는 직접적인 과정으로 이어지는 경우는 드물다. 그러나 중동 내 결사적 삶의 조건은 분

---

* **아랍 인티파다(Arab Intifada)** – 본래 인티파다는 팔레스타인 지역에서 젊은이들이 이스라엘에 저항하여 돌멩이들을 던지며 저항하는 투쟁의 한 형태임.

명 이전과 같지는 않을 것이다.

아랍의 봄은 어디서 뚝 떨어진 것이 아니었다. 비록 카이로의 타히르 광장과 여타 상징적인 공개된 공간들의 점거가 대단한 경고나 공식적인 준비 없이 진행되었다손 쳐도 그것의 시작이 소셜미디어에 의해 동시다발적으로 선포된 것도 아니었다.[49] 그것의 기원은 그 지역의 결사적 삶의 역사에서 한참 이전으로 거슬러 올라간다. 이웃지역, 공장, 모스크, 대학에서 활동하던 상당히 다양한 집단들이 그 거대한 사건을 만든 항의집단의 출현을 뒷받침하는 데 일조했던 것이다.[50] 최근 연구는 자발주의의 요소들은 길드(또는 asnaf), 신용조합과 재단처럼 (waafs라고 불리는) 출연기금, 십일조 또는 자카트zakat, 아얀ayan또는 '도시 유력인사들' 집단들에 의해 재원을 충당하는 전통적인 이슬람 결사체들 속에도 현존했음을 보여주었다. 이러한 집단들은 아랍 세계 내 탈(脫)독립 정부들이 공민적 활동을 억압하기 이전까지 부족기관들, 상인 집단들, 노동조합들, 세속적인 지식인 단체들, 전문적인 결사체들과 공존하였다. 그 정부들은 일부 사람들이 국가 통합성에 위협이 된다고 본 그들을 상대로 새롭게 찾은 권력을 공고히 하려고 했다.[51] 1980년대부터 이러한 양태들은 (서비스-제공 NGO들을 위한 공간을 창출한) 경제 자유화에 대응하여 개방되기 시작했고, 제한된 수준의 정치개혁과 이슬람운동들도 확산되기 시작했다.

이집트를 예로 들면, 케파야Kefaya("충분해"라는 의미의 아랍어)나 '대학 독립성 재청 운동'과 같은 친-민주주의 운동들도 2000년대 중반 이러한 개방 움직임과 발맞춰 다시 등장하기 시작했다. 공식적인 노동운동 및 '블로그 활동가 네트워크들'[52]과 거리를 두었던 파업자(특히 섬유노동자) 집단들이 그러한 운동에 가세하여 시민사회집단들의 용기를 북돋웠다. 그러한 집단에는 '변화를 위한 작가와 예술가들'과 '고문에 반대하는 이집트인' 등이 있으며 국가안보 기관들의 과잉 행동에 스스로 조직하여 대항했다.[53] 이집트와 중동 전체에서 결사적 삶은 종교적인 것과 세속적인 것, 전통적인 것과 현대적인 것, 포섭과 독자성, 그리고 그 중간의 모든 층위들이 함께 어우러진 기발한 혼합체로 발전되었다.[54] 일례로 터키에서는 자유로운 회원가입 제도를 가지고 있는 도시 여성노동자의 독자적인 결사체들과 다른 신앙인들에게 문호가 개방되지 않는 이슬람 결사체들이 공존하는 반면, 요르단과 모로코에서는 학생단체들, 청년 및 여성단체들, 원형-사회proto-social 운동들이 주류 무슬림 담론에 영향력을 행사하기 시작했다. 이런 정치 스펙트럼의 반대편에는 사우디아라비아, 카타르, 아랍에미리트연합이 있는데, 이들 사회에서는 독자적인 시민들의 단체가 금지되어 있고, 소위 국가가 운영하는 'NGO들'이 규범으로 자리 잡고 있다. 이들과 더불어 준(準)-관영 이슬람 자선단체diwaniyyas와 유사(類似)-관영 연구기관들과 씽크탱크들도 존재한다.

이러한 권위주의적 맥락들에서는 결사적 삶이 융성할 거라는 전망이 거의 없지만, 아랍의 봄에 영향을 받은 국가들 내에서는 시위를 하거나 참여를 하는 모든 통로들을 완전히 다 막기가 무척 어려울 것이다. 이 대목에서 제기되는 질문은 명백하다. 어떻게 상이한 유형의 시민사회 결사체들이 새롭게 생기고 있는 공간들을 선용(善用)할 것인가? 아랍 지역 내 결사적 삶의 다양성에도 불구하고 이슬람주의 운동들이 토론의 장에서 이 질문에 대한 답들을 주도적으로 내놓는 경향이 있다. 특히 하마스, 헤즈볼라, 이집트에 있는 **무슬림형제단**Muslim Brothers과 같이 선거에서 승리한 단체들의 경우가 그러하다. 그런 운동단체들 자체도 물론 다양하지만, 대부분 정치권력 획득을 목적으로 민주주의 정치와, 정권을 획득한 이후에는 반-민주주의 정서들을 계속 유지하는 방식을 결합시킨다. 중동 지역에서 이런 집단들과 다른 자발결사체들 사이의 관계는 명백히 긴장관계인데, 그 이유는 그들이 이념, 경력, 그리고 권력을 놓고 서로 경쟁을 벌이기 때문이다. 그러나 이슬람주의자들이 거대 풀뿌리 지역유권자 집단들과 향유하는 강력한 유대관계들과 엘리트 기반의 많은 NGO들과 주창운동 집단들의 본질 — 이들은 자기 사회 외부로부터 들어오는 자금에 의존한다 — 을 고려하건대 그런 운동들은 정치를 위한, 그리고 정치적, 경제적 삶을 다스리는 사회적 양식(良識)을 배양하기 위한 전국적인 수단을 제공한다. 이슬람주의자들은 현 정권의 노력적, 정치적 권위에 도전하는 데 필요한 대중의 지지와 정당성을 즐기는 반면, NGO들은 그들이 비록 외부 자금에 의존하고 있고 제한된 자신들의 역할에 충실할지라도 풀뿌리 차원과 국제적 차원 양자 모두에서 존재감을 가지고 있다. 그들은 새로운 생각과 자원들을 끌어올 수 있고, 또 그 시스템의 상층부의 변화로 전환될 수도 있는 기술과 역량을 개발할 수가 있기 때문이다. 그러나 시민사회 생태계에

---

* **무슬림형제단(Muslim Brothers)** – 가장 오래되고 규모가 큰 이슬람 운동 단체로 1928년 이슬람학자인 하산 알-반나가 이집트에서 창설하였다. 이집트와 이슬람의 쇠퇴 원인은 무슬림이 이슬람 원리를 따르지 않았기 때문이라고 여기며 서구화·세속화에 반대하며 정통 이슬람으로 회귀하고 진정한 이슬람의 가치 구현을 목표로 하였다. 1930년대 말 이집트 전 지역으로 조직망이 확대되면서 이집트 내 최대 이슬람 조직으로 확대되며 정치, 행정에서 이슬람 원리에 어긋나는 부분에 대한 개혁과 법률 개정을 요구하기도 하였다. 1939년 이후 정부의 탄압을 받으며 중동 국가에서 비밀결사 운동단체로 활동하였으나 1984년 사회노동당으로 의회 진출을 하였다. 2011년 아랍의 봄 이후 무슬림형제단은 '자유정의당'을 창당하여 합법적인 정당이 되었고 총선에서 498석 중 235석 확보하였다. 하지만 2013년 이집트 군부의 쿠데타로 무슬림형제단은 다시 탄압을 받기 시작하였다.

는 커다란 간극들과 불연속성이 남아 있어서 이런 상이한 이익 주체들이 시간이 흐르면서 서로 개입하도록 장려할 장기적인 지원이 요구된다. 그 과정을 통해서 현재 진행되고 있는 '누가 이미 대부분의 무슬림 세계에서 진행되고 있는 이슬람 종교개혁을 정의하게 될 것인가를 둘러싼 내부 투쟁'을 민주적으로 해결할 방도도 함께 찾아질지 모를 일이다.[55] "아랍의 자각은 몇 개월이나 몇 년이 아니라 수십 년에 걸쳐 측정될 것"이라고 무아세르Marwan Muasher는 적고 있다. 그리고 "우리는 여러 개의 봄, 여러 개의 여름, 여러 개의 가을과 겨울을 경험하게 될 것이다"[56]라고 덧붙인다.

그 투쟁에는 자유주의 NGO 활동가들, 여성주의 지도자들, 온건한 이슬람주의자들, '참회하는 성전(聖戰)주의자들'(이전에 이슬람 군대에 속했으나 승리 이후 폭력사용을 포기하고 감옥에서 풀려난 사람들), 그리고 안-나임Adullahi An-Na'im과 같은 학자들도 포함된다. 안-나임은 이슬람 전통에 단단히 뿌리를 내리고 있는 것과 동시에 새로운 — 보다 구체적으로는 어떤 민주적이고 세속적인 국가 밑에서 평등한 시민권과 인권 존중을 신념으로 삼는 — 시민의, 정치적 삶의 비전들을 발전시키고 있다.[57] 아랍의 봄에 대응하는 새로운 정부와 옛날 정부들의 준동(蠢動)이 보여주듯이 중동에는 분명 결사적 삶과 관련된 문제들이 존재한다. 그러나 이것은 시민사회가 '비-이슬람주의'이기 때문이 아니다. 이슬람과 민주주의의 양립성 또는 비양립성은 철학적 추론의 문제는 아니며, 정치적 투쟁의 문제라고 바야트Asef Bayat는 결론짓는다. 그래서 지역적으로 뿌리를 두고 있는 결사적 삶의 비전들이 어떻게 진화하느냐가 무슬림 세계의 미래를 열 수 있는 몇 가지 열쇠를 쥐고 있는 것이다.[58]

아프리카의 결사적 삶

아프리카 내 시민사회에 관한 초기 저작은 시민사회 개념 자체의 적용 가능성을 완전히 부인하거나, 아니면 서양 것과 익숙한 결사적 삶의 양태들을 찾으려는 경향을 보였다. 양쪽 방식 어느 쪽도 신빙성이 없다는 것으로 판명되었고 현재는 아프리카의 향취를 독특하게 담고 있는 시민사회이론과 실제를 창조하는 일에 대한 관심이 되살아나고 있다. 이 노력의 출발점은 식민주의의 영향을 인식하는 것, 요컨대 식민주의가 아프리카인들의 결사적 삶의 형태들이 범주화 되고 식민 당국자들에 의해 다루어진 상이한 방식들을 인식하는 것이다. 맘다니Mahmood Mamdani가 남아프리카와 우간다에서 수집한 사례들을 통해 보여주었듯이, 영국 지배의 이분법, 즉 시골 지역에서는 관습법을 통해 간접적으로 권위를 행사하는 반면 도시 지역에서는 민법을 통해 직접적으로 사법적 권위를 행사한 것이 오늘날까지도 시민사회와 거버넌스에 반향을 불러일으키는 매우 중요한 결과들로 남았다. 이런 결과들 가운데 하나가 현재 진행중인 '자유주의적 현대주의자와 아프리카적 공동체주의자들' 간에 벌어진 '현대적'(도시의) 결사체들과 '전통적'(시골의) 결사체들의 상대적 중요성에 관한 논쟁이다. 이 논쟁은 그 역사적 분열 결과를 반영하고 있다. 이 논쟁에서 맘다니가 그 교착상태에 대해 내놓은 해법은 '시민사회와 공동체' 양자로부터 중요한 요소들을 창조적으로 융합하여 아프리카 사회들 속에 깊숙이 뿌리를 내리고 있는, 그래서 그들의 다양한 역할들을 달성하는 데 보다 더 효과적일 것으로 기대되는 새로운 결사적 삶의 생태계들로 바꾸는 것이다.[59]

민법적 권위와 관습적 권위의 이분법은 영국이 식민지배를 공고화하기 위한 모종의 의도된 전략이었음을 주목하는 것이 중요하다. 그러나 그것은 동시에 거버넌스와 결사의 문제에 있어 도시와 시골의 형태적 차이, 현대와 전통적 형태의 차이를 과장했다. 부족과 씨족에 기초하고 있는 사회구조들은 아프리카 사회의 특성이며, 그것들이 종족성에 근거한 강력한 귀속적 결사체들을 생겨나게 했다. 그러한 결사체에서는 멤버십이 승계되는데, 이는 서구적 시민사회 이론에 내포된 자발적인 멤버십 개념과 배치된다. 그럼에도 시민사회에서 그런 결사체들을 제외시키는 일은, 그들이 결사적 삶의 장에서 그처럼 중요한 입지를 점유하고 있는 한, 또한 그들이 상호원조에서부터 비공식적인 토론과 의사결정에 이르기까지 많은 집합행동 형태들을 조직하는 한 아무 의미도 없다. 가나와 나이지리아에서는 현존하는 기성 권력 장치들이 민주적 거버넌스 구조에 참여하는 통로들을 봉쇄한 맥락들 속에서 종족성이 인민 동원을 위한 하나의 초점을 제공했다. 물론 그것은 최근 케냐와 다른 곳에서 선거 과열과정에서 폭력과 무단점거에 이용되기도 했다. 그러나 종족갈등으로 보이는 것들은 종종 씨족이나 부족 노선에 따라 조종되는 권력과 자원에 대한 접근성을 확보하기 위한 솔직한 투쟁이다.[60]

심지어 식민지 시절의 아프리카에서도 폭넓게 다양한 결사체들이 공존했었다. 민족주의 운동들이 독립 교회들, 여성 집단과 자조(自助) 집단들, 전문직과 이웃 결사체들, 신용조합과 장례협회, 노동조합, 농민단체들과 정치-문화 네트워크들 옆에 출현했다. 이 민족주의 결사체들은 도시화, 도농간 이주, 교육에 대한 접근성 증가, 시장경제의 발전(이것이 점증하는 중간지원조직 범주, 상호 지원과 이익에 기초한 결사체들에 대한 요구와 수요를 창출했다)의 자극을 받아 생겨났다. 또한

(특히 남아프리카의) 독립투쟁에서는 시민사회 활동가들이 종종 핵심 역할들을 맡았고, 주창, 개발, 인권 NGO들이 대륙 전체를 망라하여 출현하기 시작했던 탈식민지 시대에는 권력분산과 민주주의에 대한 경향에 의해 자극받았다.[61] 1980년대 동안 동유럽에서 민주주의가 꽃피고 '구조조정'과 같은 경제정책들이 부상한 사실은 NGO들과 이런 공동체 조직들에게 새로운 자극제가 되었다. 그들은 새로 선출된 정부들로부터 훨씬 강화된 책무성을 보증하고, 대의제 정치체제가 역부족인 곳에서는 추가적인 시민참여의 통로들을 제공하며, 개발-관련 서비스들을 저임금 수령자 및 기타 주변화된 사람들에게 전달하려는 노력의 대가로 상당한 대외원조금을 증액해서 지원받았다. 중동에서 그랬던 것처럼 아프리카의 결사적 삶도 점차 다양화되었지만 공여기관의 생각에서는 오직 NGO들만이 중요하게 보였다.

맘다니가 가리킨 그 논쟁은 아프리카에 있는 NGO들에 관한 최근의 비판들로 인해 논점이 예리해졌다. 그 NGO들이 도시에 기반을 두고 있지만 어떤 유권자 층이나 지지 기반과 거의 연결하지 않고 있다는 지적은 그들의 정당성 및 지속가능성이 있는지, 또한 그들이 정치, 경제, 그리고 권력 영역에서 변화들을 견인할 수 있는 능력이 있는지와 관련하여 질문을 유발했다. 다른 한편, 흔히 종족성을 중심으로 조직되는 강력한 기반을 가진 결사체들은 상이한 집단들을 망라하는 관계들을 형성하는 데 있어 난관에 봉착할 수 밖에 없다. 그래서 그러한 관계들은 하나의 민주적인 정치문화를 공고화하는 데 중요해지는 듯하다. 이것이 아프리카에서 폭넓은 기반을 가진 공민적 행동이 드문 이유 중 하나이며, 종종 위기의 시점에만 출현하며 제1차 또는 2차 민주선거 물결을 넘어서까지 지속되기가 어려운 이유이다 — 심지어는 NGO들과 공동체에 기반을 둔 단체들이 인종차별의 종언 이전 그리고 이후까지도 매우 영향력이 있었던 남아프리카에서조차도 현재 그 숫자가 5만에 이를 정도로 강력하며, 케냐에서 그런 결사체들의 숫자는 이 수치의 3배이다.[62]

이런 그림에서 궁금증을 자아내는 것은 '현대적' NGO나 '전통적' 공동체 기반의 결사체 중 어느 것이 더 정통성이 있고 더 효과적이냐 여부가 아니라, 이들의 상이한 요소들이 어떻게 서로 엮이게 되어 결사적 삶의 '총체'가 "그것의 부분들의 총합보다 더 나은 것이 될 수 있는가"이다. 왜냐하면 이것이야말로 그 생태계가 정치와 민주주의의 보다 큰 문제들에 영향을 끼칠 수 있는 유일한 방법이기 때문이다. 확실히 결사적 삶의 구조 이외에도 이런 관점에서 중요한 다른 요인들이 존재한다. 가장 중요하게는 현대 정치체제들의 본질과 같은 것이 있다. 아프리카의 나라들 대부분의 정권들은 시민사회에 있는 어떤 사람이라도 그가 어떤 종류의 결사체에 속하는지와 상관없이 공적 사안들에 영향을 미치는 능력을 계속적으로 제한하려고 한다. 소게David Sogge는 다음과 같이 설명하고 있다.

> 아프리카인들이 정치질서를 개혁하려고 조직할 수 있는 곳이라면 … 권리들과 집합적 자긍심이 진전된 상태이다. 그러나 글로벌 이익들과 국가적 취약성들의 상호작용이 우위를 점한 곳이라면 공민권의 질적 향상이 중지되거나 후퇴한 곳이다 … 아프리카 지도자들은 공적 재화들과 공적 신뢰를 허비해왔다. 정치적 경쟁과 적극적인 공민권을 위한 공간은 주변화되었거나 지하로 밀려났다.[63]

국가가 시민사회 결사체들에 침투하거나 직접적인 통제를 하는 일이

카메룬, 베냉, 에티오피아, 수단 같은 나라에서는 다반사다.[64] 정부가 포섭적인 제도들을 만들고 사회 전체의 장기적인 이익들을 실현시키는 방식으로 행동하는 데 있어서의 무능력이나 주저함이 아프리카의 발전을 저해해왔다. 이는 한국과 대만의 성공과 비교해보면 분명해진다.

이 상황을 해결하는 데 있어 핵심질문은 "아프리카에도 시민사회가 현존하는가?" — 사실 현존한다 — 가 아니라, "상이한 아프리카의 결사체들은 무엇을 하고 있는가?", 그리고 "우리가 어떻게 그들이 보다 더 앞으로 나아갈 수 있도록, 따로 또 같이, 상이한 지역의 맥락들에 딱 들어맞고 효과적인 방식으로 도울 수 있는가?"이다. 아프리카와 다른 곳에서의 현실은 시민들이 자신들의 결사체 참여방식에 있어 광범위한 문화자원과 정체성에 관심을 기진다는 것이다. 그것이 현대적인 것이든 전통적인 것 또는 양자의 중간 어디에 속하는 것이든 말이다. 맘다니가 부각시킨 그 전통-현대 논쟁은 시민사회가 지속적으로 진화하고 있기 때문에 결코 결말이 나지 않을지도 모른다. 그러나 아프리카 NGO들과 전통적 결사체들 양자의 '반발을 넘어' 나아가는 것이 우리로 하여금 결사적 삶의 생태계들이 그 아프리카 대륙 전체에서 진화하고 있는 상이한 방식들을 이해하고 독려하도록 하는 데 도움이 될 것이다.[65]

하나의 문제이기는커녕 이러한 아프리카, 중동, 그리고 다른 지역 내 생태계들의 다채로운 발전은 축하할만한 일이다. 그것은 미래에 출현할 것 — 혼성, 유동성, 그리고 어쩌면 서양에 있는 논평가들에게 놀라움을 선사할 것 — 이 다른 곳에서 부닥쳤던 문제들을 피하게 할지 누가 알겠는가. 이 점은 이런 지역들 내 NGO들과 여타 결사체들은 단지 외국 정권들의 앞잡이에 불과하다는 비난에 대한 답을 구하는 데 도움이 될 수 있다. 모든 나라의 결사적 삶은 혼성(混成)과 시합(試合)의 과

정이며, 무한히 많은 요소들이 시간이 흐름에 따라 재결합하는 과정이다. 이 과정의 결과들은 항상 불확실하며, 특히 본질적으로 상이한 정체성과 소속감의 문화들이 공존하는 맥락들 속에서는 더욱 그러하다. 그래서 자발결사체들의 형식, 규범, 성취 사이에는 어떤 간단한 관계도 현존하기 어려운 것이다. 그럼에도 그것이 현실이라면 도대체 좋은 사회로서의 시민사회는 어떻게 창조될 수 있는 것일까?

CHAPTER 3

'좋은 사회'로서의 시민사회

　　　　　　　　　　　이집트의 학자 겸 활동가인 사드 에딘 이브라힘Saad Eddin Ibrahim이 2002년 7월 어느 날 카이로의 국가최고보안법정에서 자신을 변호하려고 발언대에 섰을 때 그는 '시민사회'라는 한 가지 핵심어에 초점을 맞추었다. 그에게 시민사회라는 말은 모두가 자유롭게 자신의 생각을 말할 수 있고 자신의 목소리가 경청되도록 할 수 있는 어떤 사회 형태를 의미했다.[1] 그는 한 유력한 이집트의 NGO(Ibn Khaldoun Center - 역자 주)의 대표로서 자금운용을 잘못했다는 그럴싸한 이유로 고소를 당했지만 실상은 그 — 그리고 그 연장선상에서 '시민사회' — 가 당시 군림했던 정치질서에 대한 위협 요소로 인식되었기 때문에 체포된 것이었다. 우리들 가운데 많은 사람들이 이처럼 용감하거나 원칙에 근거하여 행동하지는 않을 것이다. 그럼에도 우리 모두는 가슴속에 세계가 어떻게 존재했으면 좋은지에 대한 비전을 품고 있다. 예컨대 가장 일반적인 수준에서 말하면, 우리는 세계가 사랑과 용서에 의해, 진리와 아름다움에 의해, 용기와 연민에 의해 다스려졌으면 한다는 것이다. 심지어 테러리즘에 사로잡힌 이 시대에조차 한 가지 다행스러운 것은, 아침에 눈을 뜰 때마다 세계무역센터나 오클라호마시티의 연방청사 공격을 위한 세부계획을 짜거나, 지역의 한 고등학교에서 살인행각을 벌이기 위해 목표물을 선정하거나, 아니면 자신들에 반대하는 사람들 가운데 차기 인종청소 대상이 누구인지를 특정하는 사람들은 거의 없다는 사실이다. 물론 그 좋은 사회good society의 상세한 내용들은 목표와 수단, 상이한 이해관계와 목표들 간의 타협 및 거래를 둘러싸고 벌어지는 결코 끝나지 않을 불가피한 논쟁에 좌우될 것이지만, 바로 그 좋은 사회라는 사상이 동시대의 정치 및 집합행동의 최고 결과들의 배후에 놓인 추동력으로 존재한다. '시민사회'라는 용어로써 우리가 살고 싶어 하는 유형의 사회를 약칭하는 경우가 점점 늘고 있다.

'시민사회'를 좋은 사회를 지칭하기 위한 은유로 사용하는 방식은 이미 1장에서 설명한 것처럼 고대 그리스의 폴리스polis와 이슬람의 움마 ummah, 그리고 유태교의 티쿤올람tikkun olam 같은 영성공동체에 관한 종교적 강령 속에 나오는 '공동체들commonwealths', 칸트의 사유 속에 등장하는 지구적 윤리공동체, 뢰프케William Roepke와 다른 보수주의자들의 시비타스 후마나 the civitas humana에서 그 뿌리를 찾을 수 있다.[2] 현재 지배적인 자유민주주의 형태를 보이고 있는 시민사회는 1980년대 동유럽과 구소련의 반체제 집단들에게 영감을 주었던 사상이기도 했다. 그곳에서 시민사회는 '근대 자유민주주의 정치가 기초하고 있는 시민권 원칙들의 제도화'라는 모종의 요청을 상징했으며, 거의 민주주의나 자유의 동의어 — 또는 '빛나는 표상' — 가 되었고, 심지어 일반적인 측면에서는 '품위decency'와 같은 뜻으로 인식되기도 했다.[3] 하벨Vaclav Havel에게 있어 시민사회는 '모든 민주사회들이 점진적으로 달성해 나가야 할 사회적 질서'였다. 프랑코 장군의 군정 종식 후 스페인에서는 페레즈-디아즈Victor Perez-Diaz가 '시민사회의 귀환'에 관해 그와 유사한 주장을 펼치기도 했다.[4] 그러나 1989년 이래 이러한 생각들은 그들의 자유민주주의적 계류장으로부터 약간 거리를 두게 되었다. 대신 매년 "또 다른 세계는 가능하다"는 슬로건 하에 개최되는 세계사회포럼World Social Forum에 동원된 좌파 노선의 지구정의운동, 사회과학과 공공정책의 바탕으로서 '사기이익'이라는 관점에 반내주장을 펼치는 학자들, '경제적 인간'이라는 전제에 기초하지 않은 합리성을 탐색하는 여성주의자들, 다른 여러 나라의 재야운동들, 그리고 이슬람의 시민사회 속에서 서구사회에서 볼 수 없는 다른 '문명화된 삶'의 뿌리를 알아보는 사람들을 포함하는, 보다 광범위한 이념적·문화적 입장들이 그 빈자리를 메우기 시작했다. 벵갈리Bengali에서 '시민사회(또는 *shushil shamaj*)'는 종종 '점잖은 사회'로 번역되는 반면에 터키에서 시민사회는 '군부와 관련이 없는 것'을 가리킨다.[5]

 이러한 입장들이 그 '시민사회'라는 용어를 모두 다 똑같이 사용하고 있지는 않지만 그것들은 어떤 바람직한 사회질서 또는 근대성의 자화상과 같이 규범적인 용어로 정의된 시민사회라는 이미지를 공유하고 있다. 이러한 규범들이 때때로 다른 것들을 의미하기도 하지만, 관용, 평등, 비폭력, 신뢰, 그리고 협동 등의 개념들을 공통분모로 가진다. 만약 그것들이 서구의 용어상으로 배타적으로 정의되지 않는다면 자유와 민주주의 개념도 마찬가지이다. 필요로부터의 자유는 자의적인 정부 개입으로부터의 자유만큼이나 중요하며 민주주의는 국내 정치는 물론 시장과 글로벌 거버넌스 맥락에서도 그 가치를 인정받고 있기 때문이다. 이런 의미에서 시민사회는 세계 내 상이한 생활 양식으로서의 '시민성civility'이 제도화된 것을 표상한다. 너무 많이 현존하는 사회, 경제, 정치체제들이 우리가 우리들 상호간에 그리고 우리를 둘러싸고 있는 자연과 맺고 싶어 하는 유대관계들을 파괴한다. 시민사회는 빠르게 변모하는 글로벌 맥락에서 상이한 가치 세트에 기초하여 이러한 관계들을 재구축하는 방법을 제안하는 듯하다. 나는 다른 지면에서 시민사회를 '사랑과 이성의 결혼 관계'로 분석했는데, 그 이유는 그것들이 각기 그 자체로서 중요한 요소인 동시에 서로에게 평형추 역할을 하기 때문이다.[6] 간디 윤리학과 마틴 루터 킹의 가르침에 깊숙이 뿌리를 박고 있는 이 철학은 개인적 변혁과 사회적 변혁이 상호지원적이라고 보며, (누군가가 시민성의 궁극적인 확장 형태라고 부를 수도 있는) 무조건적인 사랑을 우리의 사적인 삶에서뿐만 아니라 공공영역에서의 혁명적인 원동력으로 본다. 자애로운 친절과 동정심의 육성에 헌신하는 풍요로운 내적 삶과 새로운 정치, 경제, 공공정책의 형태들을 결합시키는 일이 사회변혁의 열쇠이다. 버마의 활동가이자 정치인인 아웅산 수치Aung Sang Suu Kyi에 따르면, "어떤 정신 혁명이 없다면 구질서의 부당성을 창출했던 힘들이 계속 작용하게 되면서 개혁과 재생 과정에 지속적으로 위협을 가하게 될 것이다."[7]

이러한 생각들은 초국가적 차원에서도 천정부지로 치솟고 있는 '지구시민사회global civil society'의 인기에 고스란히 반영되어 있다. 여기서 '지구시민사회'라는 것은 앞서 2장에서 기술한 바 있는 결사적 삶에 더해지는 또 하나의 추가적인 층위로서가 아닌, 새로운 글로벌 규범들을 발전시키고 그것들이 보편적 인권, 국제협력, 우리의 차이들을 평화적인 방식으로 해소하는 일과 같은 관념들을 중심으로 고착될 수 있게 하는 모종의 기제로서 인식된다. 소로스George Soros의 '지구적 개방사회global open society', 폴크Richard Falk의 '인도주의적 거버넌스humane governance', 헬드David Held의 '코스모폴리탄 민주주의cosmopolitan democracy', 키인 John Keane과 칼더Mary Kaldor의 '지구시민사회global civil society', 나의 '**미래 긍정**future positive', 그리고 싱어Peter Singer와 같은 우울한 철학자의 '지구적 윤리공동체global ethical community' 등은 하나같이 동일한 착상을 대변해주는 문구들이다. 비록 우리 모두가 '코스모폴리탄 민주주의' 또는 '코스모크라시cosmocracy'의 어떠한 형태로부터도 최소한 한 세대 정도 뒤떨어져 있다는 것이 사실이기는 하지만 말이다. 우리는 제5장에서 이러한 문구들에 관해 좀 더 밀착해서 살펴볼 것이다. 호킨Paul Hawken은 환경운동에서 발생한 최근의 발전상들을, 종교적 전통들이 '황금률Golden Rule' 판본들을 중심으로 출현했던, 그리고 어떤 상이한 가치 세트가 전 세계로 — 얼마나 불완전한 방식이었는가와 상관없이 — 퍼져나가기 시작했던 기원전 900년에서 200년 사이의 '축성기Axial Age'에 비견할 만하다고 본다.[8]

더 나은 평등과 정의를 위해 일하는 시민사회 결사체들은 시민사회의 구조, 문화, 성취들이 서로 긴밀한 관계에 있다고 본다. 일례로 '시

---

* **미래 긍정(future positive)** – 에드워즈는 2004년 *Future positive: International cooperation in the 21st century*라는 소책자를 펴냈으며, "우리는 지구적 빈곤을 제거할 수 있는가?" "우리는 해외 원조 없이 살 수 있는가?", "유엔은 유명무실한 존재인가?", "나는 왜 주변을 보살펴야 하는가?", "내가 할 수 있는 일은 무엇인가?"라는 지구시민사회의 현실적이고 실천적인 질문들을 제기하고 있으며, 그 해법으로서 국제적인 기관들을 통한 상호협조를 제안한다.

민참여를 위한 세계연맹'인 시비쿠스CIVICUS는 규범과 가치를 중심에 두고 세 차원에서 시민사회의 강도를 측정하는 총체적 방법론을 개발했다.[9] 그러나 일반화된 신뢰와 협동 (또는 현재 관행화된 약칭을 사용하자면 '사회적 자본social capital') 수준이 높다는 점에서 '문명화된 사회'와, 정의롭고 효과적인 방식을 통해 특수한 공공정책 딜레마를 해결하는 데 성공적이므로 '문명화된' 사회 사이에는 중요한 차이점이 존재한다. 몇몇 시민사회 찬양자들(특히 신토크빌주의자들)은 이러한 두 가지 이해방식들이 동일한 것이라고 주장할지도 모른다. 그 이유는 선의를 가진 사람들이 긴급한 현안들에 관해 어떤 공정하고 양식 있는 합의에 도달하게 됨에 따라 그러한 일반화된 규범들 — 건강한 결사적 삶의 양식에 뿌리박고 있는 — 이 효과적인 공공정책 수립을 촉진하기 때문이다. 그러나 그것의 후속 분석에서는 두 개의 상호연관된 이유들 때문에 그 둘을 분리해 두는 것이 중요하다. 첫째로 결사적 삶과 이러한 가치들의 생성 사이의 상관성은 종종 일반적으로 생각하는 것보다 약하다. 둘째, 정의롭고 효과적인 정책 산출물로의 진전과정은 대개 상이한 기관 세트들 — 자발결사체들은 물론이고 정부와 기업들도 포함된 — 을 망라하여 이뤄지는 행동과 결부되어 있다.

좋은 사회의 성취를 위해서는 기관들에게 가치 및 방향성에 기초한 에너지를 불어넣을 행동규범들은 물론, 정치공동체 안에서 이런 가치들과 지침들을 정당화하고 존속시킬 수 있는 정치적 합의들도 필요하다. 단독으로 일한다면 자발결사체들은 이러한 것들 어느 것도 확보할 수 없다. 이는 규범과 가치들이 결사체 내에서는 물론 가정, 학교, 직장 내에서도 배양되며 정부의 정치적·법적 질서화 방식이 모든 사회계약들을 확보하도록 요구하기 때문이다. 최근의 역사를 들여다보면, 풍요로운 결사적 삶은 한국, 보츠와나, 칠레와 같은 '고도성장을 이룬 국가들'의 빈곤 퇴치나 여타 다른 국가 발전 목표들의 성취와 별로 큰 상관성을 보이지 않은 것으로 나타난다. 그럼에도 내가 1장에서 이미 지적한 바대로 상관성이 전혀 없었던 것은 결코 아니다. 결과론적으로 보았을 때 어떤 강력하고 목표의식이 투철한 국가와 폭넓은 시장 참여가 풍요로운 결사적 삶 못지않게 또는 그 이상의 영향력을 발휘했던 것이다. 물론 국가 발전이 (동유럽, '아랍의 봄' 또는 남아프리카에서처럼) 국가 제도의 전복과 재건을 요구하는 경우에 주요 사회변혁은 시민들과 그들의 결사체들에 의해 선도되는 경향이 있다. 그러나 국가 발전 초기단계의 핵심임무는 일반적으로 시민사회 건설이 아닌 국가 건설이다. (중국과 같은) 몇몇 사회들은 적어도 서구적 용어상으로는 모종의 약한 결사적 삶과 더불어 진보를 일구어내고 있는 반면, (미국과 같은) 사회들은 강한 제3섹터를 가지고 있음에도 여전히 불평등과 차별의 문제들이 계속 일어나고 있다. 2011년에 미국인들이 자선단체에 기부한 액수는 이전 어느 때보다 많았다 (정확한 액수는 2,990억 달러였음). 그럼에도 미국이 그들의 긴급한 사회문제들을 해결하기에는 역부족인 상태다.[10] 이렇듯 차이를 보이는 경험들을 고려하건대 하나의 '시민사회'가 어떻게 만들어져야만 하는 것인지 궁금증이 생긴다.

결사적 삶과 좋은 사회

우리는 2장에서 시민사회에 대한 구조적 이해방식과 규범적 이해방식이 어떻게 폴란드의 솔리다리티와 같은 공민적, 정치적 운동의 경험과

― 대서양 반대편에서는 ― 자발결사체들을 좋은 사회의 '유전인자 담지체들'로 본 신토크빌주의자들의 논의들을 거쳐 혼합될 수 있었는지 살펴보았다. 만약 좋은 사회를 자유로운 결사체들이 번창하는 장소라는 개념으로 정의한다면, 이 두 가지 이해방식들을 혼합하는 추세는 한층 더 강화될 것이다. 벨Daniel Bell이 적고 있듯, "시민사회로의 복귀에 대한 요구는 사회적 삶의 경영이 가능한 규모로의 복귀 요구이며 … 그것은 자발결사체들을 강조하고 … 결정은 지방 차원에서 이루어져야 하며 정부와 그것의 관료체제들의 통제를 받아서는 안 된다고 역설한다."[11] 그러나 이 진술에 암시된 목적과 수단을 연결하고 있는 그 연결고리에 대해서만큼은 의심해 볼만한 충분한 이유가 있다. 그것은 자주 인용되는 월저Michael Walzer의 다음 진술에서 언급되듯이 "시민사회의 결사적 삶은 좋은 것들에 관한 모든 비전들이 펼쳐지고 검증되는 근거, 또한 그것들이 부분적이며, 불완전하고, 마침내는 만족스럽지 못한 것으로 판명되는 근거이다. … 과거 아나키스트들이 그랬듯이 시민사회 단 한 가지만을 선택할 가능성은 존재하지 않는다."[12] 왜 그런 가능성이 존재하지 않는 것일까?

로크웰Norman Rockwell의 유명한 그림 〈표현의 자유Freedom of Speech〉를 보면, 한 지역의 타운홀미팅에서 당당하게 우뚝 서서 고결함이 빛나는 태도로 자기 생각을 말하고 있는 겸손한 시민이 우리의 눈길을 사로잡는다. 이런 로크웰 시민사회 학파의 사유(思惟)에서 공동체들, 시민들, 결사체들은 거의 언제나 올곧고 정직하며 고상하다. 하지만 현실세계 속에서 그들은 거의 언제나 자신들의 동기 및 이익들과 뒤섞여 있게 마련이다. 이점이 '시민사회부활론자들'로 지칭되어 온 사람들에게 어려운 숙제 한 가지를 제시하게 된다. 주지하듯이 시민사회부활론자들은 자발적인 사회적 상호작용이 고도의 그리고 일반화된 신뢰와 협동의 차원들을 창출하게 되며, 이 차원들은 민주주의와 사회진보에 필수적이라고 역설한 바 있다.[13] 그들의 핵심 가정은, 공동체들, 네트워크들, 결사체들은 그 속에서 사람들이 인간관계를 위한 기술을 익히고 가치와 신의를 계발하고, 보살핌과 협력 ― 경쟁과 폭력 대신에 ― 을 합리적인 행동방식으로 인식하게 되는 '미시환경micro_climates'이라는 것이다. 이 가설이 참인 이유가 세 가지 있다. 첫째, 결사체들이나 작은 공동체들 속에서 가능한 면대면 상호작용의 수준과 빈도가 뜻하는 바는, 신뢰와 협동에 대한 유인 요인이 훨씬 더 강력하다는 것이다. 요컨대 작은 집단의 일원으로 있는 경우에 나는 비협조적 행위들이 가져 올 결과들을 잘 알고 있거나 판단힐 수가 있다. 또한 동료들 각각으로부터 협조에 대한 보답 ― "오는 정이 있어야 가는 정이 있다"거나 "우리 둘 다 서로에 대해 눈을 감읍시다." ― 을 챙길 수도 있다. 둘째, 집단의 일원으로서 나는 규칙대로 게임에 임하기로 동의하거나, 아니면 탈퇴하여 더 맘에 드는 다른 사람의 클럽에 합류할 것이기 때문에, 사회적 규범들은 사람들 사이의 친소 관계와 또래 집단의 압력을 통해 강화될 확률이 크다. 셋째, 규모가 작은 집단의 회원들은 집단 전체의 복지가 각 회원들의 개별 행위에 달려 있음을 알 수 있다. 이것은 민주주의가 상위의 층위들에서도 공공이익을 증진시키는 방식으로 기능하기 위해서 요구되는 필수적인 태도 유형들을 정착시키게 된다 (예컨대 시민들이 자신의 책임 있는 태도는 그가 속한 민주주의 사회 전체의 안녕과 복지와 직결된다는 인식 유형이 여기 해당된다고 하겠다. 시민사회부활론자들은 이런 맥락에서 공동체들, 네트워크들, 결사체들은 민주주의적 태도를 배양하는 시민교육의 장으로서 중요한 사회적 역할을 담당한다고 강조하는 것이다 - 역자 주).

'시민사회부활론자'들의 주장에서 입증이 필요한 다음 단계는 이러한 일반화된 규범들이 민주주의의 효과적인 작동을 위한 자양분을 공급하며, 이로 인해 결국 좋은 사회의 실현으로 나아가게 된다는 관점이다. 현재 기능을 수행하고 있는 민주주의체제라면 그것은 반드시 좋은 사회의 목표들에 관한 공적 합의를 도출해야만 되기 때문이다. 이런 견지에서 로젠블럼Nancy Rosenblum은 '민주주의의 핵심 덕목' 두 가지를 제시한다. 첫째로 '시민성civility' 또는 편안한 자연스러움을 가지고 사람들을 똑같이 대하는 일, 둘째로는 공정성fairness 또는 임의적인 비정의 상황에 대해 바른말을 하는 일 등이 그것이다.[14] 자발결사체들의 멤버십이 실제로 이러한 덕목들을 생성하는지 아닌지 여부는 논쟁의 대상이다. 그러나 적어도 이론상으로는 멤버십과 덕목 생성 사이의 연결고리를 만드는 일이 분명 가능할 것이다. 한편에서는 멤버십이 중첩되는 집단들과의 규칙적인 상호작용이 '시민성'을 강화시킬 것이고, 다른 한편에서는 협조에 대한 유인책들이 '공정성'을 강화시킬 것이기 때문이다.

지금까지는 그런 대로 무난했지만 이 등식에 차이라는 범주가 도입되면 사정은 달라진다. 결국 '미국적 공동체의 붕괴와 부활'에 관해 다루고 있는 대작 『나 홀로 볼링Bowling Alone』로 귀결된 푸트남Robert Putnam의 집필 초기에 '사회적 자본'이라는 주제로 하버드 신학대학에서 세미나가 열렸다. 이 세미나장에서 푸트남은 예상대로 교회성가대, 합창단, 다른 자발결사체의 덕목들을 격찬했다. 그때 청중에서 한 사람이 다음 질문으로 논쟁에 불을 지폈다. "그런데 선생님, 성가대는 무슨 곡을 부르고 있습니까?" (이 질문은 다른 종교집단들 혹은 다른 결사체들의 존재를 전제로 이 성가대의 찬양이 특정 집단에 속한 활동임을 환기시키는 한편, 집단 이기주의 또는 집단적 특수성의 문제를 제기하는 의미가 있다 - 역자 주).[15] 이 질문이 암시하듯, 결사체들과 결사체의 구성원들이 성격, 목적, 신념에서 광범위한 차이를 보일 경우에 결사적 삶은 그것 자체로서 어떤 특수한 사회규범 세트나 가치 세트를 보장할 것 같지 않다. 그래서 "시민사회는 폭군들이나 민주주의자들에게 똑같이 자유를 허용하기 때문에 시민사회의 재탄생 작업은 항상 위험에 노출되어 있다"(이 대목에서 1930년대 나치 치하의 독일 시민사회, 1970년대 군부정권 시기의 한국 시민사회를 생각해 보면 에드워즈가 말하는 시민사회가 담지한 위험들의 의미를 보다 직접적으로 이해힐 수 있을 것이다 - 역자 주).[16]

현실은 규범들이 같은 사회나 문화에 속한 상이한 결사체들 사이에서도 다를 뿐만 아니라 상이한 문화들과 사회들 간에도 서로 다르다. 이런 규범들은 정확히 로켓 과학처럼 표준화된 규칙은 아니지만 사회적 진보로 나아가는 잠재적 통로들에 대한 어떤 명확한 견해를 형성하는 데 결정적으로 중요하다. 여기서 상호성에 대한 관념들을 예로 들어 보자. 미국 내 백인사회와 흑인공동체들, 아프리카의 부족사회들, 이슬람과 유태교의 종교 공동체들, 그리고 중국의 마을들에서 상호성의 관념은 결코 동일하지 않다. 특정의 규범들 — 예컨대 신뢰나 심지어 협동 같은 것 — 도 상이한 상황에 있는 사람들에게는 상이한 가치를 의미할 수 있다. 양자 어느 것도 순수한 '재화'로 간주될 수 없다. 왜냐하면 특히 불평등, 부패, 착취로 얼룩진 사회들 — 예컨대 인도의 지방 대지주들, 서민들에게 거짓말을 일삼는 정부들, 2008년 국제금융사태(미국발 서브프라임 모기지 사태 - 역자 주) 이후에 고소당한 은행과 보험회사의 이사진들을 생각해 보라 — 에서 개인의 자신감은 보다 덜 양심적인 사람들에 의해 남용될 수도 있기 때문이다. 일반적으로 가난한 사람들은, 그들 자신이 '신중하게 갚아줄 줄 아는' 사람, 즉 협조 의사를 충분히 가지고 있는 동시에 다른 사람들이 자신을 이용하려 든다면 복수를 겁내지 않는 사람처럼 처신하는 것이 자신에게 이롭다. 권력이 불평등하게 분배되어 있고 정보가 불완전한 상태일 경우에 무비판적인 신뢰는 사회의 선진화에 있어 모종의 위험한 전략일 수 있다. 그러므로 이러한 규범들을 공동체나 결사체 차원 또는 사회 전체 차원에서 집성시키는 것은 잘못된 일이다. 이런 견지에서 신뢰와 불신 양자 모두 반드시 식별력을 갖춘 것이어야만 한다.

비록 동일한 규범들이 동일 사물을 보편적으로 의미하는 것으로 해석되며 동일한 중요성을 갖는 것으로 평가된다손 쳐도 각 사회가 특수한 방식으로 정의하는 좋은 사회의 목적과 수단을 규정하는 구체적인 단계에 이르면 그것들이 다르게 쓰일 수 있을지도 모른다. 일례로 사람들은 서로에 대해 높은 신뢰 수준을 발전시킬 수 있지만 사회적 목표들을 진전시키는 데 중요한 제도들 — 정부와 시장 같은 것들 — 에 대해서는 신뢰감을 잃게 될 수도 있다. 그래서 자원봉사가 증가하는 상황에도 불구하고 투표율은 퇴조현상을 보이는 것이다 (이것은 현재 미국에서 관찰된 바 있는 그 상관성인데, 미국에서는 결사적 삶이 정치의 대체물이 되어가는 위험한 상황이 전개되고 있다).[17] 협동이란 규범도 역시 사회적인 포섭 행위 또는 배제 행위들, '적극적 차별 시정조치 affirmative action'에 대한 찬성이나 반대, 경제적 불평등에 관대할 것인지 아닌지를 나타내는 등의 여러 가지 행위 형태로 표현될 수 있을 것이다. 어쩌면 상이한 규범들도 서로 상쇄적일지 모른다. 예컨대 쿠 클럭스 클랜KKK: Ku Klux Klan단에 자원 입단하는 일은 공정성에는 전혀 아무런 도움도 안 되겠지만, 적어도 다른 단원들과의 협력을 강화할 수는 있을 것이다. 시민사회부활론자들이 그 생명력에 대해 아낌없는 찬사를 보낸 바 있는 제2차 세계대전 이후 '가장 위대한' 세대 또는 '장수한 공민적 세대civic generation' 시기에 아프리카계 미국인(흑인) 구타가 최고조에 달했으며, 일본계 미국인들이 구금된 동안에 그들의 재산을 헐값에 팔아 치우는 일도 발생했다. 또한 일터, 산업현장, 교육과 투표장에서 인종차별은 일상화되었다.[18] 어떤 경우든 자원하는 일의 핵심요소는 열정이며, 그것이 반드시 특수한 사회 비전에 의해 추동된 행동주의일 필요까지는 없다. 자발결사체들은 희생과 봉사는 물론, 개인적인 포부의 힘을 구현하기 쉬운 징들이기도 하다. 뉴욕 지하철의 벽보에는 '공동체의 기둥, 축구 코치, 아내 구타자'라는 글귀가 적혀 있다. 마치 교회성가대의 경우가 그러하듯, 좋은 사회는 "자원자들이 무엇을 하는가", "그들이 왜 그것을 하는가"에 의해 좌우되는 것이지 그저 "그들이 누구인가"에 좌우되는 것이 아니다.

다른 무엇보다 가장 중요한 것은 규범과 가치들이 결사체들 간에 상당한 편차를 보인다는 사실이다. 시민사회 토론이 특정 시점에 이르면 마피아Mafia에 관한 질문과 더불어 격렬한 불꽃이 튀길 것이다. 그들은 "마피아도 시민사회의 한 멤버인가요?"라고 질문할 것이고, "아니오"라는 대답과 함께 마치 카드로 지은 집이 단번에 무너져 내리듯, 시민사회 이론 전체가 와르르 무너져버리는 장면을 기대할 것이다. 2001년 9월 11일 이후 선택 불가의 사례는 단연 알카에다al-Qaeda였으며, 분명 또 다른 후보가 비상의 날갯짓을 준비 중일 것이다. 물론 이와 같은 극단적인 사례들은 폭력범으로서 퇴출될 것이다. 마치 비슷한 요소들이 정계나 재계에서 범죄자로 분류된다면 정치계나 경제계로부터도 추방되는 것처럼 말이다. 자발결사체들의 강력한 네트워크들이 집단 간 폭력을 조장했던 (오랜 시민전쟁 동안의) 레바논과 (1994년 **인종말살** 이전의) 르완다 같은 경우들은 훨씬 더 중대한 의미를 갖는다. 르완다는 아프리카의 사하라 사막 이남 지역에서 제일 밀도가 높은 결사체들을 가지고 있었다. 1970년대와 1980년대에 걸쳐 레바논의 '거대 다수의' 결사체들은 '배제적이고 분열적'이었으며 상호간에 계속 싸움을 벌였다.[19] 두 경우 모두 결사체들은 종족이나 종교 노선에 따라 조직되었으며 정치적으로 동원되었다. 이런 사실 때문에 적어도 일부의 사람들의 눈에는 그 결사체들이 시민사회 멤버십을 갖는다는 사실이 적절치 않아 보일 것이다. 르완다의 후투Hutu족 살인기계를 지칭하는 말인 '인테라하메Interahamwe'의 뜻은 '함께 공격하는 자들'이다. 이것은 1995년 오클라호마시티 폭탄 테러의 주범인 맥베이Timothy McVeigh와 다른 폭탄 투척자들이 미국볼링연맹의 회원들이었을지도 모른다는 주장, 그리고 1999년 컬럼바인Columbine 고등학교 학살의 주범들이 1년 뒤 그들의 학교 동급생들과 볼링을 치면서 오전시간을 보냈다고 소문이 난 사실 등은 등골이 오싹할 정도로 그 주장을 상기시킨다 (여기서 에드워즈는 특정 자발결사체의 소속원이 외부 세계에 대한 폭력의 가해자일 수 있다는 사실을 설명하고 있다 – 역자 주).[20] 푸트남에게는

---

* 르완다 인종말살(Genocide in Rwanda) – 1994년 르완다 내전 중 발생한 후투족 정부가 투치족을 집단학살 한 사건을 의미한다. 약 3개월 동안 투치족 80만 명이 집단학살 당하였다. 집단살해가 일어나는 동안 자행되었던 르완다 여성에 대한 강간으로 인해 HIV 감염이 급증했고, 에이즈 질병에는 국민의 30퍼센트가 감염되어 있다.

미안한 얘기지만 만일 인테라하메 요원들 사이에서 살인이 하나의 '공민적 의무'라면 "함께 공모하는 것보다는 혼자서 볼링을 치는 편이 훨씬 더 나은 선택인 것이다."[21] 여기서 확실히 문제가 되는 것은 집합행동 자체가 아니라 집합적 행위가 그것을 좋게 또는 나쁘게 특정한 방향으로 전환시키는 다른 요인들과 결합되는 일이다. 만약 이것이 현실이라면, (푸트남의 사회적 자본) 주장은 필히 긍정적인 사례와 부정적인 사례 양자에 다 통용되어야만 한다. 요컨대 (푸트남이 주장하는) 결사적 삶과 그것의 효과들에 대한 일반화된 관념들은 방어되기 어려울 것 같다는 것이다.

시민사회부활론자들에게 가장 중대한 문제들은 멕베이와 오사마 빈 라덴과 같은 테러리스트들이나 내진 지역에서 민간인들을 살해한 살인마들의 행태를 특징짓는 가치들의 극단적 충돌로부터 생겨나는 것이 아니라, 상이한 견해, 목적, 성격을 가지고 있는 평범한 비폭력적 결사체들의 모호한 도덕적 효과들로부터 발생한다. 물론 이것은 시민사회가 보호해야 한다고 가정되는 다원주의pluralism의 피할 수 없는 결과이다. 어쨌든 시민사회는 '특수성particularity'의 영역으로 알려진 영역, 즉 우리가 누구인가와 상관없이, 윗사람에게 허락을 구하지 않고서 모종의 안식처를 발견할 수 있는 장소이다. 이런 까닭에 '비문명화된' 사회의 문제를 회피하는 시도들이 결사적 삶의 회색지대에서 불가피하게 좌절을 겪게 되는 것이다. 특히 그런 시도들이 종종 '누구를 포함하고 누구를 제외시킬 것인지'에 관한 판단을 수반하는 권위주의적 도덕화라는 조짐이나 이념적으로 해석된 현재 속의 '현실들'로 복귀하는 것을 정당화할 목적에서 과거를 낭만적으로 묘사하려는 경향과 결합될 때 그러하다. 특정 결사체들은 그들이 폭력을 사용하여 다른 사람들이 시민사회에 참여할 수 있는 권리를 의도적으로 파괴하므로 시민사회로부터 배제시킬 수가 있지만, 그 나머지 결사체들에 관한 판단이 보편적 합의에 도달하기는 어려울 것이다. 긍정적인 규범들 및 가치들이 가난한 사람들을 위한 서비스를 제공하거나 그들의 입장을 대변하여 주창활동을 벌이는 결사체들을 통해 높은 수준으로 그들의 업무에 반영되고 있다는 증거가 일부 존재하기는 한다. 그러나 그런 결사체들을 공공섹터와 민간섹터에서 비슷한 업무를 수행하는 다른 기관들과 비교해 보았을 때, 이것이 일반적인 사실이라는 증거는 어디에도 없다. 그보다는 오히려 탁월한 수행 실적의 밑바탕이 되는 요인들이 이러한 상이한 기관들 전체를 망라하여 나타나는 듯하다. 예컨대 높은 수준의 책무성, 하나의 선명한 초점, 의견을 잘 경청하는 능력, 결정을 내리는 데 필요한 최소한의 위계질서 등이 그러한 공통요인들이다. 이러한 사실은 특히 미국 내 신앙에 기반을 둔 결사체들이 가지고 있다고 추정되는 우월성과 잘 맞아떨어진다. 이 점은 기업이나 정부는 물론 자선단체의 무능력을 경험한 바 있는 사람에게는 전혀 놀라운 결론이 아닐 테지만, 이념적인 이유에서 다른 섹터들보다 특정 섹터에 더 많은 특권을 부여하고 싶은 사람에게는 좌절감을 안기게 될 수도 있을 것이다.

이러한 높은 수준의 차이와 다양성을 고려하건대, 결사적 삶의 도덕적 현실이 반드시 (국가공동체라는 – 역자 주) 거시적 차원에 더해지는 것이 아니라는 사실은 조금도 놀랍지 않다. 흔히 히틀러Adolf Hitler의 등장 기간 동안 바이마르 공화국의 조건들이 이 사실을 뒷받침하는 데에 인용된다 — 당시 밀도 있는 시민집단들의 네트워크는 점점 세가 커져가는 나치당의 권력에 대응할 능력이 없었거나 아예 대응할 생각이 없었다. (푸트남이 이탈리아 민주주의를 지탱했다고 주장했던 교회

성가대가 무솔리니의 곡조를 불렀던) 파시즘 아래에 있었던 이탈리아와, 티토 사령관이 사망한 이후 발칸반도의 시민사회와 관련해서도 이와 유사한 주장이 제기되어왔다.[22] 그러나 집성된 형태로서의 결사적 삶은 그 효과 면에서 결코 단일 유형이 아니므로 때에 알맞은 유용한 사례들을 찾아보기 위해 굳이 과거로 거슬러 올라갈 필요는 없다. 이런 견지에서 자유주의와 보수주의 양자의 요소들, 포섭 요소와 배제 요소들, 개방성과 편견의 온상인 종교단체들은 특별히 흥미로운 사례들이다. 1980년대 후반 국가가 서구에 문호를 개방하게 되자 불가리아 정교회와 정치권 내 국수주의적 부문들이 사악한 연합을 구축하여 (마치 인도에서 힌두 민족주의가 출현한 것을 재현하기라도 할 것처럼) '**신종 퇴행의 형식들**'을 보존하고자 싸웠다. 반면에 미국 내 우익 인기영합주의는 동성애 권리와 재생산권 (아이를 출산할 권리 – 역자 주) 이슈를 한 세대 혹은 그 이상의 기간 내내 지켜보았다.[23] 이런 예들은 비문명화된 사회의 사례들인가, 아니면 그저 '부단히 충돌하는 이익들의 전투장'에 관해 상이한 견해를 가지고 있는 결사체들의 실상을 담은 비교 설명들인가?[24] 다양성이라는 것이 불가피하게 신토크빌주의적 사유의 심장부에 놓여 있는 형식과 규범 사이의 연결고리를 복잡하게 만든다. 셀리그먼Adam Seligman은 이 딜레마를 다음과 같이 잘 표현한 바 있다. "우리가 결사체들을 상이한 '규범적 우주들'로서 윤리적인 방식으로 파악한다면 그것들은 문명화된 삶의 실현이 아니라 그것의 파괴를 표상한다. … 다른 한편, 그것들이 이익 원칙을 중심으로 구축될 경우에는

---

* **신종 퇴행의 형식들** – 이것은 외부 세계에서 거세게 일고 있는 개방의 물결과 배치되는 수구적 태도에 기인하는 일련의 행보들을 지칭하고 있다.

어떤 상위의 윤리적 통일성을 명분으로도 자신들의 이익에 의해 동기화된 행동들을 중재하거나 진정시키지 못할 것이다."[25]

불평등과 차별은 시민사회 이론에 특수한 문제들을 야기한다. 왜냐하면 우리가 경험을 통해 아는 것처럼 불평등과 차별은 결사체들과 그 구성원들에게 단지 공동의 이익뿐 아니라 개인의 진보를 위해 쓰이는 사회적 자원을 상이한 수준으로 투자하기 때문이다. 상이한 교육과 소득 수준 때문에 생긴 편견들은 시민의 공익활동과 정치활동에서 특히 두드러진다 (적어도 미국에서는 좀 더 부유하고 교육을 더 잘 받은 사람일수록 투표할 확률이 높고 선거캠페인에 더 많이 기여하며 모든 부류의 결사체들에 더 많이 참여하는 경향을 보여준다). 그 결과, "시민들의 공민적 개입civic engagement의 쇠퇴가 비록 논쟁적인 주제이기는 할지라도, 이것보다는 시민의 공민적 개입에 있어 불평등이 존재한다는 것은 부정할 수 없는 사실"이다. 이 말을 한 저자들은 처음 조사연구를 실시한 이후 거의 20년이 지난 2012년에 이 사실을 재차 확인하고 이런 결론을 내렸다.[26] 결사체들이 자신의 목소리가 경청될 수 있도록 사회적 분위기를 조성하고 자신들의 의제를 밀어붙이며 공공영역에서 공유된 규범에 대한 그들 나름의 해석을 공고하게 하는 역량에서 나타나는 현저한 차이는 좋은 사회의 적이자, 민주주의의 적이다. 사실 불평등을 줄이는 것이 시민사회라는 수수께끼를 풀 모든 해법의 중요한 일부가 되는 이유가 여기 있다. 그런 한편, 불평등보다 훨씬 더 파괴적인 요소는 인종, 계급, 성별, 성적 지향에 근거한 차별이다. 인도의 NGO들 일부는 사회가 '문명화'되기에 앞서 그러한 분할선들을 없애는 일이 중요하다는 점을 강조하기 위해 '재탄생한 시민사회twice-born civil society'라는 개념을 사용하고 있다. 또한 시민사회 사상은 여성주의 비평가의 엄정한 질문공세를 받아왔다. 그것은 시민사회의 감추어진 편견들을 드러내고 보다 평등주의적인 미래를 위한 이론들을 발전시키려는 시도였다. 물론 여성들은 본래 제 스스로 주요한 공민적 행위자들이다. 하지만 젠더에 대한 고려들은 시민사회 연구자들 대부분의 우선순위 목록의 상위에 놓이지 못해왔다. 실제로 시민사회 결사체들의 구성방식, 결사체들이 구현하는 규범들 및 실천방식들, 특정 결사체들에 대한 공민적 참여를 막는 장벽들, 시민집단들과 그들의 지도자들의 사업방식과 성과물 등은 매우 젠더화되어 있다.[27] 우리는 2장에서 1950년대 후반 이래로 미국 여성의 공민적 참여가 어떻게 쇠퇴하였는지 살펴보았다. 결사적 삶이 인종주의, 성차별주의, 동성애 기피증, 소규모 폭력의 본산지라는 사실은 시민사회부활론자들에게 고민거리가 아닐 수 없을 것이다. 하지만 우리가 결사적 삶을 사회적 목표들을 실현시키는 모종의 효과적 수단으로 만들기 위한 단계들을 규명하려고 한다면 그러한 사실을 인정하고 정면 돌파해야만 한다.

이러한 불평등들의 존재를 인정하는 일은 결사적 삶이 왜 좋은 사회로 이어지는 통로로서 항상 불완전한지를 설명해주는 최종 단서를 제공한다. 자발결사체들이 자신의 힘만으로는 지방 차원 이상의 개발사업에 결정적으로 중요한 정치적 조정책들을 확보하기 위해 자신들의 이익을 집성할 수가 없다. 이 점은 특히 비록 강하지만 분열된 결사체들이 한 약한 국가를 상대로 압박을 가할 때 — 미국의 특수 이익정치의 경우나 레바논 내전에서 나타난 종교간 갈등들, 또는 1999년 시애틀과 그 이후에 (어떤 세계정부가 현존하지 않기 때문에) 벌어진 '반세계화' 시위들의 경우에서처럼 — 분명한 현실로 드러난다. 그러나 경험적 자료에 의하면 이것이 온전한 사실은 아니다. 왜냐하면 비록 다르게 사용된다 하더라도 결사체들 간에 규범들에 대한 공유된 해석이 진전될 수 있고, 또한 시민사회 내 비슷한 생각을 하는 부문들 간에 적어도 특정 시점 — 예를 들어, 한 나라의 모든 결사체들의 이익이 국가에 의해 위협을 받을 때, 혹은 결사체들이 합세하여 연합전선을 형성하는 민주주의의 이행기(그 한 가지 사례로서 마르코스 지배하에 있었던 필리핀을 생각해 볼 수 있겠다) — 에는 높은 수준의 자기 조직화와 민주주의적 대의(代議) 양태가 발전될 수도 있기 때문이다. 그럼에도 일반적으로 말해서 결사적 삶이 정치적으로 질서화돼 있어야만 무수한 입장들 및 이익들의 다양성이 보다 폭넓은 특정 국가적 의제나 국제적 의제에 복무하는 방향으로 정리될 수 있을 것이다.

  이러한 관찰들이 의미하는 바는 결사적 삶, 긍정적 사회규범들의 함양, 그리고 좋은 사회의 목표들 사이에 아무런 연결 부분도 없다는 사실이 아니다. 우리는 5장에서 이러한 연결 부분들에 대해 좀 더 자세히 살펴보게 될 것이다. 물론 그것들의 가장 좋은 상태는, NGO들과 여타 공민적 집단들이 각각의 특수이익의 특수성들을 초월하여 서비스 정신과 연대성의 태도를 특성화하는 것이다. 물론 그러한 연결 부분들은 항상 모호하다. 한 시민사회가 신뢰와 상호성을 "필요로 한다"고 말하는 것은 사실적인 진술이지만 결사적 삶이 자체만의 힘으로 그런 것들을 생성하지는 못한다. 특히 심각하게 분열된 사회들에서는 더더욱 그렇게 할 수가 없다. 그런 이유로 자발적인 행위 하나에만 기초하고 있는 좋은 사회의 비전들은 바람에 이리저리 휩쓸리는 모래 더미들 위에 세워진 것처럼 위태로울 것이다.

국가, 시장 그리고 '문명화된' 사회들

만약 한 강한 시민사회가 강하고 문명화된 사회 한 개를 창조하지 못한다면 과연 무엇이 그렇게 할 수 있겠는가? 이 질문의 답은, 특수한 사회적 가치들에 의해 동기화되고 구체적인 사회적 목표들을 겨냥하고 있는 상이한 기관들을 가로지르는 행위, 즉 파울러A. Fowler와 비에카르트K. Biekart가 '공민적으로 추동된 변화'라는 것을 통해 확보된다.[28] 내가 2장에서 정의한 대로 정부들, 기업들, 가정들은 결사적 삶의 일부는 아니다. 그렇지만 그것들은 공공정책으로 변환되는 사회규범들과 정치적 조정책들에 영향을 미치기 때문에 문명화된 사회 건설 작업의 일부인에 틀림없다. 그러므로 (그것이 시장이든, 국가든, 또는 공민적 부문이든) 한 섹터에 고착화함으로써 다른 모든 부문들을 배제하는 대신, 우리는 그것이 무엇이든 공공영역에서 합의적 방식으로 도출해낸 목표들에 도달하는 제도적 장치들을 모색해야 한다. 좋은 사회 속에서 성공은 항상 집합적인 성격을 띤다. 특히 현재처럼 **민간기업들**과 비문명화된 사회, 그리고 네트워크 국가들이 등장한 시대에는 그러하다.[29]

이 과정은 — 그람시Antonio Gramsci가 그랬던 것처럼 — 가정이 가치들, 규범들, 개인의 태도 성향들을 형성하는 중심 역할을 담당한다는 점을 인정하는 것에서부터 출발해야만 한다. 카터Stephen Carter처럼 "가정은 우리가 우리 자신으로서 죽는 장소"라고 주장하는 것은 어찌 보면 낭만적일 수 있다. 그러나 가장 깊숙한 수준에서, 가정은 타인에

---

* **민간기업들** – 여기서 '민간기업들'은 시장의 우세를, '비문명화된 사회'는 사회적 불평등의 존재를, 그리고 '네트워크 국가들'은 정보·통신·인터넷 혁명이 가져온 연대의 용이성을 각각 전거하는 것으로 이해할 수 있다.

대한 희생과 보살핌을 특징으로 하는 제2의 '시민사회'이며, 또 제2의 '시민사회'여야만 한다는 주장은 확실히 옳다.[30] 신뢰, 협동, 여타의 좀 더 구체적인 정치적 태도들은 전부 가족 관계들 속에서 형성되기 시작한다. 이는 대부분의 사람들이 결사체에 참여하는 것보다 (학교생활 및 직장생활과 더불어) 가정생활에 훨씬 더 많은 시간을 쓰기 때문에 그들의 신념 형성에 특히 강력한 영향을 미칠 것으로 기대되기 때문이다.

신뢰와 달리 사랑과 온정compassion은 그 효과 면에서 약간 더 확실하게 긍정적이고 약간 덜 모호하게 긍정적인 듯하다. 그 이유는 사랑과 온정이 상위-질서상의 사회 문제들과 정치 문제들을 해결하기 때문이 아니라, 다른 새로운 해법들이 놓일 수 있는 본질적으로 다른 행동양식의 토대를 생성하기 때문이다. 케이스 웨스턴Case Western 대학의 '무한사랑연구소Institute for Research on Unlimited Love'라는 근사한 이름의 연구소가 정의한 바에 따르면, "사랑의 본질은 타인들의 복리에 대한 이타적인 기쁨이며, 마음으로 그것을 확인하는 것이고, 또한 그들을 대신하여 보살핌과 서비스를 지속적이며 언제나 변함없는 방식으로, 예외를 두지 않고, 제공하는 행위에 참여하는 것이다."[31] 내 생각에 이것은 좋은 사회를 위해 별로 나쁘지 않은 토대이다. 그러므로 자애롭고 지지를 아끼지 않는 가족관계들 — 물론 고용주들과 정부 양자도 물적·제도적 지원세력으로서 이 가족관계 형성에 한몫을 한다 — 의 형성과 배양은 문명화된 사회를 건설하는 데 결정적으로 중요하다.

시민사회와 시장

임금과 보너스 수당 및 노동기준을 높이고 피고용주들이 공민적 삶에 적극 참여하도록 장려하는 것과 같은 일을 함으로써 가족관계에 적절한 지원구조들을 제공하는 데 일조하는 기업의 역할 이외에, 시민사회와 시장의 긴밀한 연계의 가치를 강조하는 일은 아주 최근까지도 매우 이상스럽게 여겨졌을 것이다. 우리가 1장에서 살펴본 것처럼 일부 이론가들은 시민사회와 시장경제가 불가분의 관계라고 본다. 하지만 겔너와 같은 열성분자들조차 이 두 영역의 합병을 예상하지는 못했다. 사회적 기업과 벤처 자선가와 같은 혼성적 기관들이 등장한 2000년대 초 이후 그 입장이 극적으로 달라졌다. 이 혼성적 기관들은 기업적 사고방식과 시장 논리가 시민사회 사고방식에도 적용되어야 한다는 신념에 의해 뒷받침되고 있다.[32] 이 운동의 지지자들은 시민사회와 시장의 경계선들이 무너지고 있다고 믿는다. 그들은 이 붕괴현상이 환영할 만하다고 하는데, 그 이유는 희소 자원들이 시민사회 조직들에게 할당되어 비용-효과 면에서 가장 높은 사회적 효용을 창출할 수 있기 때문이다. 시민사회 집단들과 기업들이 심지어는 사회적 기준과 금융적 기준들을 결합시키는 단 하나의 원칙 세트 아래에서 작동할 수 있을 것이다. 그럼에도 이런 생각들의 비용과 혜택에 관해서는 뜨거운 논쟁이 벌어지고 있다.

런던에 있는 아리아드네 자산Ariadne Capital의 최고경영자인 메이어 Julie Meyer처럼 기업 및 경영 자문업계에 속하는 많은 지도자들이 그들 편에서 논의를 전개한다. 그녀는 다음과 같이 말한다. "좋은 성과를 내는 기업은 마땅히 그래야 한다. … 요점은 기업이 정부들, 자원자들, 비영리업계들에 맡겨져서는 안 된다는 것이다."[33] 사회적 행위 영역의 민영화와 상업화 가능성들에 대해 열광하는 추세가 감지된다. 이것은 여러 면에서 1980년대 초에 시작된, 그리고 그 이래로 보건, 교육, 정부, 비영리집단들이 자본주의의 평형추로서 행동하는 대신 자본주의 구조들 속으로 점점 더 빠져듦에 따라 이제 시민사회에까지 확산된 신자유주의 혁명의 논리적 귀결점이다. 이 과정에서 비(非)시장 가치들의 최후 피난처인 시민사회가 시장에 기반하고 있는 투자자들에게 가장 인기 있는 자산들로 전환되었다.

이 전환의 정당화 방식은 시장 메커니즘을 끌어들임으로써 금융의 지속성과 시민사회 집단들의 사회적 영향력 양자를 동시에 개선하는 일이 가능하다는 논리다. 물론 공민적 삶의 일부 영역들에서 이것이 사실로 드러날 수도 있다. 공공서비스의 공급량이 달리는 영역에 놓인 장애아동들처럼 저급한 서비스를 받는 사람들에게 사회적 서비스들을 제공하는 한 집단을 생각해 보자. 또한 아프리카의 마을에 사람의 손이 덜 필요한 오븐을 전달하고자 하는 어떤 NGO를 생각해 보자. 이런 서비스들을 저렴한 가격에 또 효율적인 방식으로 제공하는 시장들의 능력이 아니라면, 시간차를 두고 차차 이윤을 창출하는 과정을 허용하는 방식을 통해 사회적 목표를 달성할 수 있는 희망은 거의 사라질 것이다. 비록 그 이윤이 (전통적인 기업에서 하듯이) 주주들에게 분배되는 것이 아니라 그 집단의 핵심 사명에 재투자되는 방식이기는 하지만 말이다. 이런 방식으로 성공적인 사회적 기업들을 발전시키는 일은 시장의 규율은 물론, 시장에 기반을 두고 있는 투자자들이 부과한 기준과 일정표에 대한 반응성을 필요로 한다.

이런 투자자들은 비용과 수익에 관한 자료와 관련하여 상세한 요구사항들을 가지고 있기 때문에 그들의 움직임은 표면상 훌륭한 수익성을 보장하기 위한 것이라고는 하지만 상당히 기술관료적이고 통제-지향적이다. 이런 투자자들의 일부는 진보적이거나 보수적인 주창운동의 명분들에도 투자를 하지만, 대개의 경우는 풀뿌리 차원에서 독립적이고 집합적인 행동을 진작시키는 일에 별 관심을 갖지 않는 듯하다. 그러나 일반적 관점에서 볼 때 정치, 권력관계, 사회적 차이 같은 것들은 성공의 장애물이므로 아예 무시하거나 제한적으로만 허용해야 할 것이다. 옥스포드에 소재한 '사회적 기업가를 위한 스콜센터Skoll Center for Social Entrepreneurship'의 센터장은 분명한 목소리로 이제 시민사회 행동의 해묵은 전통들은 이류로 보이거나 아니면 더 이상 필요치 않은 것 같고, 작금의 새로운 현실들과 동떨어져 있어 가망이 없다고 일축한다. "21세기는 행진이 수단이 될 수 없는 시대이며 … 사회적 기업가들이야말로 새로운 혁명가들이지만 그들은 현수막을 들고 행진하는 유형은 아니다."[34] 시민사회가 정말로 필요로 하는 것은 좀 더 기업적인 스타일의 효율과 규율이다.

그러나 이런 가설들이 얼마나 좋은 의도를 담고 있는지와 상관없이 그것들이 무슨 문제가 있는지는 금세 알 수 있다. 철학적 차원에서 볼 때 시민사회를 시장과 동일시하는 일은, 하나의 맥락에서 작동하는 가치들, 원칙들, 메커니즘들이 다른 맥락에서도 동일한 결과들을 창출할 것이라고 가정하는 '범주적 실수'를 범하게 된다. 허쉬먼Hirschman이 "퇴장, 목소리, 충성심exit, voice and loyalty"[35]라는 논문에서 지적하고 있듯이 경쟁과 협동은 매우 다른 것들이다. '퇴장' — 어떤 소비자가 언제든 다른 공급자에게로 옮겨 갈 수 있는 자유 — 은 시장들이 자원을 가장 효율적인 방식으로 유통시키는 능력에 결정적으로 중요한 요인이

겠지만, 이것은 자신의 주민들과 회원들의 목소리와 충성심에 의존하고 있는 공동체와 시민사회 집단들에게는 치명적인 요소일 것이다. 시민사회와 시장의 역할들은 사회적으로 유용한 서비스와 재화들의 제공 과정에서 난 구멍들을 메우는 데에서는 중첩적일지 모른다. 그러나 시민사회의 핵심 기능들은 항상 경제적인 성격이 아니라 사회적, 문화적, 정치적인 성격이었다. 사회적 기업들과 같은 새로운 기관들은 보다 건강한 어떤 '사회적 경제'의 출현에 필수적이며 권장되어야 한다. 하지만 그것들이 제 아무리 성공적이라 하더라도 보다 더 강한 시민사회를 만들어내지는 못한다. 왜냐하면 그것은 질적으로 다른 유형의 임무이기 때문이다.

   사회적 재화들은 서로 '비양립적'이다. 이 말은 이것이 경제학에서 말하는 이윤이나 가격 또는 재정적 수익과 달리 가치를 판단할 공통된 척도를 가지고 있지 않다는 의미다. 그러므로 당신이 시민사회 내에 있는 어떤 집단들에 가입하거나 지지하고 또 자원하는가는 개인적 선호와 신념에 뿌리를 두고 있는, 무엇이 가치로운 것인가에 대한 상이한 견해들에 기초하고 있다.[36] 일부 사람들이 등식에서 비용 요인으로 산정할 것이 다른 사람들에게는 수익으로 산정될 것이다. 예컨대 시민사회 집단들이 골치 아픈 민주적 결정수립 과정들과 토론에 투입하는 시간의 양을 생각해 보라. 2013년 미국 걸스카우트연맹은 중앙사무국이 비용을 절감하기 위해 여러 지역 분소들을 언제 통합할 것인가라는 문제를 두고 내분 상황에 돌입했다. 이 결정은 탈중앙집중화된 활동들에서 나오는 공민적 에너지와 민주적인 참여방식이 상실될 위험을 담고 있는 것이었다.[37] 대부분의 공민적 집단들은 회사들과 다르게 그것의 입회 방식이 추후 제공되는 재화나 서비스의 가격 또는 질이 아닌 친밀성에 기초하고 있기 때문에 상호 '대체적'일 수가 없다. 또한 '사회적 기업'이라는 문구 속 '사회적'이란 말은 대체로 시민사회 활동들을 규정하는 사회적 구조들, 권력 관계들, 집합행동 전략들을 가리키는 것이 아니라 어떤 목표 집단들을 전거한다.

사회적 경제를 숭상하는 사람들은 시민사회와 시장을 섞는 것은 일종의 신선하고 맛도 좋은 칵테일을 만드는 일이라고 말하겠지만, 경험적 자료는 너무 많은 거래요소들이 관련되어 있기 때문에 오히려 물과 기름을 섞는 일에 비유하는 게 보다 더 적절하다 점을 암시한다. 그것들은 집단들이 갑자기 상이한 방향으로 이끌리게 되고, 공민적 집단들이 거동할 수 있는 여지를 좁히는 기술관료적 사업진행 방식을 수용할 때 나타나는 '사업 표류mission drift' 현상을 포함한다.[38] 어쩌면 그들은 세련된 형태의 경영정보나 그 비슷한 것들에 있어 '완벽한 시야'를 확보하게 될지도 모른다. 대신 그 과정에서 그들의 사회적·정치적 비전을 상실하게 될 수도 있다. 점점 더 비영리단체들이 '기업처럼 행동하도록' — 투자에 대한 수익성을 계산하고, 복잡한 손익계산서를 만들고, 자신들을 경쟁적인 자선사업 브랜드로서 제시하고, 다른 측면의 시장적 가치 및 행태들을 내부화하는 것 등 — 장려하면 할수록 시민사회 행위자로서 그들의 효과성은 점점 줄어들 것이다. 왜냐하면 '소문자 d'를 쓰는 democracy (자발결사체를 통한 풀뿌리 차원의 민주주의를 의미함 - 역자 주)를 건설하는 데 있어 그들이 맡은 역할이 설 자리를 잃게 될 것이기 때문이다.

우월한 경쟁력을 보유하거나 자신의 상대들보다 재주를 잘 부리고 광고를 더 잘 할 수 있는 단체들에게 자원들이 몰리게 되면 (마치 금융시장에서 그런 것처럼) 독점(獨占)이나 과점(寡占) 경향으로 치닫게 될 수도 있다. 이미 시장지향적인 자선가들 사이에는 '너무 많은' 비영리 단체들이 존재하기 때문에 더 많은 합병을 권장해야 한다는 생각이 존재한다. 시장에 기초한 접근방식들은 또한 공민적 삶의 본질인 '선물교환 관계들' ─ 거래적 관계들과 본질적으로 차이가 있는 상호성과 자발적이며 '타자-지향적'인 태도 ─ 를 희석시킬 수 있다. 대체로 보면, "기업주의와 개별적인 자익(自益) 충족은 민주주의적 책무성, 시민권, 그리고 공익 증진을 위한 집합적 행동의 강조와 비양립적이다."39) 시민사회는 '중앙로'로 진출할 필요가 있는 것이지『월스트리트』의 영향력이나 지시가 필요한 것이 아니다.

그럼에도 이러한 우울한 결과들을 피할 수는 있다. 그 첫 단계는 사회적 기업과 이와 유사한 다른 실험들은 사회적 경제의 부상에 관한 대화 내용의 중요한 부분을 차지하는 한편, 시민사회와 그것의 미래에 관한 대화에서는 작은 부분을 차지한다는 사실을 인정하는 것이다. 주의해서 사용하거나 차별화하는 방식들로 사용되었을 때 이러한 새 접근방식들은, 시장에서 거래를 하거나 팔 수 있는 뭔가를 가지고 있는 시민사회 집단들의 재정적 지속가능성을 확보할 추가 통로들을 발견하는 데 매우 큰 도움이 될 것이다. 그러나 그런 방식들은 사용법이 적절하고 부정거래들에 대한 관리가 가능할 때에만 허용되어야 한다. 제2장에서 기술한 집합행동의 생태시스템들을 상기해본다면, 상이한 유형의 집단들과 활동들이 상이한 형태의 자금조달 방식과 지지를 필요로 할 것이라는 점은 예상 가능할 것이다. 따라서 전통적인 시민사회 집단들과 보다 새로운 혼성적 단체들이 반드시 서로 경쟁할 이유는 없다. 마치 드라이버와 망치가 연장통 안에서 상호 보완적인 것처럼 말이다. 물론 오래된 속담이 말하듯 "당신이 오직 망치 하나만 가지고 있다면" 그

때는 "모든 것이 못이 돼야만 할 것이다." 사실 사회적 기업들, 벤처 자선사업들, 그리고 그와 유사한 것들을 둘러싸고 있는 근래의 과장된 광고에 담긴 예언에는 뭔가가 숨겨져 있다.

전진을 위한 두 번째 단계는 사회적 경제 안에서 이루어지는 실험들의 공민적·정치적 영향력을 증대시킬 방도를 다방면에서 찾는 것이다. 예를 들면, 공동체 은행들, 신용조합들과 기타 집합적 소유 장치들은 경제적 흑자 부분이 어떻게, 민간 금융기관들에 의해 갈취당하거나 비축되는 대신, 민주적인 통제 하에서 공유되고 재투자될 수 있는지를 잘 보여준다. 공동체가 통제하는 경제적 발전 이슈들은 이윤의 일부를 지역에서 운영하는 사업소들과 프로그램들에 투입시킬 수 있다. 새로운 형태의 화폐와 (대안적인 비[非]현금 화폐들, 그리고 무이자 금융서래와 같은) 신종 교환방식이 이미 브라질과 같은 사회적 세팅에서 공동체를 재활성화시키는 데 사용되고 있다. 거기서는 '녹색생활은행Green Life Bank'이 재활용될 수 있는 쓰레기 수레들과 지역의 상점들에서 사용될 수 있는 지폐들 간의 교환을 허용한다.[40] 환상열석stone circles(環狀列石) 비영리단체는 노스캐롤라이나에 있는 지역 은퇴센터에 둥지를 튼 다른 NGO들에게 인하된 가격으로 '급진적 환대' 프로그램을 제안한다. '뉴욕 길 만들기Make the Road New York' 단체는 '브룩클린신용협동조합'과 함께 그들의 회원들이 일시적인 경제적 어려움 때문에 회비를 체납할 경우에 대출을 받아 회비를 낼 수 있게 돕고 있다. 사회적 기업들이나 비영리단체들이 이처럼 창조적인 생각을 하는 경우는 많지 않지만, '환상열석' 단체나 '뉴욕 길 만들기' 단체와 같은 집단들은 시장 메커니즘들이 행동주의와 연대성을 훼손하지 않고도 사용될 수 있음을 입증하고 있다. 보다 폭넓은 전략의 한 요소로서 그들은 시민사회 행동의 집합적인 밑바탕을 파괴하지 않으면서도 진정한 혜택들을 창출할 수가 있는 것이다.

시민사회와 국가

이러한 실험들은 미시적 차원에서 몇가지 방책을 보여준다. 하지만 그것들이 거시적 차원에서 권력의 불평등을 퇴치하고 젠더, 인종, 성별, 그리고 종종 그것들의 밑바탕이 되는 사회계급의 감추어진 위계질서들을 바로잡을 수 있을 것 같지는 않다. 이러한 불평등 사항들을 명시적으로 다루는 일은 문명화된 사회들의 전제조건이며, 이 임무는 차별에 반대하는 법을 제정하거나, 노동과 다른 기준들을 보호하며, 적절한 사회보장 프로그램과 어린이 보호 장치들을 관리하고, 시민사회 결사체들, 회사들, 가정들이 자기 스스로 할 수 없거나 하지 않을 모든 것들을 하는, 이를테면 '운동장을 편평하게 만드는' 정부의 행동을 반드시 포함시켜야만 한다. 이런 사실의 수용을 꺼리는 미국은 구조적 문제들의 해법들을 자발적인 행위에서 찾으려는 의욕을 보이는데, 이 탐색여정은 반드시 눈물로 끝나게 돼 있다.

예컨대 여성들은 시장 또는 비영리 지원 프로그램을 통해 고용에 대한 보다 큰 접근성을 가지게 되지만, 그들이 이 기회들을 유리하게 이용하기 위해서는 여전히 동일 임금과 아이 보살핌 조건에 관한 법제화가 필요하다. 가난한 사람들이 전형적으로 느끼는 단절감은 경제적·정치적 권력 구조들로부터 못지않게 서로 간에도 발생한다. 그래서 빈곤 퇴치에 관한 한, 강하고 민주적으로 책무성을 갖춘 국가의 존재는 결사적 삶 못지않게 중요하다. 심지어 토크빌도 주지했듯이, "사람들이 문명화된 상태로 남으려고 하거나 그렇게 되고자 한다면 함께 결사하는 기술이, 조건의 평등이 증대되는 것과 동일한 비율로 늘어나고 개선되어야만 한다." "좋은 이웃이 좋은 국가를 대신할 수는 없는 법이다."[41]

이것은 신토크빌주의자들에게 전달하기 어려운 메시지이다. 그들이 정부를, 그것이 평등한 공민적 참여의 조건들과 결사체들의 법적 보호 조건들을 확보하는 역할을 해주고 있음에도 불구하고, 여전히 어떤 골칫거리로 보고 있기 때문이다. 그들이 보기에 1945년 이래로 붕괴한 것은 도덕적 가치들이지, 사람들이 여전히 도덕적 존재들로서 노동자와 소비자로서는 물론 시민, 보호자, 부모, 자원봉사자로서의 잠재력을 실현시키도록 돕는 지원구조들이 아니다. 결사적 삶을 바로잡을 수 없을 만큼 특수한(그래서 정부가 개입하여 보편적 규범들, 권리들, 기준들을 강제적으로 집행할 필요가 있는) 상태로 보는 쪽과 시민사회 내에서 타협된 합의를 오래 효력이 지속될 유일한 사회계약으로 보는 쪽 사이에는 분명한 단층선이 존재한다. 이 분할은, 사회적 관행들이 정치에 의해 구조화된다고 주장하는 사람들과 정치는 사회적 관행들에 의해 구조화된다고 주장하는 사람들 사이의 분할선과 매우 흡사하다. '정부를 공동의 목표와 정체성의 구역'으로 보는 것과 시민사회를 '무정부주의, 민간 탄압, 집합자원들의 사적인 독점' 영역으로 보는 방식은 사적인 이해관계들이 과거 어느 때보다도 정부에 더 많은 영향력을 행사하는 듯이 보이는 현 시점에서는 단지 공상에 지나지 않을 수도 있다. 그럼에도 국가가 폭력 및 강제의 수단에 대한 독점권을 보유하고 있는 한, 다른 어떤 기관의 세트가 이런 식의 평등한 대우의 보장자로서 행동할 수 있을지는 쉽게 판단이 되지 않는다.[42] 바우만Zygmunt Bauman

은 일상의 삶에서 '시민성의 지대들zones of civility'은, 제도적 폭력 수단이 일상의 삶이 아니라 딴 곳에 보관될 때에만 비로소 존재하게 될 것이라고 주장한다. 이런 점에서 우리가 "선거 및 입법행위를 통해 법치 또는 민주주의를 확립하는 국가의 능력을 포기하게 하고 공민적 결사체들 — 민간영역에서 정치적 역할을 하는 주체 — 로 하여금 그것을 대신 하도록 기회를 주는 것은 재앙을 부르는 일일 것이다."[43]

어쨌든 주요한 사회적 변혁들이나 정치 및 경제의 시스템 변혁들이 결사체들 단독 행동에 의해 달성되었던 경우는 드물다. 심지어 그것들이 폭넓은 기반을 가진 사회운동들을 통해서 이루어졌을 경우에조차도 그러하다. 이러한 목표들을 달성하는 일은 사회 전반에 걸친 일련의 개혁들을 요구하게 되므로 국가들, 시장들, 그리고 매개하는 결사체들이 자신들의 상이한 에너지를 특정의 공동 목적을 위해 활용해야 한다 — 마치 동아시아 국가들이 1950년대에서 1980년대까지 했던 방식, 또는 케랄라Kerala와 웨스트 뱅갈West Bengal 같은 인도의 성공적인 주들이 했던 방식처럼 말이다. 케랄라의 경우는 한 민주적인 정부와 한 강력한 노동운동 사이의 합의 형태를 택하였고, 그 결과 다른 인도의 주들이 성취한 것보다 훨씬 더 인상적인 사회적·경제적 이득을 창출했다 (현재 이 기록이 높은 수준의 인구유출과 산업투자 및 혁신의 감소세로 인해 의심을 사고 있는 형편이기는 하다).[44] 물론 국가-사회관계와 거의 아무 상관도 없는 다른 요인들이 개입되기는 했어도, 대만과 한국에서는 미흡한 수준의 민주국가와 다소 약한 매개적 결사체들의 세트가 지금껏 역사상 유례를 찾아볼 수 없는 속도로 생산구조를 변혁하는 데 충분한 시너지 효과를 창출했다. 이러한 국가의 건설적인 참여 사례들은 모두 정부와 기업들, 그리고 시민사회 간에 체결된 사회계약들에 기초하고 있다. 이 사회계약들이 개발 과정의 성격 — 성장과 재분배, 단기적 희생과 장기적 혜택, 사적 이익, 공적 이익, 집합적 이익 — 을 규정하는 거래들을 둘러싼 최소 합의 수준을 확보하고 유지해 주었다. 그러면 성공적인 사회 발전의 열쇠는 무엇인가? "그건 정치공동체polity야, 멍청하기는 …"(푸트남이 말하는 바로서의) '일반화된 신뢰'가 아니라, 사회적, 경제적, 정치적 에너지가 그것이다. 이 에너지가 상이한 기관 세트들을 가로지르는 조율된 행위를 통해 전략적으로 구체적인 도전 항목들에 투입되는 것이다. 바로 이것이 좋은 사회로 가는 경로이다.

한 가지 결론은 명확하다. 좋은 사회를 탐색하는 사람들은 반드시 그들이 할 수 있는 한 정부, 기업, 그리고 결사적 삶의 요소들 가운데서 모종의 유시한 이젠다를 공유하는 자신의 우군들을 찾아내야만 한다 — 그리고 자신의 적들도 식별해내야만 한다. 모두가 같은 어젠다를 공유하지는 않기 때문이다. 그럼에도 만약 좋은 사회가 같은 목표를 지향하는 상이한 기관들 사이의 조율된 행위를 요구한다면, 사회들은 어떻게 그들이 원하는 방향으로 갈지를 결정할 것이며, 또 상황이 바뀌게 될 경우에 어떻게 그것이 옳은 것인지 아닌지를 결정할 것인가? 요컨대 사회들이 어떻게 집합적 선택들을 하며 거래들을 교섭하고, 어떻게 정의롭고 효과적인 방식으로 수단과 목적을 결합시키는 것일까? 이러한 질문들에 대한 답을 얻기 위해서 우리는 공공영역public sphere 이론으로 시선을 옮겨야만 한다.

CHAPTER 4

'공공영역'으로서의 시민사회

　　　　　　　　　　19세기 인도의 벵갈에서 오래 전에 잊혀진, 그러나 한때 상당히 유명했던 그 설전이 벌어졌다. 설전의 당사자는 타고르Rabindranath Tagore와 센Nabinchandra Sen이었다.[1] 그 유명한 시인과 그와 비등한 달변가였던 상대의 논쟁 주제는 공공 애도(哀悼)의 적절성이었다. 이 공공 애도의 개념은 전통적 힌두교 가르침 속에서 말하는 사적인 애도와는 사뭇 다른 것으로 — 센에 따르면 — 인도를 식민통치했던 영국인들의 발명품에 지나지 않는 것이다. 반면에 타고르의 입장은, 그것이 독립 투쟁에 자신의 목숨을 바친 사람들의 죽음을 전체 공중의 눈앞에서 추모하는 어떤 새롭고도 필수적인 책임의식이 발전된 형태이며, 낡기는 했지만 친숙한 사회적 경계선들을 망라하여 새로운 규범들과 동맹들을 단단하게 만들려는 전략의 일환으로 볼 수 있다는 것이었다. 그러한 공적 감수성이 아니라면 진보가 성취되기는 훨씬 더 어려울 것이다. 왜냐하면 사회 속에 이미 존재하는 계급 분열상과 사적으로 영위되는 상이한 삶들의 우선성이 개혁을 위한 하나의 통합 전선 구축을 불가능하게 만들 것이기 때문이다. "공중들publics은 우리가 우리의 개별적 사안들로부터 떨어져 나와 공동의 문제들과 직면할 때, 그리고 대화와 토론 속에서 서로 대면할 때 형성된다."[2]

'하나의 공중a public'이라는 개념 ― 그 **공동선**common good에 관심을 가지며, 그것에 관해 민주적으로 심의할 역량을 가진 어떤 온전한 정치공동체 ― 이 시민사회에 관한 사유(思惟)의 핵심이다. 공유된 이해관계들의 개발, 타인들에게 자기가 가진 특정 지분을 양보하는 기꺼움, 다른 사람들 속에서 자신과의 일치점을 발견함으로써 보다 효과적으로 협업하는 능력 ― 이 모든 것들은 효과적인 협치, 실용적 문제 해결, 그리고 우리의 차이들을 평화적으로 해소하는 데 결정적으로 중요한 속성들이다. 시민사회는 그것의 '공공영역public sphere'으로서의 역할상, 결사 및 기관 간 협업의 장은 물론 논쟁과 심의의 장이 된다. 그리고 공공영역은 "사회적 차이들, 사회문제들, 공공정책, 정부의 실행, 공동체의 현안들 및 문화 정체성이 진전되고 토의되는 '비입법적non-legislative 이고 초사법적extra-judicial'인 공적 공간이다."[3] 그러한 공간들이 번성

---

* **공동선(common good)** ― 해당 집단이나 공동체 전체의 관점에서 본 이득이나 혜택을 말한다. 드프레(Dupré 2009)는 이것을 "공동체에 적합하고 공동체에 의해서만 획득 가능하며 공동체 구성원들에게 개별적으로 공유되는 선(善, 재화)"으로 정의한다. 반면에 이것과 거의 혼용되는 개념인 '공공선(public good)'은 반드시 모든 구성원들에게 개별적으로 공유되지 않을 수도 있지만 공동체 전체에 필수적인 선(재화)을 가리킨다는 차이가 있다.

하는 것은 민주주의의 건강에 매우 중요하다. 가령 특정 진리들만이 대표되고, 배제와 억제에 의해 대안적 관점들이 함구되고, 일군의 목소리(예컨대 부유층의 목소리나 특수한 이념적 지향을 가진 사람들의 목소리)가 다른 목소리들보다 더 많이 청취된다면, 사실상 진정한 의미의 '공적인' 이익은 그 어떤 것도 교섭될 수 없을 것이기 때문이다. 한 가지 좋은 사례는 유전자 조작 식품에 대한 논쟁이 될 수 있을 것이다.

이 이슈는 다방면에서 강력한 주장들을 불러일으키고 있고, 전 세계적으로 소비자와 생산자인 수백만 명의 건강과 복지에 심각한 영향을 미칠 것이기 때문이다. 이러한 상황에서는 우리가 가진 선택지와 증거에 대한 객관적인 독해만이 어떤 정당한 해법에 도달하기 위한 전제조건일 것이지만, 바로 이것이 최근 기업들의 로비, 선정적인 미디어 방송프로그램, 항의자들의 도매금 비난과 같은 혼란스런 대응방식에서 빠져 있다. 사실 그 유전자 조작 식품 논쟁과 같은 것들이 민주주의 정치체제의 가장 실질적인 요소이다.

공공영역에 관한 사상들의 기원은 적어도 아리스토텔레스까지 거슬러 올라간다. 그는 사람들이 상호간의 교제를 추구하고, 공동선을 탐색하는 중에 '정치적 우정 관계들political friendships'을 형성하는 성향을 모든 좋은 시민들의 자질로 보았다. 고대 그리스에서는 오직 특정의 사람들만이 시민 자격을 가졌으므로, 그들은 특별히 '공공성을 담지한' 공중은 아니었다. 좀 더 나중에 나온 공공영역 이론들은 의사소통communications에 스며드는 권력관계들과 포섭적인 대화inclusive conversation의 덕목들을 강조하면서 이 문제를 거론하였다. 키인John Keane은 공공영역에 관한 사상사의 세 가지 다른 국면들을 추적하고 있다. 첫 번째 국면은 18세기 유럽과 북미에서 폭군에 대항하는 모종의 무기로서 신흥 부르주아 계층이 건설한 공공영역, 두 번째 국면은 20세기 전 기간에 걸쳐 시장의 영향으로부터 자유롭다고 생각되었던 삶의 영역이 점점 상품화되어 가는 것에 대한 자본주의 비판의 수단으로서 공공영역, 그리고 마지막 국면은 오늘날 민주주의에 복무하는 공적 의사소통들의 방어 수단으로서 공공영역이다.[4)]

1장에서 우리는 키인의 첫 번째와 두 번째 국면이 제시하는 강한 사유 전통이 미국에서 어떤 방식으로 성장했는지 살펴보았다. 미국에서 이 전통은 『연방교서 The Federalist Papers』에서 엿볼 수 있는 것처럼 공개토론과 실용적 타협을 통해 의견들이 정제되는 어떤 통치체제를 원했던 건국선조들의 신념 속에 그 뿌리를 두고 있다. 그러나 그들의 체제는 그것의 출발점에서부터 발언권의 불평등성과 차별에 기초한 투표권, 그리고 의사소통 수단의 점진적인 상업화로 인해 기반이 약화되었다. 공중들은 의사소통 수단을 통해 과거 소규모의 동질적인 전통 공동체들의 특징이었던 면대면 상호작용을 넘어서서 상호관계를 형성하고 서로 관여하게 된다. 미국의 저술가들 — 듀이 John Dewey, 아렌트 Hannah Arendt, 세네트 Richard Sennet 등 — 이 점증하는 자기몰입과 미디어의 상업적 식민화의 결과로 나타난 공공영역의 쇠퇴에 대해 비탄을 금치 못했던 것이 바로 이런 우려에서 비롯된 것이었다. 이 비판적 글쓰기 전통은 현재 미국에서 보이트 Harry Boyte, 에반스 Sara Evans, 그리고 케터링 재단 Kettering Foundation과 같이 시민사회를 민주적인 사상들과 개선책을 만들어내는 자율적인 공간으로 보는 입장을 지닌 사람들에게로 이어지고 있다.

이런 생각들을 정교화하는 데 가장 성공적인 시도를 한 사람이 하버마스 Jürgen Habermas라는 데 많은 사람이 동의한다. 그는 시민들이 자유, 평등, 비폭력적 상호작용의 조건하에서 공통관심사들을 얘기할 수 있는 '담론적 공공영역discursive public sphere'의 현존을 고도의 정교한 필치로 이론화했다. 이러한 담론상황의 규정 조건들은 결정적으로 중요하다. 그 조건들이 대화가 발생해야 할 장소를 민주적으로 만듦으로써 공공영역이 마땅히 산출해야 할 결과를 생성하는 데 효과적인 경계를 수립하기 때문이다. 하버마스의 사유법상, 공적 대화들의 참여하는 사람들은 현 시점의 최대 이슈들에 관해 이성적인 논쟁의 힘을 통해 모종의 합의점에 도달해야 한다. 여기서는 제일 큰 목소리가 아니라 최선의 생각들이 승리하게 될 것이다 — 모든 현대 사회들을 특징짓는 불평등 조건들을 고려할 때 이것은 다소 진기한 결론이다. 하버마스를 따르는 이론가들은 이러한 담론들의 윤리와 구조들을 대단히 강조한다. 그것들이 조심스럽게 정비되지 않는 한 그 이론이 예측하는 대로 공공영역이 작동할 가능성이 거의 없기 때문이다. 그럼에도 하버마스의 생각들은 자기 문화 중심적ethnocentric이라는 비판을 받아왔는데, 그것들이 기초하고 있는 합리성이 서구 계몽주의의 직선적 사유법에 뿌리를 둔 어떤 특수한 독해방식에 따른 것이기 때문이다. 물론 사람들로 이루어진 집단들이 평화적으로 서로 교제함으로써 생각을 바꿀 수 있다는 확신은 민주주의에 중대한 영향을 미친다. 그것이 정치적 합의를 가능하게 할 뿐 아니라 정치스펙트럼상의 모든 극단적 견해들을 완화시키는 경향이 있기 때문이다. 마치 냇물 속의 돌들처럼 상이한 관점들의 날카로움은 시간이 흐를수록 서로 부대끼면서 부드러워질 수 있는 법이다.

 키인은 이 공공영역에 대해 "둘 또는 그 이상의 사람들이 의사소통의 수단에 의해 연결된 어떤 특수한 유형의 공간적 관계로서 ⋯ 그 속에서는 그들의 주어진 상호작용의 환경 내에서 작동되는 세력관계들과 관련하여 비폭력적인 논쟁이 분출한다"[5]라고 논평한다. 공공영역의 초기적 사례들로는 18세기 런던과 에든버러의 커피하우스, 혁명적인 뉴잉글랜드 지방의 전설이 된 타운홀미팅들, 모든 역사적 도시들의 개방된 광장들에 생기를 불어넣은 토론들 등이 포함된다. 최근의 사례들도 다채롭다. 문학서클과 독서클럽 등의 '미시적' 공공영역들, 시민 배심원단과 공공 라디오 및 텔레비전의 '토론의 날' 프로그램들, 독립적 신문들, 양식화된 토론들, 국민투표들 및 전국 수준의 여론조사들은 물론, 세계사회포럼 또는 상이한 견해나 이견을 가진 사람들을 위한 사이버 공간의 지적인 대화의 장을 자처하는 오픈데모크라시 openDemocracy 처럼 공중에게 열려 있는 인터넷 사이트 등도 모두 잠재적인 글로벌 공공영역이라 할 수 있다.[6] 모든 사회들은 이러한 상이한 차원의 공공영역들을 보유하고 있으며, 이것들은 그때그때 현안 이슈들과 상황에 따라 부침한다. 어떤 유의미한 규모로든 단 한 개의 통합된 공공영역이란 것은 상상하기 어려울 것이다.

 공공영역 이론들은 시민사회가 사회변동 과정에서 담당한 역할을 해석하는 데 유용할 뿐 아니라 매우 강력한 이론틀을 제공해준다. 비록 그것들의 함의가 신토크빌주의자들에 의해 빈번히 무시되고, 또한 기부 에이전시들에 의해 독립 미디어의 보전 및 NGO들의 의사소통 능력 계발 필요성을 제기하는 수준으로 환원될지라도 말이다. 제 기능을 수행하고 있는 공공영역은 물론, 앞의 2장과 3장에서 탐구한 바 있는 시민사회 정의와 관련된 처음 두 개의 요소들 (즉 어떤 건강한 결사적 생태시스템의 존재와 사회적, 정치적, 경제적 기관들을 망라하여 좋은 사회를 탐색하는 행위 – 역자 주)에 의존하고 있지만, 공공영역은 이러한 요소들의 종합 그 이상이다. 왜냐하면 그것은 시간이 흐름에 따라 결사적 삶과 좋은 사회가 서로 연결되는 수단이기 때문이다. 아브릿저Leonardo Avritzer가 라틴아메리카의 사례에서 보여준 것처럼, 자유롭고 자율적인 자발결사체가 동기를 부여한 참여공중들은 반민주주의적인 세력들을 감시하는 데 있어 이전 시대에 남미 대륙 전역에서 전개되었던 민주주의적 엘리트주의('해방신학'을 지칭함 – 역자 주) 운동보다 훨씬 더 좋은 방도를 제공한다.[7] 포섭적이고 객관적인 공적 심의는 국가나 시장에 의해 완전히 장악되지 않은 채널들을 통해서만 실현이 가능하다. 따라서 정부가 설정하는 결사적 삶의 조건들과 규제의 틀은 항상 중요한 변수들로 작용한다. 다른 한편, 공공영역에서 벌어지고 있는 일 또는 벌어지고 있다고 가정되는 일은 좋은 사회의 규범적 가치들에 의해 특징지어진다. 에컨대 이건에 대한 관용, 좀 더 설득력 있는 다른 목소리들이 무대를 점령했을 때 토론을 포기하지 않고 기꺼이 주장을 개진하는 태도, 그리고 미국 공민권 운동의 전통들 속에서 찾아볼 수 있는 '진실 폭로truth telling'에 대한 신념 같은 것들이 바로 그런 가치들이다. 가령 문제들을 순전히 공적 이익의 관점에서 해결해야 한다면 이러한 규범들이 더없이 중요해진다. 공적 이익이 정의될 수 있는 다른 방식은 존재하지 않기 때문이다. 그러나 공공영역은 명시적으로 그것이 기본적인 '게임의 규칙들' — 즉 모든 성공적인 사회들의 진화과정에서 안내역을 맡는 판단들, 우선순위들 및 거래방식들 — 에 관한 집합적 비전의 개발과 표현을 위한 모종의 민주적인 틀을 가시화하는 데 관심을 가지고 있다.

공공영역 이론들은 공중의 일부가 4년 또는 5년마다 선거를 통해 참여하는 엘리트 직업으로서의 정치가 아니라, '적극적인 시민들'이 좋은 사회의 수단과 목적 양자를 형성하는 데 일조할 수 있는 하나의 지속적인 과정으로서 정치라는 실천방식으로 복귀할 것을 요청한다. 공공영역 이론은, 의식적이든 아니든, 최근 광범위하게 퍼지고 있는 '공민적 행위자civic agency', 직접·심의·참여민주주의 혹은 '담론정치'에 대한 관심이 부활하는 기초를 제공한다. 이런 유형의 정치는 스코틀랜드 지방분권, 인도의 마을, 로스앤젤레스의 동네 의회들, 브라질의 주민참여 예산제, 그리고 세계은행이 배포한 개발도상국 전체의 빈곤 축소 전략 문건처럼 다양한 맥락들 속에서 대의민주주의 정치체제의 구성요소들에 추가되는 중요한 보완요소이다.[8] 미국의 공민적 행위자 운동을 선도하는 인물 중 한 사람인 보이트Harry Boyte는 '미네소타 협업Minnesota Works Together'과 같은 사회운동들을 통해 '정치를 탈전문화하고 시민들과 공적인 삶의 재연결할' 필요성을 강력히 촉구했다. 이 운동은 이웃들과 함께하는 동네 차원의 공민적 활동들을 강화하고, 고등교육의 문화를 바꾸어 전문대와 종합대학들이 시민사회 참여의 매개체가 되게 하며, 선출된 정당대표들 간에 새로운 초당적 정치행위를 할 수 있게 하려는 주(州) 차원의 노력이다.[9] 참여와 심의 양자 모두 필요하다. 비록 완고한 태도가 개입될 때마다 대화 자체가 어려워져서 그것들이 때때로 서로 충돌하더라도 말이다.[10] 이 모든 참신한 제안들에서의 핵심요소는 많은 숫자의 보통사람들로 하여금 자기의 삶에 영향을 미치는 결정들을 수립하고 그 과정에서 새로운 공중들이 생겨나게 하는 데 직접 참여하도록 만드는 일이다. 이런 의미에서 시민사회 — 일군의 역량들로서 — 와 정치 — 일군의 과정들로서 — 는 공공영역 속에서 통합되며, 이는 현대사회의 큰 특징인 일반 대중의 탈정치화와 숙명주의 극복에 극히 중요한 해독제를 제공한다.

왜 공공영역이 중요한가?

담론정치는 어떤 정당한 규범적 합의에 이르는 하나의 통로 — 아마도 유일한 통로 — 를 제시한다. 정당한 규범적 합의는 특정 조건들 — 특히 평등한 발언권과 접근권, 그리고 관련 정보를 모두가 함께 공유하도록 검열을 최소화하는 것 — 이 충족되었다고 가정하고 있는 다수의 이익 및 입장을 가진 주체들을 중심으로 타결된다. 정치는 모든 참여 주체들이 하나의 결의안 도출을 위해 협력의사를 표현하는 과정에서 모든 관점들과 이익들이 반영되지 않는 한 정의롭다고 말할 수 없다. 최소한의 수준은, 공공영역 내 대화들은 과반수가 내린 결정들에 대해 모종의 숙고된 정당성을 부여할 수 있으므로 유권자들의 낮은 지지로 선출된 정부의 '전제정'을 피하는 데 도움이 된다. 이 점은 밀John Stuart Mill과 같은 훨씬 앞선 시점의 대의민주주의 비판가들이 관심을 두었던 문제이기도 하다. 밀은 비밀투표가 유권자들로 하여금 "공공선을 위해 투표하기보다는 자기 이익에 가장 잘 부응할 것 같은 정치인들을 선택하도록 부추길 것"[11]이라고 경고한 바 있다. 이와 대조적으로, 공공영역은 투표 행위에 앞서 또는 그것을 둘러싼 여론 및 공중의 의지 형성 과정들과 가장 중요하게 관련되어 있다.

하버마스의 견해에 따르면 모든 근대국가들은 공공영역의 상품화commodification에 뿌리를 둔 모종의 정당성 위기에 직면해 있다. 그리고 이 상품화 과정은 공중들이 국가의 정책형성에 관여하는 기회를 차단하며, 결과적으로 그들은 이 과정에 의해 점점 조종당하게 된다고 주장한다. 이 '위기'의 깊이에 대해서는 논쟁의 여지가 있겠지만, 충분한 공적 토론을 통해 논점들이 정리되고 토론 결과를 지지하는 모종의 여론

공동체가 출현할 때에만 주요한 사회변혁이 현실화될 수 있다는 것은 확실하다. 에치오니Amitai Etzioni는 이 점을 설명하기 위해 30년간의 공적 토론을 거쳐 현실화된 흡연 반대 행동의 사례를 들고 있다.[12] 기업의 사회적 책임론의 등장, 이라크, 리비아, 시리아 전쟁 개입의 정당성에 관한 광범위한 공적 토론, 글로벌화의 대가에 관한 우려들의 부상 등은 흡연 반대 행동과 동일한 과정의 현재 진행 중인 다른 사례들에 불과하다. 공동이익common interest이라는 것은 민주적인 투쟁과 토의를 통해서만 발견될 수 있기 때문에 우리가 함께 찾아 나서지 않는 한 우리는 그것을 찾을 수 없다. 모든 사회집단들이 해결책에 대해 발언권을 가지며 그 결과물 속에서 각자의 몫을 챙길 수 있을 때, 해법들은 한층 더 효력을 발휘할 수 있을 것이다. 우리가 좋은 사회의 목적과 수단에 관해 결코 공통의 비전을 갖지 못할지는 모르지만, 상이한 비전들이 조화될 수 있는 방법을 정의하는 일에 모든 사람들이 참여하도록 만드는 과정에 관한 한, 우리 모두는 의기투합할 수 있을 것이다.

합의 형성 외에도 공공영역들은 사회 진보에 결정적인 또 다른 역할을 한다. 어떤 특수한 문제에 관해 최대로 많은 생각과 관점들을 끌어들임으로써 해법이 발견될 수 있는 가능성을 확장시킬 수 있기 때문이다. 담론정치는 앞으로 나아가는 더 나은 길을 지속적으로 추구한다. 또한 결코 어떤 특정 집단도 지혜 — 혹은 지식과 정보조차도 — 를 독점할 수 없기 때문에 이러한 여정들은 틀림없이 민주적일 것이다. 민주주의 국가체제라는 것은, 정치철학자 존 키인이 언젠가 내게 말했듯이, "시민들이 안전한 토대들이 부재한 상태에서 살아갈 수 있는 역량에 대한 장기적인 실험들이다. 그러므로 우리 모두는 극한 상황에서 삶을 영위하는 기술을 매일같이 연습하도록 요청받고 있는 셈이다." 마키아벨리의 유명한 가르침대로 오직 정치만이 기동력과 미래 지향적 운동을 위한 가능성을 제시한다. 공공영역은 대안들 ― 예컨대 오래된 질문에 대한 새로운 모색과 해답, 모든 기성의 것들에 대한 도전, 그리고 간헐적으로 출현하는 혁명적 발상 ― 을 표면으로 끌어올린다는 점에서 중요하다. 이런 의미에서 시민사회는 '뭔가 다른 것을 상상하는 자유'를 상징한다. 오스카 와일드Oscar Wilde가 언젠가 촌평했듯, "유토피아의 위치가 표시되지 않은 지도는 소유할 만한 가치도 없는 것"이기 때문이다.[13] 그러므로 세계사회포럼이 "다른 세계는 가능하다"는 표어를 그 조직의 슬로건으로 삼은 것도 결코 우연의 산물은 아닌 것이다.

공공영역에서 모든 생각과 의견은 그것이 타당치 않은 것으로 판명되지 않는 한 타당성을 가진다. 이와 대조적으로, 전체주의는 어떤 주장의 장점들에 관한 토론을 관련 개인들의 주장이 나온 동기에 대한 심문 ― 스탈린이 러시아 지식인들을 침묵하게 만든 책략이자 현대 민주주의 국가의 다른 사람들이 반대의견을 가진 사람들을 침묵시킨 책략 ― 으로 바꿔치기 해버린다. 대처Margaret Thatcher 총리의 불명예스러운 두 개의 언명들 ― "대안은 없다"와 "사회라고 부를 만한 것은 아무데도 없다" ― 은 매우 잘 어울리는 단짝이다. 왜냐하면 사회적 네트워크와 결사체들이 부재한 경우 논쟁을 위한 '공간'은 존재할 수 없기 때문이다. 공공영역에 관한 이론들 역시 민주적 토론에 필수요소인 권력의 분산을 강조하며, 또한 시민들이 정부, 기업, 그리고 그들 자신들의 결사체를 상대로 책무성을 요구하라고 강조한다. 책무성은 남용 사례들을 노출시키는 높은 투명성 수준들과 자유로운 정보의 흐름과 더불어, 이들 기관들과 공중(그것이 고객들로서든, 회원들로서든, 시민들로서든, 또는 소비자들서든 아니든 상관없이) 사이의 적극적인 대화를 요구한다. 이런 견지에서 볼 때 정보 유통에 대한 제약요소들은 공공영역에 심각한 손상을 입힐 것이다.

다른 무엇보다 중요한 것은, 공공영역이 고대 그리스 이래로 시민사회에 관한 사유의 중심에 놓여 있었던 그 딜레마, 즉 상이한 집단들이 개인적 자율성과 사회적인 것 전체의 요구들 사이에서 모종의 균형을 발견하는 일에 도움이 된다는 사실이다. 앞의 장들에서 살펴보았듯이 시민사회는 차이의 땅이며, 우리가 상이한 신념들, 인종들, 이해관계들, 관점들, 어젠다들을 가진 사람들로서 우리 삶의 의미를 발견하는 장소이다. 그러나 복합적인 사회들의 협치 및 평화적 공존의 보전은 이러한 특수성의 요소들 일부가 공동이익에 우선순위를 내주도록 요구한다. 이 공동이익은 상이한 공동체들의 견해들을 관통하는, 그리고 모든 시민들이 지지하는 규칙들, 법규들, 규범들, 그리고 여타 다른 합의사항들의 형태로 제시된다. 이러한 규칙들의 적용은 궁극적으로 정부와 다른 국가기관들의 임무이다. 하지만 시민사회도 우선 이런 측면에서 이루어지는 정부개입을 정당화하는 일, 그것의 자발적 행동강령과 다른 자가-조직 원칙들을 통해서 그것 자신의 비공식적인 합의사항들을 거꾸로 정부와 시민사회에 부과하는 일 등의 역할을 담당한다. 제대로 작동하는 공공영역이 부재한다면 양자의 역할 어느 것도 가능하지 않을 것이다. 그러면 그 사회적 게임의 규칙들을 교섭할 그 어떠한 메커니즘도 존재하지 않을 것이기 때문이다.

어떤 성공적인 시민사회는 이러한 다수의 정체성들이 잘 연결되지 않는 무수한 어젠다들 속으로 파열되지 않고 평화적으로 표현되도록 지원하는 사회이다 — 이곳은 우리가 하나의 공중으로서 공유하는 이익들에 관한 공통의 신념 안에서 우리의 차이들을 자축할 수 있는 장소이다. 여기서 (다소 편견이 개입된 사례임을 인정하지만 그래도) 맨해튼에 있는 거룩한 사도 교회Church of the Holy Apostle의 예를 들어 보자. 이 교회는 매주 금요일이 되면 특별히 분주하다. 한시적으로 예배드릴 장소를 잃은 베트 심차토라Beth Simchatorah 유대교 교단의 예배를 위해 이 장소를 제공하기 때문이다. 그들은 교회 내에 있는 모든 자기 교파의 상징물을 치운다. 마찬가지로 예배당을 사용한 유대교인들은 예배 의식을 마친 다음 그 공간을 주인에게 돌려주기 위해 똑같은 배려를 한다. 이 사례는 상이한 공동체들이 그들 각자의 예배의식을 거행하는 한편, 서로에 대한 배려에서 조심스럽게 관리해 온 건물이 제공하는 공동자원들을 공유한다는 점에서, 어떤 공공영역의 축소판 비전을 제시한다. 이러한 원칙들은 보다 상급의 차원에서도 작동한다. 우리는 우리가 가진 특수성 요소들을 넘어 뻗어나갈 때 — 어떤 다른 집단 출신에게 투표함으로써, 다른 전통들을 배경에 깔고 있는 문학작품들과 관습들을 존중함으로써, 그리고 많은 상이한 언어들을 말 그대로 그리고 은유적으로 구사함으로써 — 비로소 보다 넓은 전체의 구성원으로서 자격을 획득하게 된다. 그렇지 않다면 시민사회는 그저 상이한 사적 이익들의 집합체로 남게 될 것이다. 그래서 아렌트Hannah Arendt로부터 월저Michael Walzer에 이르기까지 철학자들은 우선 다양성을 기꺼이 환영하는 일, 그리고 적어도 이따금씩은 자신들 그리고 자신의 친숙한 것들을 넘어서는 공동이익들의 담지자로서 시민들이 동료 시민들과 더불어 공동선을 추구하는 일을 도덕적 성숙으로 이해했다.[14] 이런 종류의 태도들은 건강한 차이들을 존중하고 건강하지 못한 차이들 — 예컨대 인종주의, 성차별주의, 동성애 혐오, 타인의 생명과 삶의 기회를 자신의 것 못지않게 소중히 여기지 않는 태도 — 에 대해서는 비판할 수 있을 만큼 확장된 민주적 정체성들을 형성하는 일과 직결된다. 공공영역들은 다양한 집단의 차이들에 대하여 얄팍한 다원주의적 해석 — 서로를 상대로 차이들을 방어함 — 의 차원을 넘어 규범 및 가치들을 위한 공통적이면서도 포용적인 특성을 형성할 수 있는 공론장을 제공한다. 시민사회 속에서 차이는 보는 각도에 따라 핵심사항이거나 아니면 부적합한 사항일 것이며, 무언가 축하해야 할 것이거나 아니면 깊은 우려의 원인일 수 있다. 이런 견지에서 공공영역의 목표는 차이의 의미에 관한 모든 결정들이 민주적으로 이루어질 수 있게 보장하는 것이다.[15] 불평등과 차별이 공공영역의 적인 이유, 그리고 근본주의 — 특히 그것이 폭력적으로 표현된다면 — 가 다른 어떤 것보다 위험한 이유가 여기에 있다. 모든 종파의 근본주의자들은 공유된 진리들이 타협된다거나 진리의 다른 유형들이 공존할 수 있다는 사실을 수용하지 않는다. 그들은 맹목적인 복종과 절대적인 정의감을 담론정치의 반사 이미지로 독해한다. 그러한 태도는 공공영역에 참여할 때 지켜야 할 기본규칙들에 위배된다. 공공영역은 '이방인들이 서로 만나서 칼을 빼지 않는'[16] 장소로서, 차이나 입장차에 기인하는 무례가 비폭력적인 양식으로 행해질 수 있도록 허용한 어떤 지정된 장소로서, 자기 자신과 지속적으로 싸움을 벌이면서도 평화롭게 갈등을 타개하는 모종의 사회로서의 특성들을 가지고 있다.

대화들이 개인적인 것으로 변하면 교섭된 합의 가능성들은 감소하며, 진리에 대한 상이한 입장들이 갈등하는 길이 열리게 된다. 이런 입장들은 그들만의 배타적인 논의 구조들, 학문지식 및 언론에 의해 지탱되고 있다. 이런 유형의 어떤 것이 티토 사령관이 사망한 이후 발칸반도에서 일어났다. 그때 언론 기자들, 라디오와 텔레비전은 상이한 유고

슬라비아 공화국들의 관점들을 보도했다. 크로아티아에서 전쟁이 일어나자 이내 보스니아로 확산되었고 크로아티아인들은 세르비아 매체에게 '**우쉬타쉐**Ushtashe'로 불리게 되었고, 세르비아인들은 크로아티아인들에게 '**체트닉스**Chetniks' (우쉬타쉐에 맞서 싸운 세르비아의 부르주아 민족주의 집단 - 역자 주)가 되었다. 그리고 무슬림들은 어느 곳에서나 '**이슬람 근본주의자들**'이 되었다.[17] 의사소통 구조가 종족 노선에 따라 파편화되었고 아주 오래된 증오감들이 거대한 규모의 폭력으로 전환되는 데 서로의 틀에 박힌 태도들이 중심 역할을 했다. 거기에서 사라진 것(그리고 외국의 지원금이 이러한 분열집단들 전체를 아우르는 미디어 프로젝트들에 투입되었음에도 불구하고 아직까지 그 지역에 부재한 것)은 19세기 벵갈에서 타고르의 마음을 사로잡았던 그런 감수성들을 창출할 포럼들 — 상이한 집단들을 공동의 명분하에 함께 묶어줄 공공영역들 — 이었다.

이에 덧붙여, 시민사회부활론자들의 유산 중 하나는 '시민성civility'을 '토론'이나 '비동의'가 아닌 '공손함politeness'으로 특수하게 이해해 온 것이다. 미국의 전 대통령 조지 W. 부시George W. Bush를 예로 들면, 그

---

* **우쉬타쉐(Ushtashe)** - 1942년 2월 2,300명의 세르비아인들이 독일 나치의 꼭두각시인 크로아티아의 우쉬타세에게 살해된 바 있음.

* **이슬람 근본주의자(Islamic Fundamentalist)** - 이슬람 교리를 정치·사회질서의 기본으로 삼아 이슬람교의 원점으로 돌아갈 것을 주장하는 운동을 펼치는 사람들을 일컫는다. 서양의 제국주의와 침략으로 이슬람과 국가를 보호하기 위해 철저하게 율법을 준수하고 서양문명을 거부하고, 현재의 세속정권을 무너뜨리고 코란을 헌법으로 삼는 이슬람공화국의 창설을 최대 목표로 한다. 처음에는 이란의 시아파가 주축이 되었고 다수인 수니파 일부도 이에 적극 참여하였다. 제1, 2차 세계대전 이후에도 이슬람국가에 대한 서양국가들의 침략과 팔레스타인과 이스라엘의 대립이 극대화되자 급진주의가 점차 세력을 얻어갔다.

는 '모든 공손함을 담은 방식으로' 그것들을 진행함으로써 이라크에 관한 의회 토론들의 정치 온도를 낮추는 것을 목표로 삼았다. 그러나 이것은 시민성이 본래 의미했던 바를 훼손하는 것이었다. 시민성은 아리스토텔레스 이래로 스티븐 카터에 이르기까지 우리가 일치하지 않을 것이며, 때로는 극심하게 그럴 것이지만 시민성이 우리로 하여금 우리의 불일치들을 평화롭게 해결하도록 할 것이라는 점을 의미했다. 다른 모든 활동의 형태 — 거리 시위에서 정치적 풍자까지 — 도 공공영역에서 환영을 받는다. 적극적인 시민들은 의심을 품고 탐색하며 도전하는 정신이 필요한데, 그런 정신은 필요한 순간마다 권력층을 상대로 진실을 말하는 것을 두려워하지 않는다. 토론을 피하는 일은, 마치 도전을 받았을 때 움츠러드는 것이 좋은 시민들의 자질이 아닌 것과 마찬가지로, 결코 어떤 강건한 공민적 문화의 신호가 아니다 (정치적 논쟁은 본래 그것 자체로도 교육적이다). 사회학자인 엘리아소프Nina Eliasoph는 미국 내 자원봉사자들의 대화를 연구했고, 그 결과 정치에 관한 공개토론들이 '분열적'이고 '공손치 않은' 것으로 못마땅하게 여겨졌기 때문에 사람들의 가장 중요한 생각들은 그들의 사적인 상호작용들로 넘겨진다는 사실을 발견했다.[18] 이와 같은 태도들로 인해 민주주의가 곤경에 처해 있다는 것은 놀라운 사실이 아니다. 시민성의 진짜 모범은 '예의 바른 사람'이 아니라 **로자 파크스**Rosa Parks이다. 그녀는 앨라배마 주의 몽고메리 시의 (피부색에 따라) 좌석이 분리된 버스에서 극도의 '무례한' 일을 당할 위험에 처할 수 있음에도 불구하고 공익public interest의

---

* 로자 파크스(Rosa Parks) – 1955년 '몽고메리 버스 보이코트' 운동의 직접적인 동기를 제공한 흑인 여성이자, 마틴 루터 킹 목사와 더불어 미국 내 흑인 공민권 운동의 기수.

이름으로 용감하게 자신의 공민권을 가동하였다.

　미국의 정체성 정치identity politics에 대한 애증관계는 그것이, 법정에서 관련자들의 잘잘못을 가리는 절차 대신, 누구에 관해 무엇이 어떻게 말해질 수 있는가와 관련된 모든 종류의 뒤틀림으로 귀결하기 때문에 도움이 되지 않는다. 정치적 시정은 물론 인종주의, 성차별주의, 동성애 혐오, 언어폭력에 대한 중요한 방어책으로 보이며, 또한 다양성이라는 가치에 대한 실정적인 승인으로 보인다. 그러나 극단으로 치닫게 되면 (차이들이 그것 자체의 용어로서 이슈로 지목되거나 또는 될 수가 없다면) 공적인 참여의 질과 깊이에 치명적인 결과를 초래할 수 있으며, 또한 상이한 집단들에 속한 사람들이 '서로의 이야기들을 읽는 것'을 두려워하거나 그것들이 공동의 삶에 가지는 함의들을 훨씬 낮은 수준으로 이해하고 내부화하기 때문에 어떤 피상적인 합의를 도출하게 될 수 있다. 주장들이 너무 쉽게 잘리는 공공영역은 어떤 합의라는 환상을 만들어내게 된다. 그것은 사회적 계급과 소득의 차이, 인종과 젠더의 차이를 감추며, 비정통적인 것을 배제시키고, 이념적 균열들은 당국자들에게 편리한 방식으로 누락시킨다. 권좌에 있는 사람들은 그들이 누구든 다른 사람들 또는 사회 내에 있는 다른 생각을 가진 사람들이 그들에게 말해 준 진리를 거의 귀담아 듣지 않는다.

현대의 공공영역들: 위협과 기회 요인

지금까지 논의를 통해서 공공영역들이 번창하는 시민사회의 중요한 구성요소를 이루고 있다는 사실이 명확해졌다. 그러나 그것들은 여러 가지 상이한 위협들에 취약하다. "그 공적인 구역은 값을 매길 수 없을만큼 소중하기도 하고 또 변덕스럽기도 하다"고 마르퀀드David Marquand는 말한다. 그래서 그것이 시장과 국가에 의해 활동이 '유약화'하는 것을 방지하기 위해 지속적인 배려와 주의가 필요하다.[19] 최근 몇 년 사이 공공영역의 쇠퇴나 부식에 대한 개탄의 목소리가 점점 긴박감을 더해갔다. 비난은 대체로 세계 최대의 언론 재벌 머독Rupert Murdock과 다른 미디어 재벌들에게 집중되었다.[20] 이것은 놀랄만한 일도 아니다. 왜냐하면 이러한 위협들이 미디어와 다른 자유로운 표현 수단의 점증적인 상업화와 소유권 집중으로부터 가장 확실하게 나타나고 있기 때문이다. 또한 권위주의적 국가의 세팅들에서 정보 및 결사에 대한 가장 기본적인 권리의 제한과 결부된 국가의 미디어 통제로부터도 나타난다. 특히 2001년 9월 11일과 잇따른 '대(對)테러전' 이후 미국이 보여준 것처럼 말이다.[21] 뉴욕과 워싱턴에 대한 테러공격 뉴스 보도형태들을 검토한 독립 조사팀들은 『타임Times』과 『뉴스위크Newsweek』의 저널리스트들이 공적 토론을 촉진시킬 뉴스를 제공하기보다는 공중의 지지를 이끌어내려는 정부의 소통 전략과 공모했다고 결론내렸다. 이것은 지난 몇 년간 미국 내 독립적인 저널리즘의 저력과 질에 발생한 우려할 만한 공동화(空洞化)의 실례(實例)였다.

2013년 미국의 전화와 이메일 수발신 기록들이 국가안전보장국NSA의 광범위한 감시를 받아왔음이 드러났고, 반테러작전이라는 위장 하에 이루어지는 탐사보도의 범죄화를 걱정하는 많은 사람들의 반대에 부닥쳤다. 이것은 점차 정부의 내부고발자들에 대한 강력한 기소 방침 및 '진보적인progressive', '주창advocacy', '티파티Tea Party', '점령하라Occupy' 등과 같은 단어들과 관련 있는 자선단체들에 대한 국세청IRS

조사라는 의욕 상실 효과들이 수반되었다.[22] 이것은 건강한 공공영역에 대한 처방전이 아니다. 비록 이집트, 우간다, 중국, 바레인 같은 나라에서 정기적으로 일어나는 노골적인 폭력과 억압 수준들과 비교하면 미국정부의 개입방식이 비교적 약한 것이라 할지라도 말이다.

공공영역에 대한 다른 위협들에는 현금과 돈 있는 이해집단들에 의한 정치의 왜곡, 엄격한 토론을 대체하는 '그럴듯한 말로 얼버무림' 또는 '상호간의 비방전', 멍청이 석학들로 판명되는 과도하게 전문화된 엘리트를 양산하는 교육시스템들, 참신한 발상들에 개방된 접근권을 보장하기보다 기업에 유리한 편향된 지적재산권 해석, 대부분의 사람들이 적극적인 공민권을 누릴 수 있는 시간과 에너지를 축소하고 있는 현대 자본주의의 효과들 — 육아에 대해 아무 도움도 받지 못하면서 하루 12시간 또는 두 개 일터에서 일과를 끝낸 다음 '공공영역에 참여하는 일'은 어렵다 — 등이 포함된다. 압박을 느끼게 될 때 우리들 대부분은 텔레비전 앞에서 '아무 생각 없이 그냥 소파에 파묻히고 싶은' 유혹에 빠지게 된다.

사실 그 공공영역에 활기를 불어넣는 데 필요한 것들은 지속적인 위협에 노출되어 있다 — 역동적이고 많이 아는 시민들, 시민들이 서로 관여할 수 있는 독립적인 네트워크와 결사체들, 그리고 이러한 관여들이 일어날 수 있는 포럼들과 영역들이 다 그러하다. 그 결과 공공영역은 공공정책 딜레마들 — 예컨대 미국에서는 건강보호와 사회보장제도, 또는 국제적 차원에서의 평화적 분쟁해결을 위한 효과적인 체계 수립과 같은 것 — 을 다루는 데 더 이상 효과적으로 기능을 수행할 수 없다. 대신 그러한 딜레마들은 그것들을 해결할 수 없는 정치공동체들 속에 파묻힌 — 또는 동사(凍死)한 — 상태로 남겨지게 된다. 이 상황의 밑바탕에 깔려 있는 문제는 어떤 일반적인 특성을 띠는 유형이다. 그것은 삶의 모든 영역에서 발생하는 '공적인 것public'의 사사화(私事化) 또는 억압이며, 사적인 이익들의 편에서 우리들 모두에게 속한 것, 요컨대 일반에 공개된 훼손되지 않은 공간들, 깨끗한 공기, 유전적 다양성, 인터넷 또는 정치과정들 자체를 약탈해가는 일이 바로 그것의 문제인 것이다.[23]

이런 맥락에서 공공영역의 의사소통 구조들이 이와 흡사한 운명을 맞게 되었다는 점은 조금도 놀라운 일이 아니다. 이는 에이오엘타임워너AOL Time Warner, 디즈니Disney와 베르텔스먼Bertelsmann과 같은 회사들 간의 합병 건들이 소통 체인의 상이한 요소들을 한 소유주의 권위 아래에 놓이게 함에 따른 결과이다. 이런 발전상들은 공공영역이 그것에 관한 이론이 예상하듯이 작동하는 데 절대적으로 중요한 다양성과 권력 분산을 위협할 수도 있다. 정부들이 이런 합병 건들을 규제하고 그것들이 의미하는 바를 모니터하는 것에 소극적인 태도를 보임으로써 이런 상황을 더 나쁘게 만든다. 대부분의 물리적 소통 구조 — 예를 들어 케이블과 텔레비전 전선들 — 가 '통신 선로에 대한 공적인 권리들'에 따라 운영된다 할지라도 말이다. 미국에서 선거들이 계속해서 치러지는 동안 방송사 사주들의 정치헌금을 중단시킬 수 있는 선거유세 재정 개혁 조치들에 관한 보도가 거의 없었던 것은 우연한 일이 아니다. 또한 방송사 사주들에게 수백만 달러의 손해를 입히게 될 입법예고안의 관련 조항들이 텔레커뮤니케이션 산업계의 강력한 로비가 있은 다음에 빠져버렸다. 그뿐 아니라 예고된 무역거래 관련 지적재산권에 관한 글로벌 협정은 다음과 같은 텔레커뮤니케이션과 미디어 로비집단들에 의해 강력히 밀어붙여졌다. 이 집단에는 마이크로소프트사와 에이오엘타임워너사는 물론 미국모션픽쳐연맹, 미국에 주재하고 있는 국제지적재산권연맹 등이 포함되어 있다. 미국 의회는 1970년대 초 이후 벌써 열한 차례나 저작권 조건들을 확장시켰다. 이와 유사한 논조로 레씨그Larry Lessig는 구글, 마이크로소프트와 다른 거대 기업들의 인터넷 코드 및 구조화 방식이 점점 더 상품화되고 사적으로 소유됨에 따라, 사회혁신의 원천이자 새로운 '가상의' 시민행동 형태들에 대한 지지의 원천으로서 인터넷의 잠재성을 파괴할 것이라고 주장한다.[24]

점점 더 공영미디어와 민영 미디어 양자에 거의 같은 방식으로 영향을 미치고 있는 다른 문제들도 존재한다 ― 예를 들면, 일반적으로 내용의 '**저질화**dumbing down', 보통 시민들의 삶에 영향을 주는 이슈들을 탐구하려는 헌신성보다는 유명인사들 섭외에 대한 유혹, 지나칠 정도로 공격석인 인터뷰 기교들 능은 하버마스가 제시한 합리적 담론들과는 엄청난 거리가 있다. 요컨대 "당신의 반대자를 논쟁으로 제압하려고 하지 말고 그냥 겁을 줘서 침묵시키라"는 전략인 셈이다. 이러한 문제들은 모두 중요하다. 그러나 이보다 훨씬 더 중요한 것은 민주적인 공공영역의 토대 자체에 위협이 되는 불평등의 만연된 요인들일 것이다. 그 이론이 뭐라고 결론을 내리든, 담론정치의 현실은, 발언권과 접근권 그리고 다른 것보다 정통성이 있다고 간주되는 특정의 것들의 지배가 계속되는 집요한 불평등이 반영된 것이다. 이런 담론정치의 현실에서는 의견들이 서로 다르지만 동등한 행위자들 간의 합리적 논쟁을 통해서가 아니라 적나라한 권력에 의해 정당화된다. 이는 한 집단이 공익에 대한 특수한 해석을 다른 모든 집단들에게 부과하는 결과이기 때문에 하버마

---

* **저질화**(dumbing down) ― 이것은 대중의 소비욕구를 자극하기 위해 흥미 위주의 내용을 편성하여 프로그램 질을 떨어뜨리는 현상임.

스 이론의 핵심 항목을 제거하는 것이다. 모든 공공영역들이 불평등으로 인해 균열되어 있다는 사실은 왜 어떤 단독의 통합된 공공영역이나 공익에 대한 결정이 상상하기 어려운지, 또 왜 그것이 본질상 그것 자체로 비민주적일 수 있는지를 설명하는 또 다른 이유가 된다. 그럼에도 사회적·경제적 현실들이 공공영역의 작동방식들을 방해한다면, 최소한 공적 참여가 민주적인 방식으로 작동할 수 있는 기회를 가지도록 '그 운동장을 편평하게 만들기 위해서는' 어떤 행위들을 해야만 하는 것일까?

특정의 영역들에서 그렇게 하는 경향에도 불구하고, 하나의 공중을 구성하려면 사적인 이익들이나 정체성들을 무시해서는 안 된다 (그렇게 하는 것은 케이크를 먼저 굽고 그 위에 생크림을 얹는 올바른 순서를 뒤바꾸는 것과 비슷한 본말전도에 해당될 것이다.) 사적인 이익들 (본질상 그것들 자체로서도 지극히 정당한 것일 수 있다)은 인정되어야만 하고, 참여와 토론을 경유하여 시스템적으로 촉진되어야 한다. 역사적으로 고립되고 주변화되어온 집단들 — 예컨대 미국 내 아프리카계 미국인들, 동부 유럽에 퍼져 있는 로마공동체들, 또는 글로벌 공공영역 내에 있는 아프리카로부터 이주해온 풀뿌리 집단들 — 도 동등한 조건으로 공공영역에 입성하기를 기대할 수는 없을 것이다. 튼튼한 공적 참여의 교량들은 공동체들 역량과 자신감의 강한 결속들, 특히 과거에 종속적이었던 공동체들의 결속에 기반을 두고 있다. 영국의 '시민조직화재단Citizen Organizing Foundation'은 "우리에게 중요한 것은 합의가 아니며, 조화는 더더욱 아니고, 현재 진행 중인 논쟁, 결의, 변화의 역학에서 각자가 차지하는 몫이다"라고 역설한다.[25] 지금까지 살펴본 모든 이유들에도 불구하고 합의는 중요하다. 그러나 단지 엘리트 간에 이루어진 동의가 아닌 진짜 합의여야 한다. 어떤 생동감 있는 공공영역을 염원하면서 사람들을 몰아넣기도 한고 몰아내기도 하는 정치적 갈등을 피할 수는 없을 것이다. 최선의 합의는 의견차에서 나오는 것이지, 결코 사회변혁에 대한 자유주의적 환상들을 부추기는 공손한 대화의 장밋빛 희망으로부터 나오지 않는다는 점을 기억해두자.

이 모든 것은 **논쟁**contention을 의미한다. 현대정치에서 이른바 무례함uncivility이란 것은 공민적으로 그리고 정치적으로 개입하는 이슈 지지집단의 쌍태(雙胎)적 출현방식에서 비롯된다. 이들은 더 이상 무시당할 수 없을 만큼 충분한 정치적 영향력을 동원했던 사람들 집단이거나, 또는 그들이 주변적인 위치에서 부상하지 않았었다면 좋았겠다고 후회하는 사람들 사이에서 계속되는 대항적 동원counter-mobilization집단이다.[26] 가령 '무례함'이라는 것이 내가 설명한 그대로라면, 그것을 수용하는 일은 시민사회의 어떤 역설적 조건이 될 듯하다. 그러나 논쟁력은 물질적으로 힘이 약한 사람들의 영향력을 증대시킬 것으로 기대되기 때문에, 심지어 이러한 불평등의 제거과정이 느리게 진척될 경우라도 각별한 의미가 있다 (요컨대 이것은 영국 외교부의 은어적 표현을 사용하자면, '언어구사를 통해 자신이 가진 것 이상의 능력을 발휘하는 기술'에 해당된다). 공적인 참여가 통합될 수 있는 더 많은 공간들 — 물리적인 공간과 가상적인 공간들 — 을 제공하는 일도 역시 결정적으로 중요하다. 현재 미국에서는 상이한 종족 집단들, 종교 집단들, 소득이 다른 집단들이 서로 정기적으로 만날 수 있는 장소들이 거의 없으며, 많은 공민적 결사체들은 지금까지 다양성에 대한 핵심 이슈들을 제기하는 일을 하지 못했다. 이것은 사람들이 참여를 꺼리기 때문이 아니라 자기 집단 외부와 공적인 방식으로 연결하는 기회들이 줄어들었기 때문이다. 공적 토론에 참여하는 사람들은 필히 자신이 관여함으로부터 특정한 단기적 이득을 볼 수 있어야 하므로 정치시스템의 개혁(로비스트의 권한 제한과 같은 것)을 요구한다. 그 결과 투표는 물론 공공영역에 참여하는 일을 통해 정치에 영향력을 행사할 수 있는 진정한 기회가 존재하게 되는 것이다.

공공영역을 강화시키는 새로운 기회들

이 우울한 이야기에는 다른 측면도 존재한다. 그것은 최근 시민사회 토론에서 다른 모든 것을 거의 다 통틀어 가장 주목을 받아온 '디지털 시대'라는 화두다. 이 시대는 정보통신기술들(또는 ICTs)이 상이한 소셜미디어 유형들을 매개로 공민적 상호작용을 진작시킨다. 이러한 발전상이 시민사회 행동의 풍경을 변화시켰고 미래에도 계속 그럴 것이다. 그럼에도 이러한 변화들이 갖는 장기적 함의들에 관해 찬미론자들과 회의론자들 사이에 열띤 토론이 벌어졌다.

　특정 사항들은 논쟁에서 빠졌다. 새로운 기술들이 정보교환 및 반응의 비용을 낮추며, 속도, 용이성, 전달범위를 증대할 것이며, 사람들이 인터넷에 접근할 수만 있다면 지식, 의견 및 발상들을 이전에 결코 경험한 적이 없었던 수준으로 확보하게 할 것이다. 셔키Clay Shirky, 카스텔즈Manuel Castells와 구글회장인 슈미트Eric Schmidt와 같은 저자들은 이것을 모든 사람과 모든 것을 바꾸게 될 어떤 혁명적인 진전이라고 본다 — 우리가 시민사회와 정치공간에서 우리 스스로를 조직하는 방식들에서부터 우리 자신의 권력과 정체성에 대한 새로운 감각, 심지어 **스티븐 존슨**Steven Johnson이 신봉되어야만 한다면 하나의 '완전한 미래

Future Perfect'에 이르기까지 다 여기 포함된다.[27] 이런 입장들은 그들의 주요 비평가인 모로조프Evgeny Morozov가 이름붙인 대로 '사이버유토피아니즘'과 '인터넷중심주의'라는 양자의 감각을 담지하고 있다.[28] 전자가 소셜미디어에 '고유한' 민주화 효과들에 초점을 맞춘 표현이라면, 후자는 그것들이 가져오게 될 것으로 생각되는 근본적인 문화적 전환들을 강조한다. 이러한 전환으로는 위계질서와 중앙집중적 지도부와 지도자들이 부재하는 훨씬 편평해진 네트워크 단체들, 그리고 결정 수립을 해야 할 때나 행동 돌입을 위한 지식이 집성될 필요가 있을 때 이른바 '전문가들'보다 '무리들'의 우월성 등이 포함된다.

그들의 낙관주의를 지지하기 위해 사이버-찬미론자들은 최근의 시민사회 활동들로부터 기나란 사례 목록을 세시한다. 예컨대, 아바스Avaaz와 더룰즈The Rules 같은 국제운동네트워크의 치솟는 영향력, '아랍의 봄' 기간 내내 국내에서 시위대들을 조직했던 성공사례들, 조지아, 우크라이나 등지에서 발생한 **색동 혁명들**color revolutions, 2012년 신속하게 나타나고 확산된 '점령하라Occupy' 집단캠프들과 스페인의 '성난 사람들indignados' 운동, 케냐에서 우샤이디Ushaidi가 주도한 휴대전화를 이용한 선거감시 운동, 쿠웨이트에서 여성들이 2000년대 후반에 여성의

---

* 스티븐 존슨(Steven Johnson) - 『뉴스위크』가 선정한 '인터넷상에서 가장 중요한 인물 50인'에 선정된 과학저술 작가로서 *Emergence*, *Wonderland*, *Future Perfect* 등 10여권의 저자이다. 그에 대한 보다 자세한 정보는 https://stevenberlinjohnson.com 참조.
* 색동 혁명들(color revolutions) - 이 용어는 2000년대 구소련 지역과 발칸반도, 중동 등지에서 일어난 민주화 운동을 가리킨다. 1986년 필리핀의 반독재 민주화 운동을 상징한 '노랑혁명'을 필두로, 2003년 조지아의 '장미혁명', 2004년 우크라이나의 '오렌지혁명', 2005년 쿠웨이트의 '파랑혁명'과 레바논의 '갈색혁명' 등이 여기 포함되는 사례이다.

권리 부여하는 입법안에 찬성 투표하도록 국회의원들에게 문자메시지를 보낸 압박 활동, 그리고 NGO들과 재단들 같은 거대한 중간지원조직을 거치지 않은 풀뿌리 모금방식의 폭발이나 공민적 집단들과 선거캠페인들이 이메일 소구(所求)와 웹사이트를 이용하여 수백만 명의 소액기부자들을 모은 '시민기금crowd-funding' 방식 등의 민주주의(특히 정치적 책무성) 운영방식의 선진화 사례들이 그 목록에 포함된다.

이러한 사례들의 공통주제는, 관료적이고 수직적인 비영리조직들, 정당들, 신문사들, 노동조합들, 기타 과거에 속한 모델 유형들이 필요치 않은 수평적 조직화와 의사소통의 가치이다. 그런 과거에 속한 모델들은 점점 더 보다 개방적이고 유동적이며 역동적인 공민적 상호작용 모델로 대체되어갈 것이고, 그 결과 더 많은 관여와 토론의 기회들을 생성할 것이며 그 과정을 통해 시민사회를 강화시킬 것이다. 그러면 결사적 삶이라는 기본구조와 건강한 공공영역은 둘 다 놀라운 수준으로 개선될 것이며, 지난 수백 년간 뒤로 물러나게 해 온 제약사항들로부터 해방될 것이다. 이 찬미론자들이 상상한 바로서 디지털 시대가 약속하는 미래에는 모든 사람이 연결되며 모든 사람이 참여한다. 이것은 의심할 나위 없이 매력적인 제안이다. 그런데 이것은 사실일까? 회의론자들에 따르면, 그렇지 않다. 그들은 디지털 시대의 시민사회가 기회는 물론 위험도 담지하고 있다고 생각한다.

이 회의론 캠프에 속한 모로조프, 터클Sherry Turkle, 라니어Jaron Lanier와 그 밖의 다른 사상가들도 소셜미디어가 공민적 상호작용에 중요하다는 점에 이의를 제기하지 않는다. 또한 보다 자유롭고 신속하게 생각과 정보를 교환하는 것의 혜택들도 부인하지 않는다.[29] 그럼에도 그들은 그러한 발전상들의 효과들이 명백히 긍정적이라는 주장을 반박하며, 나아가 기술보다는 정치와 인간 행위자들이 미래 형성에 더 큰 영향력을 발휘할 것이라는 입장에서 그것들이 불가피한 성격이라는 관념을 거부한다. 또한 이 사상가들은 소셜미디어의 강점들을 잠재적 약점으로 본다. 왜냐하면 누가 그것들을 사용하며 어떻게 사용하는가에 따라, 그리고 그것들이 면대면 참여방식 및 보다 전통적인 시민사회 행동 양식들과 보완적인지 아닌지에 따라 전혀 다른 결과가 나타날 수 있기 때문이다.

예를 들어, 가상적 상호작용의 속도 및 마찰 없는 화질이 항상 유익하다거나 아주 쉽다거나 한 것만이 아닐지도 모른다. 그것은 '클릭티비즘clictivism(온라인 행동주의)', '슬랙티비즘slacktivism'과 피상성이라는 비난들을 낳게 될 수 있기 때문이다. 당신이 트위터에서 나를 '팔로우' 할 수 있을지도 모른다. 그러나 공민권 투쟁기간에 어른과 아이들이 감옥행까지 감수했던 것처럼 나를 감옥까지 '팔로우' 하겠는가? 상이한 참여 형식들은 분명히 상이한 책임들을 암시하며 그것들의 사용자들에게 상이한 효과들을 가질 듯하다. 이것은 소셜미디어에 너무 많은 시간을 쓰는 것이 우리가 실시간적으로 사람들과 연결할 수 있는 능력을 축소할 것이라고 우려하는 사람들이 제시한 논점이다. 실제로는 구조, 위계질서, 경제성장 둔화에 의해 부과된 마찰이 공공영역의 재활성화에 극히 유용할지도 모른다. 정보를 유통하고, 지식의 타당성을 검증하며, 배제된 목소리들을 대화의 장으로 불러들이거나 아니면 단지 어떤 민주적인 결정을 하기 위해서 여과장치들이 필요해진 곳에서는 말이다

---

* **슬랙티비즘(slacktivism)** - 온라인상에서 최소한의 시간과 노력을 들여 참여하는 일명 게으른 행동주의를 지칭함.

― 어떤 사회운동에 참여했던 사람이라면 누구라도 좌절감을 경험했을 것이다. 벌써 검색엔진들과 다른 정보통신기술의 명백한 용이성이 심층 연구작업 수행, 사실 확인과 실제적인 대화 참여에 대한 유인책들을 붕괴시킬지도 모른다는 우려들이 제기되고 있다. 카르Nicholas Carr는 "나는 한 때 말의 바다에서 노는 스쿠버 다이버였지요. … 그런데 이제는 제트스키에 올라 탄 친구처럼 표면을 훑고 다닌답니다"[30)]라고 적고 있다. 이 진술은 이제 짧은 관심의 시대에는 오직 단문으로 된 주장들만이 허용된다고 믿는 사람들의 걱정을 요약해주고 있다 ― 트위터의 경우에 쓸 수 있는 글자는 140자 또는 그 이하로 줄어들었다.

몇몇 디지털 찬미론자들은 비록 그들이 면대면 참여방식은 소셜미디어보다 재미가 없기 때문에 그것을 탐구하는 데 별다른 흥미를 느끼지 못한다고 할지라도 그것의 중요성이 지속될 것이라는 점만큼은 인정한다. 어떠한 공동체 활동가라도 증언해줄 수 있겠지만, 사람들, 특히 상이한 배경을 가지고 있고 의견의 차이가 있는 사람들을 한데 모으는 일의 어려움이 매우 크다는 사실을 감안하면 그들이 면대면 참여방식을 재미없어 하는 것이 이해가 간다. 그러나 그러한 직접적인 상호작용들은 공공영역의 특징인 토론, 심의, 합의구축 등에 결정적으로 중요하다. 우리가 물리적인 방식으로 서로 대면하기로 동의한 경우에만 우리 자신의 견해들과 바로 우리 면전에 서 있는 그들의 인격을 재평가하도록 강제되는 것이다. 그렇지 안다면 그 대화로부터 슬쩍 빠져나가는 것이 너무 쉬워진다. 이것이 왜 그 어떠한 성공적인 사회운동들이 (사회적 네트워크들과 대조적으로) 인터넷상에서 생겨나지 않는 이유가 될 듯하다. 비록 현재 모든 사회운동들이, 마치 과거의 사회운동들이 당대에 가용했던 통신수단들을 사용했었던 것처럼, 정보통신기술을 이용하여 조직하고 메시지를 전달하고는 있을지라도 말이다. 그것이 가장 결정적인 점이다. 반대 주장들이 있기는 하지만 '아랍의 봄'과 다른 시위 에피소드들은 트위터, 페이스북, 휴대전화들 때문에 발생한 것이 아니라, 자신의 느낌을 현실의 면대면 만남을 통해 자신들의 생각에 반대한 사람들에게 알리고 싶었고 그럴 용기를 가졌던 사람들에 의해 조직되었다. 그러나 소셜미디어가 그러한 상호작용들을 촉진시키는 유용한 도구가 된 것은 분명한 사실이다. 그렇기는 하지만, 시위가 정점이 있을 때 카이로의 타히르 광장에서 이루어진 활동가들 간 의사소통의 93퍼센트는 면대면 방식으로 이루어졌다는 연구결과가 있다. 다른 분리된 표본은 단지 13퍼센트만이 트위터상으로 이루어졌다고 밝혔다.[31]

이에 덧붙여, 소셜미디어가 상이한 집단들 가로지르는 인맥들을 만들어낼 수 있다는 생각은 대부분의 디지털 참여의 현실에는 반영되어 있지 못하다. 디지털 참여는 우리가 다른 보다 전통적인 의사소통 구조들에서 찾아볼 수 있는 균열들 및 특수사항들을 반영하는 **볼카니제이션**Balkanization을 일정 정도 반영하고 있다. 미국의 무브온MoveOn.org이 좋은 사례이다 — 이 집단은 민주당 내 지지자들을 조직하는 데 매우 효과적이지만 다른 정당 지지세력들을 토론장으로 끌어내는 데는 전적으로 무력하다. 그래서 적어도 당신이 동의하지 않는 사람들과는 '온라인상으로 묶여있지만 연결되지 않은' 상태로 있는 게 가능하다는 것이다. 그래서 웹상에는 "당신이 인터넷상에서 일반적인 공동선에 대한 신념을 가진 집단을 찾기는 하늘의 별 따기 만큼이나 어렵다"라는 말이 나돈다. 웹상에서 자신과 비슷한 생각을 가진 집단들에 열정적으

---

* **볼카니제이션(Balkanization)** - 여러 개의 작은 덩어리로 분열되는 현상.

로 참여하는 일은, 시민들의 의견들이 갈리는 사회들 내의 또는 사회들을 망라하는 사회적·경제적 문제들에 관한 합의 생성이 가능한 공공영역들의 발전으로 아직까지 전환되지 않았다.

끝으로, 인터넷이 자유롭고 개방된 공간이 아니라는 점을 기억하는 것이 중요하다. 이 장의 앞부분에서 얘기했듯, 인터넷 접근권은 모든 전자 소통을 매개하는, 즉 우리의 데이터가 저장되어 있고 조종되며 통제되는 서버들 및 다른 시스템을 소유하고 통제하는 민간기업들에 의해 좌지우지된다. 자신들이 추구할 상업적 어젠다들을 가지고 있는 소수의 사적인 이익주체들이 소유하는 공공영역이라면 그것은 결코 디지털 찬미론자들이 축하하고 싶은 그런 해방적인 성격의 장치가 될 수가 없다. 만약 그 어떤 조건도 없어지지 않는 경우라면, 이제 제일 중요한 일은 소셜미디어가 좋으냐 나쁘냐를 따질 것이 아니라 장차 그것들을 어떻게 가장 잘 이용하느냐를 질문하는 것이다. 이 질문은 우리를 디지털 찬미론자들과 회의론자들 사이에서 벌어지는 진부한 논쟁들로부터 풀어줄 것이며, 대신 상이한 공민적 상호작용의 형태들이 어떻게 성공적으로 결합될 수 있는지에 관한 주장으로 다시 초점을 조정할 것이다.[32] 그럼 이 질문 관련 증거가 우리에게 말해주는 바는 무엇인가? 현실의 그리고 가상의 대화, 조직방식, 토론 등은 서로 보완적인가 아니면 서로서로 다른 것을 대체하는가?

불행히도 이 질문에 관해 지금까지 진행된 소량의 연구는 유보적이지만 그렇다고 해서 실망스러운 것도 아니다. 2011년 퓨리서치센터 Pew Research Center가 펴낸 "인터넷과 미국인의 삶 프로젝트" 연구결과는 미국 내 젊은이들의 소셜미디어 사용과, 자발단체의 멤버십, 자원봉사, 그리고 '차이가 있는 견해들'의 원천들과 (조금 덜) 연결하는 일과 같은 다른 공민적 참여 형태들 사이에 작지만 긍정적인 상관관계가 있음을 암시한다.[33] 이 결론은 적어도 세 가지 다른 연구들에 의해 확인되었다. 비록 그 연구들에 사용된 표본의 크기가 (2,000에서 3,000명의 응답자들로) 작았고, 또한 그들이 다소 신뢰가 떨어지는 방법론 — 즉 어떤 평가 차원을 구비한 섬세한 사례연구 방법 대신에 자가-기술방식과 전화를 사용한 여론조사 방법 — 을 사용했지만 말이다.[34]

그럼에도 많은 시민사회 집단들과 네트워크들은 이미 지상에서의 진척을 증명하고 있다. 2012년 인도에서는 50만 명의 사람들이 부패청산을 위해 아바즈Abaaz.org 웹사이트에서 온라인 청원서에 서명을 하였다. 이 서명운동은 언론과 시민사회의 압력이나 정치를 통해 조직되었든 그렇지 않든, 보다 전통적인 지상의 전략들을 통해 사법적 틀의 개혁을 성공적으로 로비했던 집단들과 연결되었다.[35] '월마트에서 변화 만들기Making Change Warmart'는 페이스북에서 월마트의 전직 직원이나 현직 직원을 확인해주고 그들의 권리와 그 캠페인의 정보를 제공하는 어플리케이션을 개발하였다. 그리고 '350.org'는 기후변화에 관한 온라인 정보은행과 전국 차원에서 **맥키벤**Bill McKibben의 타운홀 스타일 미팅들을 결합시키고 있다.

이러한 경험들로부터 배울 수 있는 교훈은 온라인 및 오프라인 행동과 커뮤니케이션이, 매우 작은 수의 현장 참가자밖에 없었던 〈Kony 2012〉이라는 **바이러스성 비디오**와 같은 사례와 달리 동일한 온-오프

---

* **맥키벤**(Bill McKibben) - 350.org의 창설자이자 기후변화 저술가 및 환경운동가.
* **바이러스성 비디오** - 우간다의 반군 조직의 사령관인 조셉 코니가 아동을 군인으로 삼거나 성노예로 파는 것을 고발하기 위해 '인비지블 칠드런(Invisible Children)'이라는 비영리단체가 제작한 30분짜리 동영상.

참여율을 보여주었다. 이에 덧붙여, 집단들이 가상의 공공영역의 민영화와 상업화를 막으려면 그들이 활용하는 소통 기반시설을 가능한 한 민주적이거나 집합적인 소유 및 통제 하에 보전하도록 노력해야만 한다. 여기서 오픈소스 소프트웨어가 중요하다. 하지만 '**지식공유제** knowledge commons' 역시도 우리의 상업미디어가 소유한 물리적 기반시설에 대한 의존성을 줄이라고 요구한다.[36)] 미래의 공공영역들은 여러 상이한 요소들로 이루어진 (일반적으로 시민사회들과 같은) 생태시스템들일 것이다 ― 실재적이고 가상적인, 그리고 이 둘 중간에 위치하는 많은 결합형태들이 존재하게 될 것이다.

결론

이러한 위협과 기회들의 장기적인 함의들은 분명치 않으며, 그것들은 계속 논쟁적일 것이다. 그러나 공공영역들이, 가장 넓은 의미에서 소통이 사유화되고 분할되는 경우에 공익을 보호하는 데 효과적으로 작동할 수 없을 것이라는 점은 확실하다. 주장 및 발상을 내놓는 사람들에게 자율성과 연결성 양자를 제공함으로써 이성을 지지하는 사회제도들은 보호되어야만 한다. 이것은 결코 한가한 발상이 아니다. 다양성의 공간을 보호하는 한편으로 공동 규칙들 및 기준들을 협상하는 것이 어쩌면 21세기에 인류가 직면한 가장 중요한 문제일 수도 있기 때문이

---

* **지식공유제(knowledge commons)** - 이것은 특정 인터넷 커뮤니티에 속한 구성원들이 정보, 데이터, 콘텐츠를 집합적으로 소유하고 관리하는 시스템을 말한다.

다. 이 문제를 풀지 않고 넘어간다면 더 큰 갈등은 불가피할 것이다.

그 공공영역 이론이 시민사회, 그리고 그것이 민주주의 및 차이와 맺는 관계에 관해 많은 것을 설명한다 할지라도, 그것은 (발언권의 불평등과 같은) 그것의 효과성을 결정하는 구조적 요인들을 어떻게 다루어야 하는지, 심의가 어떻게 정치적 결정수립으로 전환되는지, 또는 어떻게 상이한 결사적 삶과 소통의 형태들을 통해 공적 참여에 활기를 불어넣을 수 있는지를 설명하지는 못한다. 2장과 3장에서 검토한 다른 모델들처럼 이 '공공영역' 모델도 하나의 사상으로서 시민사회나 어떤 사회변동의 수단으로서 시민사회가 직면하고 있는 도전들에 관한 설명으로서는 여전히 불완전한 것으로 보인다. 만약 그것이 사실이라면, 그 시민사회 수수께끼를 풀기 위해서 우리가 해야 할 남은 선택사항은 무엇일까?

CHAPTER 5

종합: 시민사회라는 수수께끼 풀기

이쯤에서 시민사회의 모델 중 한 가지를 선택하고 논의를 마치는 것이 관례적인 수준일 것이다. 예컨대 시민사회부활론자들의 닳아빠진 루트를 택하는 방법이나 또는 '덜 닦인 길'을 따라 터벅터벅 걸어가면서 왼쪽으로 몇 번 회전하여 '**비판이론**'의 외곽지대에서 여정을 마치거나, 그도 아니면 국가, 시장, 그리고 시민사회-건설을 결합하는 방식들을 탐색하여 공동으로 사회문제들을 공략하는 방안을 선택할 수도 있을 것이다. 좋은 소식은 시민사회 논의를, 한 이

---

* **비판이론**(Critical Theory) – 독일 프랑크푸르트학파의 맑스주의를 배경에 깐 자본주의 비판 논조의 이론으로 하버마스는 이 학파의 2세대 학자로 분류됨.

론이 다른 이론의 배제를 전제로 선택되는 방식의 제로섬 게임으로 다룰 이유는 아무 것도 없다는 것이다. 그리고 우리가 2장, 3장, 4장에서 검토한 세 개 사상학파 모두의 요소들을 통합시키는 전체론적인 접근법을 채택할 이유는 충분하다. 한 이론세트의 약점들이 다른 세트들의 저력과 공헌점들에 의해 균형을 이룰 때 시민사회는 하나의 사상으로서 그리고 사회변혁을 위한 수단으로서 탄력을 받게 될 것이다. 이것은 우리가 추상적 차원에서 어떤 이론이 맞는 것인지를 염려하기보다는 보다 효과적인 행위로 인도되는 통찰들에 초점을 맞출 수 있게 해주는 주장 노선이다. 현실적으로 이 세 가지 전망들 각각이 제공할 수 있는 것들은 많다.

 좋은 사회에 대한 비전들은 우리의 '시선을 좋은 사회'라는 포상에 고정시키도록 돕는다. 빈곤 해소, 비차별, 민주주의의 재활성화라는 규범적 목표들은 3장에서 지적했듯이 상이한 많은 기관들을 총망라하여 조율된 행위를 요구한다. 수단과 목적에 대한 분명한 입장은 하나의 목표 자체로서 다른 기관들보다 특정 기관을 활성화시키는 경향 — 예컨대 국가보다 자발결사체 또는 국가와 자발결사체보다 시장을 장려하는 경향 — 을 경계하는 데 도움이 된다. 그러나 좋은 사회의 비전은 그러한 목표들이 어떻게 달성될 수 있을지에 대해 거의 아무것도 알려주지 않는다. 하지만 좋은 사회의 비전에서 결사적 삶은 현재 대부분의 사회체제 속에 존재하는 하나의 — 비록 완전하지는 않을지라도 — 중요한 설명적 요인으로 보인다. 2장에서 살펴본 것처럼 시민사회에 대한 구조적 정의들은 (시민사회로 하여금) 변화를 위한 효과적인 수단으로서 기능하도록 만들기 위해 고정시킬 필요가 있는 결사적 생태시스템들의 간극 및 약점들을 강조하는 데 유용하다. 애초 시민사회에 대한 관심을 불러일으킨 것은 국가주도의, 그리고 시장에 의해 추동된 이념들에 대한 불만이었음을 기억해야 한다. 그러나 2장과 3장은 좋은 사회의 수단 및 목적과 관련하여 경쟁적 견해들을 생성시키는 결사적 삶의 차이들과 특수성들도 강조했다. 우리의 세 번째 이론 세트 — 공공영역으로서 시민사회 — 가 없다면 이러한 견해들을 정의롭고 민주적인 방식으로 조화시키며 앞으로 나아가는 최선의 길에 관해 모종의 정치적 합의를 확보할 수 있는 방법을 모색하는 것은 요원할 것이다. 공공영역들은 시민들이 자신들의 차이들을 파악하고 적어도 그들이 함께 지지하는 이익들에 대해 어떤 기능적 인식에 도달함으로써 그 이익들이 사회적·경제적 삶의 측면들을 다스리는 규범들, 규칙들, 정책들로 전환될 수 있도록 만든다. 하나의 건강한 결사적 생태시스템은 공공영역에 결정석이나. 통상적으로 시민들은 자발적 조직들과 미디어를 통해 대화를 진행시키기 때문이다.

각각의 이론 세트는 다른 이론 세트들과 관련되어 있지만, 불행히도 그 관련방식이 보편적이거나 쉽게 예측할 수 있는 것은 아니다. 비록 몇몇 이론가들이 결사적 삶, 실정적 사회규범들, 구체적인 사회목표들의 달성 사이에 어떤 직접적인 전이과정을 가정한다 할지라도, 그들의 결론을 지원하는 증거 자료는 상당히 혼란스럽다 — 예컨대 각 일반화의 경우마다 적어도 열 건 정도의 예외상황을 보유하며 그것에서 배운 교훈은 다시 최소한 열 개의 보완 조건들을 가지고 있다는 것이다. 결사적 삶과 공공영역은 좋은 사회에 대해 종속 변수로 작용하는가 아니면 독립변수로 작용하는가? 또는 그것들이 상황에 따라 양 변수 모두로 작용하는가? 이 결사적 삶과 공공영역은 시민사회 모델들의 요인으로서 변형될 수 있는 '것들'일까, 아니면 역사의 흐름 속에서 작동하는 정치, 경제, 문화, 사회구조와 국가 건설 사이의 상호작용에 따른 부산물일까? 연구조사의 규모가 지방 수준에서 글로벌 수준으로 확대되면, 확실히 매개 변수들의 숫자와 범위도 늘어나게 되며 이러한 문제들을 더욱 복잡하게 만든다. 그렇다면 이 세 가지 모델의 결합방식이 시민사회 수수께끼에 투사하게 될 새로운 빛의 실체는 무엇인가?

결사적 삶, 공공영역 그리고 좋은 사회

일반적으로 말해서 많은 연구들이 민주적인 공고화는 강한 결사적 생태시스템들과 독립적인 공공영역들이 없다면 성취하기 어렵다는 사실을 확인해준다. 결사체들은 정치참여를 조직하고 시민이 국가에게 책임을 물을 수 있는 채널들 또는 매개구조들을 제공하며, 그들이 주도하여 구성하는 공공영역들은 공민적 행위가 연결되고 그 수준이 향상될 수 있는 공간들을 제공하기 때문이다. 워런Mark Warren은 이러한 '민주적 효과들'을 세 개의 범주들로 나눈다. 첫째 범주는 민주적 개입의 공간인 공공영역들을 지지하는 효과이고, 둘째로 민주적 참여와 심의에 요구되는 시민들의 역량을 제고시키는 효과, 셋째 범주는 대의(代議), 정당화, 저항을 통해 민주주의 제도들을 보증하는 효과이다.[1] 전 세계적으로 권위주의 정권을 전복시키는 데 민중운동들이 미친 영향력은 비록 결사적 삶과 공공영역이 비교적 약했던 곳에서조차도 이러한 효과들이 있음을 증명한다. 민주주의가 좋은 사회와 규칙적으로 결부되는 다른 목표들 — 예컨대 빈곤감축 성장이나 사회적 포용 같은 것들 — 을 제공하는지 여부는 그다지 분명하지 않다. 여러 나라에서 민주화의 단기적인 사회적·경제적 혜택들은 실망스러운 것이었다. 그런 곳들에서는 '재화들을 제공하는 일'에 낭패가 생겨 환멸감과 원상복귀로 이어졌지만, 장기적인 안목에서 볼 때 민주주의는 이 영역에서의 진보가 요구하는 사회계약들 및 정치연합들을 공고화하는 데 있어 훨씬 더 나은 체제였다.[2] 적어도 이와 정반대의 경우가 사실이라는 증거는 아무 것도 존재하지 않는다 — 요컨대 개발 성공에 요구되는 경제적 변혁들이 권위주의적 지배체제를 필요로 한다는 증거는 존재하지 않는다는 것이다. 특정한 나라들이 민주주의로 이행하는 과정에서 권위주의 정권들을 경험했을지라도 말이다 (이 대목에서 한국, 중국, 대만의 경우를 보츠와나, 홍콩, 모리셔스와 비교해보라. 여기서 에드워즈가 비교해보라고 말한 의도는, 전자의 경우에는 권위주의 정권이 긍정적으로 기여한 경우이며, 후자의 사례는 그 반대의 경우로서 권위주의 지배체제의 이중적인 작동방식을 제시함으로써 그것의 긍정적인 일반화를 경계하려는 것이다 - 역자 주). '사회적 자본 social capital' — 비록 이 주제가 결사적 삶과 긴밀한 관계성을 보유한다 하더라도 동일한 것은 아니다 — 에 관한 최근의 연구는 사회적 네트워크들의 힘, 확산성, 연결성 등이 경제적 맥락에서도 중요한 영향력을 가지고 있음을 확인해준다. 세계은행이 인도네시아에서 진행한 연구는 지역 결사체들의 멤버십이 교육보다 가정 복지에 더 큰 영향력이 있었다. 특히 그들이 멤버십이 사회적으로 이질적이고 다른 집단들과의 **중첩적 멤버십**일 경우에 그러했

---

* **중첩적 멤버십(overlapping membership)** – 대개 시민들은 여러 단체나 결사체에 중첩적으로 가입하는 현상을 말한다. 예를 들면, 한 사람이 동시에 향우회, 동창회, 스포츠클럽, 독서토론회, 자선단체, 사친회, 정당 등의 회원이 될 수 있다는 것이며 이런 중첩적인 가입방식은 결사체 간의 네트워킹과 연대성을 강화하는 요소로 작용한다.

다. 이러한 긍정적인 효과들이 국가 차원에서도 사실로 나타난다는 몇몇 증거가 있다. 비록 이 증거가 논쟁적인 성격이기는 하지만 말이다.[3]

그러나 세 개 사상학파들이 특별한 영향력을 가지고 있기 때문에 이러한 관계들과 관련된 전환 기제들에 대해서는 상당히 차이가 나는 설명방식들이 존재한다. 우선 '공민문화학파 civic culture school'는 일반적으로 결사적 삶을, 좋은 사회 건설의 기초가 되는 실정적 사회규범들의 공고화를 배후에서 추동하는 힘으로 본다. 다음으로 '비교결사학파 comparative associational school'는 좋은 사회에 그것의 공식적인 양태를 부여하는 결사적 삶의 특수한 배열형태들을 공공정책 개혁 확보의 열쇠로 본다. 끝으로 '회의학파 school of skeptics'는 이 두 학파 공식들에 함축된 '형식과 규범' 사이의 연결고리들을 반박하며, 상이한 결사적 생태시스템들과 그것들의 맥락 사이에 보다 많은 복합적인 상호작용들이 이루어지는 것을 선호한다. 공공영역 이론은 이러한 사상학파들 각각이 실제로 뽐내는 장기들을 담는 '그릇'을 제공한다.

공민문화학파

이 첫 번째 사상학파의 주장들은 이미 2장에서 간략히 고찰한 바 있다. 그들의 추론 노선에 의하면 '공민적 개입 civic engagement' 또는 '공민문화' — 결사적 삶과 자발적 상호작용의 합성물 — 는 (받은 은혜는 갚아야 한다는 기대치를 창출함으로써) 일반화된 상호성이라는 견고한 규범들, (집단들과 개인들에 의해 검증되고 확증됨에 따라) 신뢰가 진전되는 소통 채널들, (규모가 더 큰 세팅에서도 사용할 수 있는) 공조 양태들을 보여주는 모형판들, 그리고 기회주의적으로 (즉 공민적 개입의 네트워크들의 외부에서) 행동할 때 처하게 될 위험들에 대해 (자각시킴으로써 협조적 행태 또는 적어도 '공민적 가치들'과 부합되는 행태를 강화시키는) 명확한 감각을 제공하는 독립변수들이다. 이 독립변수들이 전 사회에 충분히 넓게 분포되어 있다고 가정할 때, 이 실정적 사회규범들은 '문명화된 사회'를 창출할 것이며, 그리고 — 좋은 사람들이 좋은 민주주의자가 된다는 점을 가정할 때 — 빈곤과 차별 퇴치에 필수적인 사회적·경제적·정치적 개혁을 지지하는 세력을 창출할 수 있을 것으로 간주된다. 여기서의 강조점은 일반화된 사회적 자본에 놓인다. 왜냐하면 일반화된 사회적 자본의 일부가 '나쁘다'고 규정된 목적을 위해 사용된다고 하더라도, 더 많은 양의 사회적 자본이 '좋은' 것이라고 규정된 것을 위해 쓰일 것이므로 총체적 효과는 여전히 긍정적일 것이다. 푸트남 같은 학자들이 이러한 가설들을 지지한다. 그리고 그들은 미국 내 '사회적 자본'(특히 전통적 형태의 공민적·정치적 참여 형태들)이 쇠퇴하고 있으며, 그 결과 사회적 분열, 정치적 수동성, 경제적 침체의 위기로 치닫고 있음을 보여주는 자료들을 제시한다.[4] 최근에 푸트남은 자신의 연구를 미국의 도시들 속에서 점점 늘어나는 종족적 다양성과 이주자의 다양성의 영향 분석으로 확대하여 다양성 요인이 적어도 단기적으로는 연대성과 사회적 자본을 축소시키는 경향이 있음을 보여준다는 주장을 담은 결과를 내놓았다. 이 결론은 로스앤젤레스와 뉴욕과 같은 다채로운 도시들 내에서 교차-종족적인 공동체 조직화와 사회운동-구축 행태가 증가하는 경향과 정반대이다.[5] 이런 경우가 처음도 아니며, 데이터가 보여주는 것과 사람들이 실제로 현장에서 하고 있는 바가 매우 동떨어진 듯이 보인다.

물론 푸트남의 논지는 이 간략한 개요가 제시하는 것 이상으로 함축적인 의미가 있고 또 세련된 측면도 있다. 그럼에도 그것은 경험적 근거들과 관련하여 (시간이 경과함에 따라 상이한 결사체들에게 어떤 일이 일어났는지를 묻는 사람들에게) 상당한 비판을 불러일으켰으며, (자신들도 인정하는 자료로부터 푸트남이 잘못된 결론들을 도출했다고 주장하는 사람들에 의해) 개념적 근거들과 관련해서도 문제가 제기되었다. 또 다른 사람들은 '공민적' 가치들과 '자유주의적 민주주의' 가치들을 혼합한 것에 대해 비판한다 (그들은 이 혼합이 결사적 삶을, 비록 지배적이긴 하지만 반드시 민주적이지는 않은 규범들을 전파하는 수단으로 만든다고 보기 때문이다). 또한 그들은 원인과 결과의 전도 — 사회적 자본 속의 경향들은 시민사회 외부 요인들에 의존적이며 그 역은 성립되지 않는다는 — 주장도 비판한다. 이런 다양한 비판들을 관통하는 하나의 질문이 푸트남과 그의 동료들을 우리가 위에서 규정한 두 번째 사상학파와 연결시킨다. 그 질문은, "어떻게 본질적으로 다른 공민적 참여 형태들이 동일한 효과를 창출하는가?" 결사적 삶이 2장에서 기술한 바와 같이 그렇게 다양한 형태를 보여주는 것이라면, 푸트남이 예측하는 일반화된 효과들을 창출하기 위해서는 어떤 마술과 같은 신비로운 일이 사회 전반에 걸쳐 일어나야만 한다. 이 질문은 자연스럽게 상이한 결사체들이 실제로 상이한 영향력들을 가지고 있기 때문에, 좋은 사회의 목표들은 공민적 참여 일반을 강화시키는 것에 달린 것이 아니라, 어떠한 특정의 참여 형태들이 결여되었는지 그리고 중요한지를 규명하는 일에 달려 있다는 주장으로 확장되어야 마땅하다. 이런 의미에서 시민사회라는 수수께끼의 열쇠는 결사적 삶 속에서 일어나는 질적 변화들에서 찾을 수 있으며, 결코 '상향' 또는 '하향'의 양적 운동들 속에서 발견될 수 없는 성격이라 하겠다.

비교결사학파

이 두 번째 사상학파에서 가장 영향력 있는 저술가는 하버드 대학의 교수인 스카치폴Theda Skocpol이다. 그녀의 미국 내 세밀한 역사적 연구들은 '지역에 뿌리를 두고 전국적으로 활동하는 회원들을 가진 결사체들을 중심으로 구성된 공민 세계civic world'로부터 많은 수의 지지자, 기부자, 혹은 고객들을 보유하고 있지만 회원이라는 어휘의 사실적 의미에서 회원이라고 부를 수 없는 구성원들을 가진 전문 주창(主唱) 집단과 서비스 제공 집단들로의 전환을 보여주었다.[6] 스카치폴이 쇠퇴하고 있다고 애도하는 그 결사체들 중에는 '아메리칸 리전American Legion', (1955년에 미국 성인 전체의 12퍼센트 이상을 회원으로 가지고 있다고 주장했던) '노동조합들', (미국 성인 전체의 9퍼센트라고 주장했던) 학부모-교사 결사조직들PTAs(사친회) 등이 포함되며, 고라니, 말코손바닥사슴, 독수리와 같이 숲에 사는 짐승들 — 안타깝게도 개구리, 박쥐 혹은 스컹크를 위해서는 아무도 단체를 조직하지 않은 듯하다 — 을 위한 단체들까지도 전체 단체 명부에 올라 있다. 이 단체들은 모두 (비록 백인들이 지배적이기는 해도) 수입의 차이와 사회적 계급에 따른 이해관계의 차이를 초월하고 있었기 때문에 연방정부가 기본적인 보건, 교육, 복지 기준들을 상향조정하는 일련의 개혁안 — 1944년 GI 법안과 같은 — 들을 통과시키도록 압력을 행사하기에 충분한 연대조직을 형성할 수 있었다. 케랄라, 뱅갈 서부지역, 보츠와나, 그리고 후발 주자인 한국의 경우처럼 성공적인 개발 사례들에서 보듯이 이런 결사체들은 정부와 시민들 사이에 정보, 압력, 책무성이 쌍방향으로 오갈 수 있는 '고속도로들'을 개통하였다. 스카치폴의 연구는 제2차 세계대전 이래로 미국에서는 그러한 결사체들이 급격히 쇠퇴했음을 보여준다. 예컨대 전미산별노조총연맹AFL-CIO은 43퍼센트, 사친회 전국총회는 60퍼센트, **메이슨**Masons의 경우는 70퍼센트가 감소했다.[7] 그 결과는 '약화된 민주주의'의 형태로 나타났다. 요컨대 "편파적인 목소리들을 드높이고 사회계층적 편익을 반영하는 결과물들을 부추기는 권리주장의 천국"이 된 것이다.[8]

왜 이러한 결사체들의 쇠퇴가 중요한 의미를 갖는 것인가? 첫 번째 이유는 이미 언급된 바 있다 — 폭넓은 계층 기반의 복지혜택들을 통해 성공적으로 추진해온 미국의 복지정책은 시민사회와 정부를 연결하는 범계급적이며 지방에서 국가로 통하는 연결교량들이 붕괴됨으로써 위험에 처하게 되었다. 이는 1970년대 초 이래 미국의 연속적인 행정부들이 어떠한 유의미한 재분배 행위를 수행하는 데 실패한 결과였다. 미국 내 불평등이 심화되고 권력이 점점 집중되는 현상이 노동조합 같은 전국적 연맹조직을 가진 결사체들의 쇠퇴 과정, 그리고 4장에서 설명한 공공영역들이 점차 무너지는 과정과 일치하는 것은 결코 우연이 아니다. 우리는 또한 4장에서 공공영역에 있는 이익집단들을 가로지르는 참여가 어떻게 — 마치 시냇물 속에 있는 자갈들이 서로 부딪치며 둥근 조약돌이 되는 것처럼 — 극단주의적인 입장들을 완화시켜 개혁사항들에 관해 모종의 정치적 합의에 이를 수 있게 하는지를 살펴보았다. 이런 결과를 얻기 위해서는 상이한 자발결사체들에 중첩적인 멤버십을

---

* **메이슨(Masons)** - Freemasons라고도 부르는 기독교적 형제애를 실천하는 단체로 1717년 런던에서 처음 시작되었고, 미국에서는 1731년 벤자민 프랭클린이 이 단체에 처음 가입함으로써 미국 내 교두보를 마련하였다. 현재 북미지역에만 200만 회원을 가지고 있다.

가지는 방식이 요구되며, 그 결과 시민사회는 '그 어떠한 특정 (이익집단의) 새장으로부터도 탈출'할 수 있게 된다.[9] 이에 덧붙여, 전통적 결사체들은 (정부와의 계약 건들, 자선모금 또는 대외원조금이 아닌) 회원들의 회비로 재원을 충당한다. 회비는 구성원과 지도자들을 밀착시켜주는 데 도움이 되었고, 특정 사회적 지지기반에 대한 책무성을 진작시켰다. 또한 저소득층 사람들이 엘리트층에게 '자신들을 위해' 대표 역할을 맡아달라고 요구하는 대신, 자신들 스스로 지도력을 계발하는 것을 고무시켰다. 그러나 민주주의 운영기법들은 교실 안에서 또는 우편으로 배달된 후원금 모금용 전단들을 읽는 일보다는 실천을 통해서 제일 잘 습득되는 법이다. 그러나 로비집단과 서비스 제공 NGO들의 영향력이 점점 커져감에 따라 시민들이 단지 후원금을 납부하거나 편지를 쓰고, 웹사이트를 방문하며, 이따금씩 집회에 참석하는 일로 자신의 역할을 축소시킴으로써 결사체들의 규범-생성적 효과들에 하나의 위협으로 작용할지도 모른다. 버바Sidney Verba가 이름붙인 대로 참여에 관한 한 그런 것들은 '정크 푸드junk food' 활동으로 간주할 수 있다.[10]

이와 유사한 주장들이 다른 맥락에서도 발표되었다. 예컨대 북반구와 남반구의 공동체 활동가들은 내부적으로 포용적이며 민주적인 풀뿌리 회원단체들이 공민적 삶의 열쇠라고 주장한다. 그런 단체들은 경제적·정치적 과정들에서 특권을 박탈당한 집단들 — 예를 들어, 켄터키에 있는 공동체농장연맹Community Farm Alliance, 인도 오리사 주에 있는 인민지방교육운동People's Rural Education Movement, 그리고 브라질의 무토지농민운동Landless Movement 같은 집단들 — 이 직접 개입하도록 촉구하며 평등한 참여와 공공 혜택들에 대한 평등한 분배를 제한하는 구조적 장벽들에 도전하기 때문이다.[11] 그런 네트워크집단들은 아래로부터 목소리, 역량, 힘을 축적함으로써, 정책 주창과 동시다발적으로 공공영역에서 더욱 효과적이며 진정성이 있고 민주적인 다른 행위 형태들을 통해 자신들과 관련된 보다 큰 이슈들에 영향을 미칠 수 있다. 미국의 '푸쉬백 네트워크Pushback Network'는 아주 훌륭한 사례이다.[12] 아메다바드Ahmedabad 같은 인도 도시들 내 공동체 간의 갈등에 관한 바르쉬니Ashutosh Varshney의 저작은 결사적 삶의 한 가지 특수한 구성조직 — 힌두교와 이슬람교의 관심사 및 활동을 함께 엮는 단체들 — 이 인종 간 폭력의 발발을 막는, 그리고 폭력이 발생했을 경우 폭동을 성공적으로 관리하는 결정적인 요인이 된다는 사실을 보여준다.[13] 가령 결사체들이 배타적으로 한 인종으로만 구성되어 있다면 그들은 전체 이익의 관점에서 중재할 수 없다 (이 대목에서 르완다, 레바논, 발칸반도의 상황들을 생각해 보라). 그러나 단체들이 의도적으로 상이한 집단들을 함께 묶을 때 — 예컨대 바르쉬니가 연구했던 이웃들 간의 평화위원회들이 했던 것처럼 — 교섭된 조정안들이 가능해진다.

 이러한 연구들의 공통된 주제는 결사적 삶의 형태가, 부분적으로 공공영역의 건강상태에 미치는 효과들을 통해서, 또한 부분적으로 실정적 사회규범에 미치는 효과들을 통해서, 보다 확장된 사회적 목표들에 대한 시민사회의 영향력을 결정짓는 데 있어 매우 중요한 역할을 한다는 것이다. 이런 주장들은 강력하지만, 내가 보기에 최종적인 성격은 아니다. 바르쉬니의 저작은 다른 학자들에 의해 비판을 받아왔다. 그들은 인도의 고용구조와 기업에서의 변동사항들, 이민과 주(州)의 책임조항들과 같은 조건의 변화가 공민적 삶 자체만큼이나 갈등 발생 정도에도 중요한 영향을 미친다고 주장했다.[14] 스카치폴이 찬미했던 교차-지지층에 기반을 둔 결사체들과 사회활동가들이 칭찬했던 여타 풀뿌리

집단들이 좋은 사회의 목표들 — 특히 그 목표들이 보편적 권리들의 성취 수준에 의해 가늠될 경우 — 을 확보하는 보증수표는 못되는 것이다. 스카치폴 자신도 인정하듯이 1960년대의 시민적 권리와 여성의 권리를 위한 항의운동들은 그녀의 모델에 들어맞지 않는다. 새로운 멤버십 결사체들 — '남부기독교지도자협의회Southern Christian Leadership Council'와 '학생비폭력조정위원회Student Non-Violent Coordinating Committee'와 같은 단체들 — 이 주효하기는 했을지라도 그러한 권리운동들은 풀뿌리 항의시위와 급진적 행동주의, 그리고 전문적 로비활동의 결합방식으로 추진되었으며, 사친회와 아메리칸 리전과 같은 전통적인 교차-이익 결사체들에 의해 진전된 것은 아니기 때문이다. 공민권운동에서 백인들이 일정 부분 역할을 한 것은 사실이지만 특성상 그것의 주도세력은 아프리카계 미국인들이었다. 이 점에서는 마치 여성운동이 여성들에 의해 그리고 동성애자 권리운동이 호모와 레즈비언, 그리고 퀴어들queers에 의해 추동되었던 것과 마찬가지였다. 세 운동 모두 실질적인 소득으로 이어졌다는 사실은, 어떤 특수한 지지층을 대표하는 결사체들이 좋은 사회의 목표들을 성취하는 데 있어 더 효과적이지는 않을지 모르지만 그런대로 효과적이라는 점을 보여준다 — 만약 뜻대로 되지 않아서 좋은 사회의 목표들 속에 평등권들이 포함되지 않는 한 말이다. 베리Jeffrey Berry는 1963년에서 1991년 사이 미국의회가 통과시킨 205개의 진보 법안 사례들을 인용하면서 워싱턴에 본거지를 둔 '시민로비단체들'의 성장과 영향은 민주주의와 공익을 위해 유익한 것이었다고 결론짓는다. 그는 "이 단체들은 얄팍한 생각의 시민들이 아니라 제대로 풍모를 갖춘 활동가들이며 미국은 그런 사람들을 더 적게 필요로 하는 것이 아니라 더 많이 필요로 한다"[15]고 주장했다. 그런 집단에 가입한 사람들은 (투표를 포함하여) 여타 다른 정치과정에도 참여할 확률이 훨씬 더 높다. 또한 다른 집단에 가입해 후원금을 기부하는 것 이상의 일을 할 가능성도 더 크다. 그들은 모든 학파들이 중요하게 생각하는 중첩적 멤버십들을 창출함으로써 그렇게 한다. 문제는 공익 로비활동의 증가에 있는 것이 아니라 그들이 미국 인구 전체 가운데 오직 특정 부류들만을 권능화한다는 사실에 있다. 다수의 전통적 멤버십 결사체들도 폭넓은 지지기반을 가진 사회개혁들을 위해 투쟁하지 않았으며, 총기 소유권(전미총기협회National Rifle Association는 1970년대에 당파 정치와 연대한 후 획기적인 성장을 했다)과 (1973년에 설립된 전미생명권위원회National Right to Life Committee가 주도한) 낙태금지 같은 협소한 관심사들에 집중했을 뿐이다.

회의학파

이러한 자격요건들에 관해서는 나의 세 번째 사상학파인 회의학파가 상당히 자세한 설명을 제공해왔다. 이 학파는 결사적 삶의 구조는 그것이 급변하고 있는 맥락에 적합하도록 중요한 방식으로 바뀌고 있다는 점을 수용하는 동시에, 이러한 전환들이 어떤 선험적 결과들을 담지하는 것은 아니라고 주장한다. 심지어 옛 루트들이 쇠퇴하는 와중에도 부분적으로는 새로운 참여 루트들이 확장되고 있기 때문이다. 푸트남 씨에게는 실례가 되겠지만 ("요즘 얘들은 도무지 아무 데도 가입하려 들지 않는다"), 축구클럽, 공동체 조직들, 이민자와 자조집단, 교회, 인터넷 기반의 활동주의, 대안적 노동네트워크들과 환경운동들이 폭발적으로 증가하고는 있지만 이런 새로운 결사체들 — 스카치폴은 이런 결사체들을 전문적 로비스트들이라고 일축한다 — 의 대다수는 많은 회원들을 확보하고 있다 (예컨대 시에라클럽Sierra Club이나 전미여성연합National Organization of Women이 그런 단체다).[16] 미국은퇴자협회American Association for Retired Persons와 같은 몇몇 단체의 회원들은 수표를 발행하는 것 이상의 활동, 심지어 조직 차원의 거버넌스 활동에도 관여한다. 그러므로 전통적 결사체들이 어떤 부정적인 효과를 창출할 수도 있지만 그런 부정적인 효과들은 새로운 조직 형태들이 부상함으로써 상쇄될 수가 있다. 공민적 삶의 변화 양태들이 재질서화의 필요성을 꾸밈없이 반영하는 것일 수도 있기 때문에 시민사회는 환경이 변화함에 따라 모종의 실증적인 세력으로 남는다. 이게 사실일까?

적이도 미국에서민큼은 새로운 결사직 삶의 양태들이 특징 영역에서 가치를 추가할 수 있음을 암시하는 증거가 존재한다. 그러나 그것들이 지리적 차이와 정치적 차이를 망라하여 조직된 대규모의 면대면 참여방식의 대체물은 아니다. 이런 점에서 스카치폴의 분석은 맞다. 이를테면 미국의 레스토랑창업기회센터Restaurant Opportunities Center와 전미가사노동자 연맹National Domestic Workers Alliance과 같은 '대안-노동alternative labor' 결사체들의 예를 살펴보자. 이 두 결사체는 미국노동총연맹산업별조합회의AFL-CIO가 접근하기 어려운 (종종 문서에 등재되지 않은 이민자들과 같은) 노동자들을 조직하고 보호하는 데 성공을 거두었다. 그럼에도 그들의 영향력은 임금과 근로조건들에서의 단기적인 이득에 국한되는 경향이 있다. 왜냐하면 그러한 노동인력은 공식상 비노조화된 집단이기 때문에 그 결과가 장차 어떻게 될지 알 수가 없기 때문이다. 그런 집단들도 역시 전문가들을 가지고 있고, 그 집단이 조직된 기반 공동체의 외부로부터 자금을 지원받고 있으므로 과거 시민사회의 성공에 결정적으로 중요했던 내부적 지도력과 책무성의 구조를 발전시킬 수 없다.[17] 이와 유사한 양태는 우리가 4장에서 논의했던 온라인-오프라인 조직화 집단들에서도 출현하고 있다. 주창활동과 캠페인활동에서 단기적인 이득은 보고 있지만, 현재 진행 중인 시민 조직화 구조들이 지상에서 강화되고 있다는 신호는 거의 없다. 정치와 공공정책에 대한 결사적 삶의 영향력 대부분은 '시민 대 정치'의 분할선을 가로질러 이루어지는 지속적인 개입에 좌우되기 때문에 이 점은 중요하다. 물론 시민사회 생태시스템 내에서 일어나는 그러한 변화들의 영향력에 대해 확고한 결론들을 도출하기에는 분명 때이른 감이 없지 않다.

이런 주장의 노선을 따르는 사람이라면 결사체들의 특성들과 그것들의 효과들 사이의 어떤 필연적 상관관계를 기대하지는 않을 것이다. 이것은 백악관의 '신앙에 기초한 공동체 의안발의국Wite House Office of Faith-Based and Community Initiatives'의 딜룰리오John Dilulio 전 국장과 같은 온정적 보수주의의 대부들조차 인정한 사실이다. 그는 신앙에 기초한 시민결사체와 그들의 일에 관한 97종의 엄밀한 연구결과물들을 검토한 후, "미국의 종교적 온정주의 부대들이 … 세속에 있는 그들의 경쟁상대들을 반드시 능가하는 활동을 펼쳤는지 여부에 대해서는 우리가 알지 못한다"라고 말한 바 있다.[18] 민코프Deborah Minkoff, 엘리아소프Nina Eliasoph와 동명이인인 두 명의 워런Mark Warren(양자는 각기 시민사회 분야와 정치학 분야에 종사하고 있다)과 같은 사람들의 연구는 논쟁적인 단체들이 규칙적으로 민주주의와 협력의 규범들을 배양한다는 점을 보여준다. 사람들이 그들의 권리와 특전들을 확보했다면 다른 사람들과 훨씬 더 기꺼운 마음으로 협력하게 되기 때문이다.[19] 또한 동 연구는 반대편의 관점에서 주장을 펼치면서 사회서비스 집단들과 자발집단들은 보다 큰 규모의 무대에서 공민적 그리고 정치적 행동주의에 어떤 정치적 효과를 가질 수 있음도 함께 보여준다.[20] 점점 더 많은 수의 비영리단체들이 혼성적인 성격을 보여준다. 그들은 주창활동, 서비스 제공, 역량구축, 그리고 정치적 행동을 혼합한다 — 이제 그들을 좀처럼 '이것 또는 저것'으로 명확히 구분하기가 어렵게 되었다. 캠벨David Campbell이 묘사하였듯이, '신도모임들Congregations'은 예배의식은 물론 정치에서 점점 더 중요한 역할을 하는 "계약자들일 뿐 아니라 교회에 기초한 동맹과 조직화 네트워크를 조직하는 현장이며 자원들이다."[21] 그러나 이런 일이 가능해지려면 집단들이 그들의 신자모임들과 지지기반 외부와 강력한 연계점들을 만들어야만 하며, 모종의 개방적이고 자기 투영적인 문화를 계발해야 하고, 그들의 작업 전 과정에 걸쳐 엘리아소프가 '권능 담화empowerment talk'라고 지칭하는 것의 현실을 조성해야만 한다.[22] 그렇게 해야만 자발결사체들이 공공영역 속에서 행동하고 그것을 확장시킬 수 있으며, 나아가 영구적으로 양극화되어 있는 정치의 장 속에서 그렇게 하지 않을 경우 얼어붙게 될 논쟁적인 이슈들을 중심으로 보다 확장된 동맹들의 결성을 도모할 수 있을 것이다.

로젠블럼Nancy Rosenblum은 '형식들 및 규범들'에 관해 가장 상세한 심문을 펼친 결과, 결사적 삶이 회원들의 도덕적 태도 성향들에 미치는 효과들과 결과적으로 민주주의의 건강 상태에 미치는 효과들은 복합적이며 유동적이고 종종 놀라운 수준이라는 사실을 발견했다.[23] 신토크빌주의자들에 의해 번번이 일축된 결사체들 — 자조집단과 정체성에 근거하여 조직한 집단들 또는 젊은이들의 거리 깡패집단 같은 단체들 — 은 비록 나르시스Narcissus를 닮은 구성원들이 오로지 자기 자신에 관해서만 이야기할지라도, 적어도 순서에 따라 그렇게 할 것이며, 그들은 그 과정에서 협동과 적극적인 시민권 행사를 뒷받침하는 상호성을 약간이라도 체득하게 될 것이기 때문에 중요한 민주적 효과를 가질 수 있다. 이것은 중요하게 주목할 점이 아닐 수 없다. 미국 내에서 그러한 자조집단들 — 예컨대 '익명의 알코올중독자들Alcoholics Anonymous'과 '체중 지킴이들Weightwatchers'과 같은 집단 — 이 1996년에만 해도 2,500만 명 이상의 회원을 가지고 있다는 사실을 감안한다면 말이다.[24] 일부 분석자들의 관점에서는 (예컨대 코소보에 소재한 '**세르비아저항운동**Serbian Resistance Movement' 같은) 반민주적인 집단들이 민주화과정에 긍정적인 효과들을 가질 수 있는 반면, '독립 99Independence 99' 운동이 체코공화국에서 그랬던 것처럼 '친민주주의 집단들이 오히려 민주화과정에 해가 되었을 수도 있다.[25] 결사적 문화들은 다양하고 종종 모순적이지만 여전히 공공영역에서 간과된 목소리들을 명료화시킴으로써 그리고 그들의 회원들 사이에서 새로운 충성심과 역량 요소들을 계발함으로써 중요한 혜택들을 만들어 낼 수 있다. 일부 작은 집단들도 커다란 관료체제들과 동일한 문제들을 가지고 있는 반면(여기서 역기능적인 가족들을 생각해 보면 쉽게 이해가 갈 것이다), 다른 집단들은 내부적 민주주의, 형평성, 자기비판에 강한 신념을 보인다. 로젠블럼이 결론내리듯, 오직 '혐오집단들'만이 전혀 모호하지 않게 부정적인 효과들을 나타낸다.

---

* **세르비아저항운동**(The Serbian Resistance Movements) – 1998년 세르비아-몬테네그로 대통령 슬로보단 밀로세비치의 독재에 항거하여 일어났고, 현지어인 "Otpor!", 즉 "저항하라!"라는 명칭의 비폭력 시민저항운동으로 출발하여 중간에 "인민운동"으로 이름을 바꿨다. 2000년 밀로세비치 축출 후 국정감시단체로 변신하였다가 급기야 정당으로 발전하였으나 2003년 원내진출에 실패하자 민주당과 통합했다.

결국 '미니-민주주의체제들mini-democracies'로서 공민결사체들의 이상은 민주주의가 모종이 원기 왕성한 결사적 삶에 좌우된다는 주장을 하기 위한 필수 전제가 아니라는 것이다. 이것은 내부 구조들과 공적인 가치들 그리고 그 가치들과 연동되는 특성들을 강제하는 법 — 예컨대 어떤 사회 내 지지기반에 대한 책무성 또는 지도자의 민주적인 선출과 관련된 법 — 의 제정이 효과적이지 않다는 사실을 말해준다. 필시 그러한 자질들을 장려하는 일은 바람직하겠지만 그것들을 강제하려는 시도는 한나 아렌트가 언젠가 관찰했던 바처럼 '끊임없는 일치 강요의 종착점으로서의 전체주의'체제로 넘어가는, 실체가 불분명한 경사로의 출발점일 수도 있다.[26] 이것은 시민사회 찬미자들에게는 불편한 결론이다. 왜냐하면 이것은 결사체들이 (예긴대 동성애자 종업원 고용을 거부하는 경우처럼) 비민주적이거나 차별적인 행동을 하면서도 여전히 시민사회의 회원 자격을 유지할 수 있음을 의미하기 때문이다. 그렇다면 다원주의가 보호되는 지대로서 시민사회의 보전이, 한 문명화된 사회에 보편적 기준들을 강제하는 일보다 더 중요한 목표라는 것인가? 미국 대법원이 1984년 미네소타 제이씨Minnesota Jaycees 클럽이 여성 회원을 입회시키라고 판결했을 때처럼, 공공영역은 이 질문에 대한 명확한 답을 제시해야 하며 필요할 경우 법정에서라도 그렇게 해야 한다.[27]

미국을 제외한 지역에서 '형식들 및 규범들'에 대한 논쟁은 연구가 활성화되지 않았으며 문맥들도 훨씬 더 다채롭다. 우리가 2장에서 살펴본 것처럼 바로 이 점 때문에 결론을 도출하는 일이 쉽지가 않다. 그럼에도 기존의 연구들은 미국의 경우와 비슷하게 복잡한 그림을 제시한다. 상이한 결사 형태들 또는 상이한 특성들을 가진 결사체들이 유사한 효과들을 가질 수 있으며, '높은 실적 수행자들'의 특징적인 요인들 ― 융통성, 책무성, 학습능력 같은 것 ― 은 성공적인 공적·사적 섹터에 속한 기관들에 의해 공유된다. 2001년 포드재단Ford Foundation의 22개 개발도상국 시민사회와 거버넌스 연구는 결사적 삶이 민주주의와 국가의 책무성 향상에 기여하는 것은 사실이지만 생각했던 것만큼은 아니며, 특정 조건들 ― 예컨대 공공영역 내에서 결사체들 간의 동맹과 연대 결성, 포용적인 회원제도, 가능한 한 많은 자체 재원 확보를 포함하는 독립성 ― 이 함께 맞아떨어질 경우에만 기여한다는 점을 알려주었다.[28] 개발도상국의 '가치에 기초한' NGO들이 자동적으로 성과를 더 효과적으로 내는 것은 아니다. 성과는 그들이 작동하는 맥락과 그들의 작업 목표에 따라 좌우되기 때문이다. 예컨대 서비스 제공, 정책 주창, 역량 구축들이 효과적으로 작동하기 위해서는 상이한 조직 구조들과 특성들이 요구된다. 어떤 명쾌한 비전이나 사명, 경제발전과 정치적 권능화 사이의 균형, 자원을 긁어모으고, 공공기관들과 민간기관들에 가난한 사람들을 연결시키는 강력한 수직·수평의 연계들, 그리고 사람들 자신의 역량들 및 지도력을 강화하는 승수(乘數)효과는 공통분모지만, 그것들이 권위적인 환경이나 자원이 부족한 경우에는 달성되지 못할 수도 있다. 그런 조건들이 충족되었을 경우에도 아시아와 라틴아메리카의 연구는 "우리가 선험적으로 어떤 한 유형의 단체가 본래 역내 빈곤층의 필요에 더 민감하다거나 더 잘 대변한다고 말할 수 없다"는 사실을 밝혀주었다.[29] 저(低)대표된 집단들의 권능화가 최우선 순위인 곳에서는 멤버십에 기초한, 내부적으로 민주적인 결사체들을 사회운동들 속으로 유인해내는 일이 중요해 보인다. 그러나 다른 맥락들에서는 보다 전통적인 조직형태들이 더욱 중요성을 가질 수도 있다. 위에서 기술한 미국의 경우에서 보듯이 차이를 만드는 것은 결사적 삶의 현전이나 확장범위 자체가 아니라, 다원주의의 성격 그리고 그 사회의 역사와 현재 맥락에 의해 형성된 상이한 결사 형태들이 전개하는 실제적인 활동들이다. 이 결론에 대한 훌륭한 설명은 글로벌 차원의 시민사회 사례에서 찾아볼 수가 있다.

지구시민사회

결사적 삶, 공공영역, 좋은 사회 간의 연결고리들이 국가 차원에서도 매우 복잡한 것이라면, 과연 국경을 가로질러 어떤 만족스러운 종합안을 구축하는 것에 대해 어떠한 희망이라도 존재할 수 있는 것일까? 2000년도 이래로 지구시민사회에 관한 문헌들이 엄청나게 늘어났다. 일부 저자들은 이 현상이 국제업무에서 어떤 주요 전환점을 예고한다고 주장했다.[30] 대인지뢰, 다이아몬드 분쟁, 부채탕감과 다른 현안 이슈들에 관한 글로벌 캠페인의 성과에도 불구하고 세계정치는 고집스럽게 국가중심적인 상태로 남아 있으며 지구시민행동 global citizen action 의 정당성과 효과성에 관해서는 많은 질문들이 제기되었다. 시민사회에 관한 3원적 설명을 도입해 이런 문제들에 접근하는 방식은 유의미한 배당 소득을 쥐어준다. 그것은 우리로 하여금 초국적 결사체들의 특성들, 그들이 추구하는 목표들과 그들이 따로 또 같이 운영하는 글로벌 공공영역들의 특성들을 평가하도록 허용한다. 많은 분석들이 이 세 가지 차원들을 혼동하거나 혼합하면서 과도하게 낭만적이거나 사태를 호도하는 아니면 작동불가한 권고들을 내놓는다. 그러나 초국적인 결사적 삶의 구조 내 문제들과 글로벌 공공영역의 약점들이 글로벌 차원에서 그 좋은 사회의 목표들을 실현하는 것을 훨씬 더 어렵게 만든다는 사실은 분명하다.

지구시민사회 이론들은 점증하는 문제들은 본질상 초국적인 성격을 띤다는 가정에 기초하고 있다. 그런 문제들은 참여와 책무성이라는 민주적 원칙들을 도입할 때 보다 효과적이며, 정당한 글로벌 해법들을 필요로 한다 (여기서 기후변화, 인도주의적 개입, 그리고 국제금융 규제 등을 생각해 보라). 늘어난 시민사회의 참여, 항의, 압력, 제안서 작성 등은 국제적 결정들의 도덕적 입지를 강화시킬 수 있다. 또한 정부들이 새로운 조약들과 사법적 의무들을 비준할 가망성을 높이며, 글로벌 정책들과 정책토론들의 내용을 개선시키며, 정책집행, 모니터링, 지상의 공교육, 국제업무에 카리스마 있는 지도력 투입 등을 할 수 있다. 세계는 가까운 미래 어느 때에도 하나의 세계국가에 의해 다스려질 것 같지 않다. 그러나 다층적인 다수-행위자 '네트워크화된' 거버넌스 구조들은 이미 작동 중이며 그것들이 나날이 증가하고 있다. 그런 사례에는 '세계댐위원회WCD: World Commission on Dams', '백신 및 면역 글로벌연맹Global Alliance for Vaccines and Immunization', '교토의정서Kyoto Protocol', '빈곤을역사로만들기Make Poverty History'[31) 캠페인 등이 포함된다. 2005년 제네바에서 열린 '세계정보사회정상회담'에는 3,400개의 시민

---

* 세계댐위원회(WCD: World Commission on Dams) — 세계댐위원회(WDC)는 1997년 4월부터 2001년까지 존속하였고, 위원회의 구성원은 시민사회, 학계, 민간영역, 전문가협회와 한 국가의 대표로 구성되었으며 2000년 11월에는 글로벌한 거대 댐들의 발전에 관한 환경적, 사회적, 경제적 영향력을 평가하여 넬슨 만델라의 지도력 하에 권고안을 내놓고 해산했다.

사회 집단들이 참가했다. 그들은 인터넷을 통제하는 규정들 속에 공익 관련 항목들을 포함시키는 성공적인 로비활동을 벌였다. 마치 '**세계연방주의자운동**World Federalist Movement'이 7년 전에 공적인 그리고 정치적인 지지층을 구축하여 '국제형사재판소International Criminal Court'을 위한 폭넓은 동맹을 조율했던 것처럼 말이다.[32] 이러한 사례들은 지구시민사회에 대한 (글로벌 차원에는 그 어떠한 정부도 현존하지 않으므로 지구시민사회는 작동하지 않는다는) 한 가지 즉각적인 반대의견을 잠재운다. 그럼에도 국제적 기관들로 이루어진 세계 속에는 너무 많은 상이한 이해관계들이 작용하고 있고, 그것들을 수용하여 처리할 만족스러운 구조들이 너무 적은 숫자만 존재하는 터라 글로벌 차원에서의 시민참여가 실현될 가능성이라는 나른 측면에서 일련의 문제들이 세기

---

* **교토의정서(Kyoto Protocol)** - 지구온난화 규제 및 방지를 위한 국제협약인 기후변화협약의 구체적 이행 방안으로 선진국의 온실가스 감축을 의무화하는 것을 목표로 하고 있다. 1997년 12월 11일 채택하고 2005년 2월 16일에 발효되었다. 가입 선진국은 2008~2012년까지 6종의 온실가스(이산화탄소, 메탄, 질소산화물, 수소화불화탄소, 불화탄소, 불화유황)를 1990년 수준의 5.2퍼센트 미만으로 감축하는 것을 의무화하는 것을 목표로 했다. 각국의 감축 의무는 (지열 및 수력 이용으로 온실가스 배출이 매우 적은) 아이슬란드의 10퍼센트 증가에서 EU와 대부분 동유럽 국가의 8퍼센트 감축에 이르기까지 다양했다. 의무이행 당사국의 감축 이행시 신축성을 허용하기 위하여 배출권거래, 공동이행, 청정개발체제 등의 제도를 도입하였다. 한국의 경우 2002년 비준하였으나 1997년 당시 기후변화협약상 개발도상국으로 분류돼 온실가스 배출감소의무가 유예되었다. 미국은 자국 내 산업보호를 위해 2001년 3월 탈퇴하였다.

* **세계연방주의자운동(World Federalist Movement)** - 1947년에 설립된 세계연방주의자운동(WFM)으로 본부는 뉴욕에 있다. 이 기관은 민주주의, 보충성, 연대성 등 3대 원칙에 바탕을 둔 지구시민권운동의 일종으로 볼 수 있으며, 유엔과 같은 글로벌 차원의 연방제도시스템 구축을 통해 세계평화 증진을 추구한다. 현재 5만 명 정도의 지지자를 보유하며, 유엔의 특별자문지위를 가진 NGO로 활동하고 있다.

된다.[33]

초국적 결사체들의 구조가 이런 질문들의 핵심사항이다. 모종의 '편평한 운동장'이 아직까지 현존하지 않는 것은 분명하고, 관심과 지지가 가장 큰 소리로 외치거나 가장 공격적인 마케팅 부서들을 가지고 있는 사람들에게 쏠리며 반드시 가장 효과적이거나 민주적인 집단들에게 가지 않을지도 모르기 때문이다.[34] '글로벌' 동맹들은 북반구쪽 목소리들의 지배를 받고 있는데, 북반구는 시민사회집단들이 자신들의 요구사상들을 정교화할 자원들과 정치적 접근성을 보유하기 때문이다. 지구시민사회는 그것이 노조들, 국제적인 사회운동들, 학자와 전문가 네트워크들, 그리고 지방의 시민사회단체들이 참여하기 위한 공간을 만든다면 훨씬 더 강력해지고 진정성을 가지게 될 것이다. 이들이 국경을 넘어 그들의 상대들과 연계할 것이며, 그 과정에서 약간 덜 NGO 중심적인 성향이 될 것이기 때문이다. 실제로 가장 유망한 지구시민사회의 명시적 형태들 가운데 일부는 옥스팜이나 그린피스와 같이 '저명인사들의 이름을 건' 국제적인 주창 행사를 하는 단체가 아니라, 많은 숫자의 저임금 노동자들을 대표하는 수평적인 결사체들의 네트워크들인데 이들은 국내적·국제적 권력의 통로들에서 집합적인 방식으로 행동한다. 예를 들면, '국제쉑/슬럼거주자들 Shack/Slum Dwellers International'은 이미 33개의 다른 나라들로부터 수십만 명의 회원들을 확보하고 있다.[35] 이것이 지구시민사회에서 어떤 공동문제를 제기하는 주요한 방법이다. 요컨대 이것은 국제적인 결사체들이 주창과 행동을 위해 지상의 현실들 및 이해관계들과 탈(脫)연계하여 자가-생성적 어젠다들을 개발하는 경향이다. 태로우 Sidney Tarrow는 가장 효과적인 초국적 활동가들은 '뿌리를 내린 코스모폴리탄들', 비록 자신의 활동을 국제적인 영역으로 확장시키고는 있지만 다른 한편으로는 "국내적 네트워크들과 기회들에 긴밀히 연계된 환경에서 성장하고 존속하고 있는 사람들"이라고 지적했다.[36] '유엔사회개발연구소 United Nations Research Institute for Social Development'가 수행한 시민사회의 글로벌 학회 참여에 관한 연구는 비록 국제적 정책들이 결과적으로 아주 조금 전환되었다손 쳐도, 가장 중요한 혜택들은 종정 국내적인 성격을 띠었다는 사실을 발견했다. 그 이유는 국제사회의 압력이 대부분 입법과정에 발휘될 수 있고 시민사회 내 동맹이나 연합들이 강화될 수 있는 지점이기 때문이다.[37] 지구시민사회의 잠재적 영향력에 관한 가장 성공적인 사례들은 이러한 질문들이 명확히 제기된 경우이다 — 그 한 사례는 '국제형사재판소에 관한 NGO 연합'인데, 그것에는 아프리카와 라틴아메리카에서 상낭수의 집단들이 참여하였다.[38]

글로벌한 결사적 삶에 있어 두 번째의 구조적 문제는 책무성이다. 그게 뭐든 NGO들은 누구를 대표하는가? 그들은 그저 다정한 얼굴로 위장한 특수-이익 집단들일 뿐인가? 누가 글로벌 캠페인이 가져온 혜택들을 향유하며, 누가 특히 풀뿌리 차원에서 그 글로벌 캠페인이 초래한 비용으로 인해 고통을 받는가? 누가 한 글로벌 연합체 내에서 발언을 하며, 저력과 재원의 보유 측면에서 나타나는 참여자들 간의 차이들은 어떻게 해소되고 있는가? 하나의 간단한 메시지를 내놓기 위해 갈등들을 거를 때는 누구의 목소리가 반영되는가? 풀뿌리 목소리들이 어떤 방식으로 상이한 유형의 기관들에 의해 매개되는가 — 북반구 NGO들과 남반구 NGO들, 가령 남반구 NGO들과 공동체 집단들 등은 그 노선으로 분류되는가? 이런 문제들을 전통적인 방식들을 통해 제기하는 것은 네트워크화된 거버넌스 구조에서는 실효성이 없다. 왜냐하면 거기에는 책무성을 부과할 단일한 위계적 권위주체가 아무것도 존재하지 않으며, 시민사회 집단들 대부분이 어떤 지지기반의 공식적인 대표가 아니라는 점에서 선거 기제들을 사용할 명확한 방법이 전무하기 때문이다. 이 딜레마는 최근 NGO들에 대한 정당성을 부정하는 장치로서 활용되었다. 그러나 시민사회단체들이 자신들의 **표**가 아닌 목소리를 글로벌 토론장에 내놓음으로써 공식적인 민주주의를 **보충**하기 때문에 '대표성 결여'에 관한 우려들은 종종 번지수를 잘못 찾은 것이라고 볼 수 있다.[39]

  이러한 문제들과 당면하여 앞으로 나가는 최선의 방법은, (예를 들어, 동료 평가나 상호적으로 동의한 권리들과 책임들을 통해) 상이한 이해당사자들이 지닌 필요들의 균형점을 발견하기 위해 다양한 책무성 기제들을 실험하고, 또한 그 결과들이 완벽한 것일 수 있으리라고 가장하지 않으면서 시민사회의 목소리들을 집성하는 다양한 방법들을 지원하는 것이다. 선택사양은 국제적 시스템 속에서 이미 작동중인 간단한 해법들 ─ 예컨대 시민사회집단들이 유엔안전보장이사회의 심의 과정에 자신의 전문 분야 지식을 제공하도록 허용하는 '아리아스 공식 Arias Formula', 즉 가장 영향을 받는 당사자들에게 국제기구 ─ 예컨대 'HIV/AIDS국제기금'과 같은 것 ─ 의 운영위원회에 자리를 마련해 주는 식의 보다 공식적인 기제들을 통하는 것으로부터, (국가의 보호기관들과 국제NGO 연합들로 구성된) '지구시민사회포럼Global Civil Society Forum', 1997년 폴크와 스트라우스Richard Falk & Andrew Strauss가 처음 제안한 '유엔만민의회UN Peoples' Assembly', (시민사회집단들과 선출직 관료들을 전자적인 토론장에서 서로 연결하도록 고안된) '지구e-의회global e-parliament', 그리고 아마도 '국제민주주의연맹International

Democratic Union'이나 '글로벌녹색당Global Greens'과 같이 현전하는 실체들을 중심으로 모양새를 갖추게 될지도 모를 글로벌 차원의 정당들이라는 새로운 발상들에 이르기까지 다양하다.[40] 확실히, 이 모든 발상들은 보다 구체적인 실험은 물론 어떤 주요한 신앙적인 약진을 요구한다. 그럼에도 그 요구가 시민사회의 행동을 저지하는 장벽으로 작용한 적은 결코 없었다.

초국적인 결사적 삶의 결함들은, 일부 시민사회 집단들의 규범적 비전들이 다른 집단들의 비전들보다 우세성을 가질 수 있기 때문에 '좋은 지구사회'라는 착상에 대해 명백한 문제들을 일으킨다. 문제들은 남반구와 북반구의 권력상의 차이 때문이 아니라 보다 기본적인 가치와 목표에서의 차이들 때문에 발생한다. 시구시민사회에 관한 초기 서삭들은 모든 초국적 결사체들이 사회적·경제적 변혁에 관하여 한마음으로 어떤 일치된 비전을 지지한다고 가정하는 경향이 있었다. 예컨대 전쟁 없는 세계, 더 진전된 민주주의에 기초한 국제관계들의 개혁, 평등과 국제법에 대한 존중 등이 그러한 비전에 포함된다. 이런 가정은 정확한 것이 아니며, 보다 최근의 연구들은 중요한 차이들이 현전하는 여러 영역들이 있다는 사실을 보여주었다. 예를 들면, 국제적 종교연맹들, 무기통제에 관한 토론들, 이라크 아프가니스탄 리비아 그리고 시리아 문제 개입에 대한 태도 등이 그런 영역들이다. 이러한 설명들의 가장 종합적인 형태는 국제적인 공론장에서 전개된 '글로벌화된 기독교인의 권리들'과 총기 찬성 로비집단들의 활동이다. 1995년 베이징에서 열린 '세계여성대회' 이후 국내 단체들, 예컨대 '미국의 가족 및 관련 여성의 초점Focus on the Family and Concerned Women for America'은 자국 내 낙태, 여성의 권리, 인간복제 등의 보수주의 정책을 진작시키기 위해 다른 나라의 가톨

릭교, 몰몬교, 이슬람교 협력자들과 함께 연결고리를 구축하기 시작했으며, 출산 보건 및 HIV/AIDS를 둘러싼 국제적 정책들에 영향력을 행사하는 데서 성공을 거두었다.[41] 이와 유사하게 '전미총기협회'는 총기소지권리에 대한 지지세를 구축하기 위한 글로벌한 노력을 진두지휘했다. 그 협회는 브라질, 호주, 그리고 다른 나라에서 총기 통제에 저항하는 시민사회 집단들의 자문역으로 활동하며, 또한 '미래 스포츠 사격 활동 세계포럼World Forum on the Future of Sport Shooting Activities'이라고 불리는 국제 주창운동 연합체를 결성하여 유엔과 여타 다른 국제회의장에서 '소화기 국제행동 네트워크International Action Network on Small Arms'와 반대입장에 선다.[42]

일부 논평가들은 이런 결사체들을 '비문명화된 사회'의 사례들로 보지만 현실은 그것들이 단순히 상이한 견해들을 가진 집단들일 뿐이며, 그들도 다른 집단들과 마찬가지로 글로벌 공공영역 내에서 자신들의 입장을 진작시킬 수 있는 동일한 권리들을 가지고 있다.[43] 결국 논쟁적인 정치가 국가 차원에서 더 나은 해법들을 창출한다고 할 때, 모든 견해가 경청될 수 동일한 기회가 부여된다고 가정하면 국경을 사이에 두고 충돌하는 견해들의 경우는 그와 다를 것이라고 볼 이유는 어디에도 없다. 이 단체들과 같은 보수적인 네트워크들의 실제 크기를 구체적으로 보여주는 경험적인 데이터는 아무 것도 없지만, 몇 가지 국제적인 여론조사 결과는 정치적 차이에도 불구하고 글로벌화, 불평등, 기후변화 및 민주주의에 관해서는 공유된 가치들이 존재한다는 점을 보여준다.[44] 규칙적으로 국경을 넘나드는 사람들이 글로벌 거버넌스에 대해 보다 더 세계주의적 가치와 태도를 발전시킨다는 증거도 존재하므로 어쩌면 지구시민행동이 '지구적 시민권global citizenship'을 강화할 것이다. 비록 그러한 시민들이 일부 세부적 정책문제들에 관해 서로 동의하지 않는다 할지라도 말이다.[45] 그렇다손 쳐도 핵심 이슈는 분명 이런 차이들을 해소하고 더 많은 합의점을 찾아낼 수 있는 '글로벌 공공영역들'을 더 많이 발전시킬 필요성이지, 그것들이 글로벌화의 '자연적인' 결과로서 사라지게 되는 것인 양 가장하는 게 아니다. 보다 광범위한 나라들의 더 많은 시민사회 결사체들이 힘을 획득하고 국제무대에서 자신들의 목소리를 내기 시작하게 됨에 따라 그러한 차이들은 더욱 증가할 것이다. 사에드-사이드Mohammed El Sayed-Said를 예로 들면, 그는 지구시민사회를 중동지역에 있거나 그 이외 지역에 있는 이슬람주의자들과 세속인들 간의 대화를 위한 하나의 무대로 간주한다. 그런 한편, 드라이젝John Dryzek은 공식적인 기관들이 실패할 경우에 국가의 경계선을 넘어 일어나는 갈등들을 완화하도록 고안된 **'심의적인 글로벌 정치**deliberative global politics'라는 중요한 이론을 정교화시킨 바 있다.[46]

물론 문제는 이 글로벌 공공영역들이 매우 허약하다는 점이다. 그 공간들은 불공평한 접근성으로 인해 균열되어 있고 국제적인 미디어의 상업화와 지적재산권 및 검열로 인해 제약을 받고 있으며, 그뿐 아니라 국가안보를 위협하거나 다른 종류의 위협들을 표상하는 자들 간의 대화 내용들을 찾아내려는 의도를 가진 정부들도 침투해 있다.[47] 오픈데모크라시openDemocracy, 위키피디아Wikipedia, 원월드OneWorld와 같은 웹사이트들은 상이한 견해를 가진 집단들이 서로 국경을 넘어 교제할

---

* **심의적인 글로벌 정치(deliberative global politics)** – 드라이젝(John Dryzek)이 펴낸 동명의 저서에서 제시된 용어이자 주장이다. 그의 논점은 논쟁적인 담론들이 해결하기 어려운 문제의 저변에 놓여 있으며, 지구시민사회는 물론 국가들과 국제기구들 사이에 대화의 장을 통한 해결을 모색하는 심의적인 글로벌 정치만이 글로벌 난제를 푸는 열쇠라는 주장으로 요약된다.

수 있는 국제적인 의사소통 기반시설을 시발점들을 제공하며, 정보기술상의 선진화가 이 임무를 상당히 용이하게 만든다. 일례로 스탠포드 대학의 '상징시스템 프로그램Symbolic Systems Program'은 전통적인 이메일, 전자메일 자동전달 시스템list-serves, 전자게시판bulletin boards의 한계를 훨씬 뛰어넘는 방식으로 세련된 초국적 의사소통을 지원하기 위해 월드와이드웹www을 사용하는 '온라인 민주적 심의 환경'을 실험하고 있다. 한편 영상커뮤니케이션은 세계경제포럼WEF과 세계사회포럼WSF 사이의 다리 놓기 작업도 시도된 바 있지만 현재까지 별다른 성과를 내지는 못하고 있다.[48] 국가 차원에서 이루어지는 웹 기반의 의사소통과 관련된 다른 실험방식들에서도 정보 저장과 교환, 협업, 출판, 첩보수집과 유사한 의견을 가진 집단의 동원 측면에서는 진일보한 증거가 분명하게 확인되었지만, 이견이나 충돌하는 견해를 가진 공동체들의 연결 측면에서는 사정이 그렇지 못하다.[49]

일부 사람들은 세계사회포럼 자체가 모종의 잠재적인 글로벌 공공영역이라고 평가한다. 비록 그것이 글로벌 정치의 좌편향 사람들만을 함께 모으고 있을지라도 말이다. 그것은 확실히 상당한 숫자의 사람들 — 2001년에 5개의 포럼이 열린 것과 대조적으로 2004년에는 수십만 명을 유인하는 109개의 포럼이 열렸다 — 자유롭게 참여할 수 있는 공간을 제공하며, 개방적인 대화를 지속시키기 위한 목적으로 일부 지도자들이 특수한 정책들 및 입장들에 초점을 부여하고자 하는 격렬한 시도들을 막아왔다.[50] 세계사회포럼은 재원이 부족한 풀뿌리 집단들과 사회운동들의 접근가능성을 유지하고 있으며, 그 이유때문에서라도 지구시민사회의 중요한 구성요소가 된다. 그럼에도 세계사회포럼이나 다른 어떤 제안된 혁신방안들도 일종의 글로벌 공공영역에서 가능할지도 모를 어떤 것에 대한 제안 그 이상을 제공하지는 못한다. 그러므로 지구시민사회가 그것이 바로잡고자 하는 문제들에 대해 모종의 제한된 영향력을 가진다는 점은 결코 놀라운 사실이 아니다. 현재의 형태상으로 볼 때 지구시민사회는 확실히 글로벌 거버넌스 구조 내 민주주의의 대체물이 아니다. 그럼에도 그것은 시민사회의 차원들 각각이 국제적 수준에서 서로 연계되어감에 따라 점점 더 강력해질 것이다. "지구시민사회는 다양하고, 창조적이며 혼돈스럽다. 그런 점이 바로 그것을 항상 흥미롭고 종종 예측불가능하며 때때로 매우 강력한 대상으로 만드는 것이다."[51]

결론: 일반화는 가능한가?

이제 여기서 결사적 삶, 공공영역, 좋은 사회 사이의 연결고리들에 관해 네 가지 예비적인 일반화 방식을 제안하려고 한다. 첫째, 이 연결고리들의 본질은 누군가가 좋은 사회의 목표들을, 좀 더 정확하게 말하자면 그 목표들을 현실 속에 실현하기 위한 수단을 어떻게 구상하는가에 따라 좌우된다. '공민문화학파civic culture school'는 사회규범들을 좀 더 폭넓은 사회변동 및 결사적 삶 일반의 추동력으로 파악한다. 요컨대 결사적 삶을 사회규범들을 강화하는 수단으로 간주한다는 것이다. '비교결사학파comparative associational school'는 공공영역의 기제들에 의해 뒷받침되는 정치적 연합의 구축을 가능케 하는 구체적인 정책상의 변화들을 좋은 사회로 가는 열쇠로 본다. 특정의 결사형태들은 이런 개혁에 중요할 것이지만 다른 형태들은 부적합하거나 파괴적일 수 있다. 그러나 '회의학파school of skeptics'에 속한 사람들은 그렇지 않다고 주장한다. 어떤 종류의 결사체가 다른 학파의 저자들이 주장하는 효과들을 창출할 가능성이 더 많은지 미리 알 수 없다는 이유 때문이다. 이러한 추론 방식을 준용하면 우리가 할 수 있는 최선의 방책은 가능한 한 가장 많은 결사적 자유, 능력 사회적 포용력을 진작시키고, 나머지는 시민사회가 스스로 알아서 처리하도록 놔두는 것이다.

그러나 우리가 좀 더 자세히 들여다본다면 이 세 가지 사상학파들은 상호 배타적이지 않다. 그 이유는 모든 결사적 삶을 가능케 하는 환경이 시민사회 생태시스템에서 빠져 있는 구체적인 결사형태들에 대한 지지와 결합될 때, 좋은 사회의 목표들이 달성될 가능성이 가장 높아지기 때문이다. 따라서 나의 두 번째 일반화 제안은, 중요한 것은 생태시스템이지 개별 구성요소들의 성격이 아니라는 것이다. 중첩적인 멤버십들, 교차-이익의 연합형태들, 혼성조직들, 그리고 결속하는 일과 연계시키는 일의 적절한 혼합, 풀뿌리 집단들과 중간 매개집단들, 주창자들과 서비스 제공자들은 결사적 삶을 폭넓은 사회 진보를 위한 보조수단으로 만들 가능성이 크다. 특정 유형의 결사는 신뢰와 협력이 아닌 정치적 책무성의 증진에 결정적으로 중요한 역할을 할 것이다. 반면에 다른 것들은 사회적 규범들을 고무시킬 수 있을지는 몰라도 정치개혁에 대해서는 거의 아무런 역할도 수행하지 못할 수 있다. 그러므로 시민사회 생태시스템이 더욱 강하고 다양하며 독립적일수록 비록 시간이 경과하더라도 이러한 긍정적인 상호작용들이 지속적으로 유지될 수 있는 기회를 더 많이 갖게 될 것이다. 이것은 민주주의 공고화의 초기단계들이 완결된 이후에도 비(非)국가 세력들이 지속적인 개혁을 추동하는 능력 측면에서 나타나는 일관된 약점을 시정하게 될 것이다.

셋째, 이 생태시스템 내에서는 한 가지 조직 유형이 특히 중요한 듯이 보인다. 킹Martin Luther King의 표현을 빌자면, 이것은 '정의를 구현하는 사랑'을 실천하는 결사체들로서, 이들은 회원들 또는 후원자들로 하여금 자신들의 개별 도덕적 가치들은 물론 사회적 의무에 부응하는 삶을 살도록 하며, "개별적인 삶의 세계들과 공공영역들을 연결시키고, 집합적 판단을 장려하며 자기성찰적인 소통 네트워크들을 생성하도록 독려한다."[52] 이러한 2개의 차원 — 개별적인 것과 구조적인 것 — 의 결합은 공공영역에의 민주적 참여와 장기적 안목에서 좋은 사회를 성취하는 일 양자에 공히 중요한 태도들을 구축하는 일에 가장 잘 들어맞는 듯하다. 사회개혁은 개인적인 변화를 요구한다. 이는 마치 개인적인 변화가 그것을 지원하는 새로운 사회, 경제, 정치구조들을 필요로 하는 것과 같은 이치이다.[53]

넷째, 시민행동을 위한 편평한 운동장은 결사적 삶의 형식-규범 연계과정에 결정적으로 중요한 요소이다. 만약 그것이 없다면 공공영역은 효과적으로 운용될 수 없으며, 결사적 삶은 그것이 효과적으로 작동할 때조차도 다른 집단의 희생을 전제로 하여 특정 집단에게 특권을 부여하게 될 것이기 때문이다. 동등인들 간의 관계들은 신뢰 구축에 필요한 원자재라는 점을 기억해야 한다. 사람들은 자신이 안전하다고 느낄 때에만 타인들에게 손을 내밀고 인간관계를 맺게 되기 때문이다. 따라서 사회적 평등, 경제적 평등, 정치적 평등이야말로 시민사회가 합의를 배양하고 집합적 심의를 장려하며, 모두가 참여하는 민주적 결과들을 성취하는 능력 발휘의 전제조건이다. '공공정치를 불평등의 범주들로부터 보호하는 일'은, 틸리Charles Tilly가 제시한 민주화를 뒷받침하는 3대 요인들 중 하나이다.[54] 3장에서 우리는 자발결사체들이 불평등, 차별, 그리고 사회권력의 제도적 집중화의 구조적 문제들을 시정하는 것이 얼마나 어려운가를 살펴보았다. 이는 보편적 권리들 및 특전들을 보장하는 주체가 국가여야만 하기 때문이다. 오직 대항구조들만이 심각한 비대칭성이 현존하는 한 사회의 일반적인 구성체계 속에 점차 증대되고 있는 상호성을 유입시킬 수 있다. '더 많은 참여'에 대한 요청들은 종종 낮은 임금과 불안정한 조건에서 노동을 하는 사람들로부터 참여를 위한 시간과 에너지를 고갈시키는 그들의 경제적 어려움들을 간과한다. 특히 복지국가가 부재한 상태에서는 민영화가 자발결사체들, 가정들, 여성들에게 더욱 큰 부담을 안기게 된다. 만약 사람들이 자신이 일하는 경제체제에 의해 착취당했다고 느낀다면, 자신이 투표권을 행사하는 정치체제 속에서 무시되었다고 느낀다면, 또한 인종, 성별, 또는 성적 지향을 구실로 삼아 차별하는 사회체계에 의해 배제되었다고 느낀다면, 그런 사람들에게는 공공영역에 참여하여 '목소리voice'를 내는 일보다 '퇴장exit'하는 것이 종종 더 나은 선택으로 보인다는 것이 놀라운 사실은 결코 아닐 것이다. 노동시장과 주택시장에서의 경제적 분리는 시민들 상호간의 분리로 이어지고 시민사회의 동맹이 공고해지는 것을 더욱 어렵게 만든다. 이는 마치 바뀌고 있는 일터의 구조가 조직과 집합적 협상을 훨씬 더 어렵게 만드는 것과 마찬가지다. 이것은 현재 세계 대부분 지역에서 일어나고 있는 민주화 물결이 1945년 이후 일었던 선행 민주화 물결들 속에서 출현했던 복지와 재분배의 유형으로 인도되지 않는 이유일지도 모른다. 그러므로 "빈곤층의 나쁜 습관들에 관해 제아무리 많은 도덕적 교화를 한다고 해도 그것보다는 노동자 자신들의 입장을 천명하는 노동운동이 시민사회의 부활에 더 많은 공헌을 하게 될 것이다."[55] 19세기 미국의 자발결사체들 속에서 여성들이 주된 역할을 하게 된 부분적인 이유는 그들이 바로 공식적인 정치영역에서 참정권을 갖기 못한 사람들이었기 때문이라는 사실은 쉽게 잊힌다. 또한 1964년의 **공민권법**Civil Rights Act이 결사적 삶의 교차-인종적 연합체들 속에서 인종분리를 분쇄했을 뿐 아니라, 자발적인 조직체들로 하여금 합법적으로 정치적 평등을 위해 주창활동을 시도하는 것을 정당화했다는 점도 역시 쉽게 잊힌다. 이런 조건들 — 평등, 다양성, 독립성, 그리고 시민행동을 위한 모종의 지원 맥락 — 은 시민사회가 단독으로 활동함으로써 확보되지 않는다. 그 조건들은 오히려 좋은 사회의 폭넓은 세팅 속에 닻을 내려야만 하는데, 그 세팅 속에서는 결사체들이 종속변수이며 정부나 시장의 행위가 결정 요인이다.

시민사회의 세 가지 모델이 지닌 요소들을 모두 결합시키는 통합적 접근법은, 시민사회에 대한 하나의 설명으로서 그리고 행동을 위한 수단으로서 시민사회라는 양쪽 측면에서 그 사상의 효용성을 증대시킨다. 그 모델들 — 결사적 삶, 공공영역, 좋은 사회 — 이 각기 단독적으로 서 있을 때는 불완전하다. 그것들이 함께 협력할 때 이 세 모델들의 저력과 약점들은 조화를 모색할 수 있으며, 각자가 긍정적이고 의식적인 상호작용으로부터 혜택을 볼 수 있다. 모종의 포용적이고 제대로 잘 정교화된 결사적 생태시스템은 좋은 사회의 추동력이 될 수 있다. 그러나 민주적인 결사적 삶을 뒷받침하는 독립성과 편평한 운동장을 가능하게 하는 것은 바로 좋은 사회의 성취들이다. 제대로 기능하고 있는 어떤 공공영역이 없다면 독립성이나 편평한 운동장의 존재 그 어느 것

---

* **공민권법**(Civil Rights Act) – 이것은 인종, 피부색, 종교, 출신국가에 따른 차별을 철폐할 목적으로 제정된 법률.

도 불가능할 것이다. 왜냐하면 좋은 사회의 목적과 수단을 규정하는 일과 관련하여 결사체들이 참여할 수 있는 공간은 다른 어디에도 존재하지 않을 것이기 때문이다. 이러한 관점은 글로벌 차원에서도 똑같이 유효하다. 국가들은 글로벌 차원에서 국제조약들의 의무담지자로 남아 있으며, 초국적 네트워크들은 조약 이행을 강제하는 데 필수적이고, 또한 글로벌 공공영역들은 국제규범들에 관한 토론의 장들을 조성하도록 요구된다. 이것과 같은 통합적 접근법은 보다 더 효과적인 국가 시장 시민사회의 개입에 대한 구상을 가능케 할 것이다. 왜냐하면 통합적 접근법은 ― 시민사회 수수께끼의 특수한 부분들을 따로 떼어놓고서 다른 조각들이 어디에 들어맞는 것이지 몰라서 쩔쩔매는 대신에 ― 모든 적합요인들이 공공영역에서 집합적으로 거론될 수 있고, 그것도 합리성에 기초하고 있는 순서에 따라 그렇게 할 수 있도록 허용하기 때문이다. 그것이 현실에서 뜻하는 바는 무엇일까?

CHAPTER 6

이제 우리는 무엇을 해야 하는가?

　　　　　　　　　대개의 경우 시민사회 학자들에게 자신들의 이론으로부터 정책과 실천방안을 내놓으라고 요청하는 것은 교구 목사에게 하수구 뚫는 일을 도와달라고 청하는 것과 유사하게 별 소득이 없는 일일 것이다. "이제 우리는 무엇을 해야 하는가?"라는 명백한 질문에 대한 의례적인 반응은, 부산하게 현장을 떠나는 청중의 발자국 소리 이후에 찾아오는 당혹스러운 침묵이다. 이 질문에 답하려고 시도하는 사람들은 ('시민사회부활론자들'의 전형인) 개인의 개선된 행동을 도덕적으로 권면하려고 한다거나, (특히 좌파들 사이에 일반적인) 공동체-건설 또는 운동-구축에 관한 낭만적 가설들을 제시하거나, 아니면 이는 최악의 경우인데 — 그 저자가 단순히 재원 공여자들과 정치인들이 듣고 싶어 한다고 생각하는 일련의 추천 항목들을 열거하려는 유혹에 빠지는 것이다. 그 결과는 대개 NGO들의 역량 강화, 더 나은 시민들을 양성하기 위한 훈련소 설치, 훨씬 더 다정다감한 이웃들이 있고 우유와 꿀이 흐르는 땅이 있으며 주민들을 연결하는 사회적 자본이 넘치는 어떤 상상의 과거 시절로 돌아가자는 속 빈 주장들로 채워진 추천 목록이다. 푸트남의 책『나 홀로 볼링』(2016년 출간된 국내 번역서 제목임 - 역자 주) 역시 거의 복음을 설파하는 목사님의 어조로 이것과 유사한 긴 구매목록으로 마무리되고 있다. "나는 미국의 부모들, 교육자들 … 젊은 장년들 앞에 다음의 도전목표를 제시하고자 합니다. … 가교적 성격의 사회적 자본은 여러분의 조부모 세대에서보다 실질적으로 더 많이 증가할 것입니다." 이것은 전국의 십대들에게 사회적 자본 축적에 열광하도록 보증한 임무이다. 그 미국의 훌륭한 교수는 '미국의 부모들'이 매일 그러한 도전들에 이미 직면하고 있지만 그들이 고용주나 국가로부터 전혀 도움을 받지 못하고 있을 뿐만 아니라 자주 그들 상호간에도 거의 도움을 주고받지 못하는 상황에 처해 있다는 사실을 미처 깨닫지 못했던 듯하다.[1]

어쨌든 "무엇을 해야 하는가?"는 시민사회가 장차 어떤 것이 되어야 한다고 보는가에 따라 달라진다. '결사적 삶'에 헌신적인 사람들은 시민사회 생태시스템 내 간극들과 단절들을 메우고 연결하는 일, 자원하는 일과 자발적 행위를 진작시키는 일, NGO와 다른 공민활동단체들에게 세금 감면 제도를 통해 그들에게 특전을 베푸는 모종의 '권능화 환경'을 확보하는 일, 그리고 결사의 자유를 보장하는 법과 규정들을 통해 NGO들을 온당치 못한 개입들로부터 보호하는 일에 초점을 맞출 것이다. 그런 한편, '좋은 사회'의 신봉자들은 빈곤 감축, 인권, 심화된 민주주의와 같은 공동목표들을 중심으로 정부, 시장, 자발섹터 내 기관들 사이의 긍정적 상호작용을 구축하는 데 초점을 맞출 것이다. '공공영역'으로서의 시민사회라는 개념을 지지하는 사람들은 공적 심의를 용이하게 하는 통로 및 모임의 장을 확대하고 사적인 경계선들을 가로질러 시민들이 서로 묶이는 데 필요한 역량들을 축적하고 소통 구조에 대한 접근성과 그것의 독립성을 촉진시키는 일에 초점을 맞출 것이다. 이데 덧붙여, 시민사회를 독립변수로 보는 사람들은 그것을 직접적으로 건설하려고 시도하는 반면, 시민사회를 어떤 상이한 세력들 간의 타협의 부산물로 보는 사람들은 총량적으로 최상의 결과를 창출하기 위해 다른 세력들을 조종하려고 들 것이다. 그러나 만약 여러분들이 나처럼 이런 접근법들 각각의 덕목을 모두 중요하게 평가한다면, 앞의 5장에서 설명했던 상이한 모델들 사이의 긍정적인 상호작용들을 강화시키는 개입 방식들을 찾아보는 게 합리적일 듯하다. 요컨대 다수의 독립적인 공공영역들이 게임의 규칙을 정하는, 모두가 평등하게 참여할 수 있게 허용하는 강한 민주주의 국가에 어울리는 포용력을 담지한 결사적 생태계를 생성하는 일이 그것이다. 이와 같은 통합적 접근법은 국가건설이나 민주주의 정치의 요구들을 자발적인 행위로 대체하는 경향을 방지한다.

　문제는 이 접근법 또한 정책을 위해서나 실천방안을 위해서도 가장 복잡한 방식이라는 것이다. 이것은 (더 많은 자원활동에 대한 요구와 같은) '마술탄환'을 찾으려는 그 어떠한 시도도 성공할 수 없음을 인정하면서도 항상 특정의 시간과 장소에 한정될 수밖에 없는 조치들을 시사하고 있다. 우리가 시민사회 논쟁에 대해 엄격해지면 엄격해질수록 우리는 점점 더 익숙하지만 처리하기 어려운 문제들, 예컨대 문화와 역사, 국가-사회관계, 그리고 변화를 위한 물적 토대들로 돌아가게 된다.

그리고 이 방식에 더 깊게 빠져들면 빠져들수록 언제 그리고 어디서 무엇을 해야 하는지와 관련된 쉬운 답들에 만족하기가 더욱 어려워진다. 이런 특성이 어떤 불확실성의 차원 — 모종의 융통성 수준도 요구한다 — 을 만들어내는데, 이 차원은 세계 자선섹터와 재외원조 공여기관들에게 기부 동기를 부여하는 미리 정해진 기준 항목들에 비추어 속전속결로 결과들을 평가하는 업무추진 방식과 불편한 관계에 놓여 있다. '시민사회 건설'은 실제로 항상 변화하는 맥락 속에서 모든 변수들 간의 상호작용들을 암시하는 모종의 '블랙박스'이다. 이 상호작용들이 결사적 삶과 공공영역을 사회적, 경제적, 정치적 구조들 속에서 보다 광범위한 변화들을 창출하는 수단으로 만든다. 물론 그 반대의 경우도 성립한다. 5장에서 이런 상호작용들이 이론상 어떻게 작용하는지를 조명했지만, 실제로 상호작용들을 인위적으로 이끌어내는 것은 거의 불가능하다. 이런 복합성들의 기저에는 많은 개입의 유형들 중 어떤 것이 예측 가능한 결과들로 인도될 수 있는지 아닌지와 관련된 골치 아픈 이슈가 놓여 있다. 시민사회의 발전이 우연적이면 우연적일수록 시민사회가 어떤 특수한 결과들로 귀결된다고 확신하기가 더욱 어려울 것이기 때문이다. 일반적으로 (NGO들의 숫자를 늘리고 줄이는 것처럼) 영향력 행사가 제일 손쉬운 것들이 가장 중요도가 떨어진다. 반면에 제일 중요한 것 — '공민적' 가치들과 하나의 공통된 삶에 대한 어떤 신념과 같은 것 — 은 변화에 가장 덜 순응적이다. 시민사회는 여러 다른 얼굴들을 가지고 있기 때문에 지킬 박사가 목표일 경우에조차도 하이드 씨가 나타날 수 있는 것이다.

이 겁나는 이미지는 우리에게 어떤 현실인식을 가지게 하는가? 환원주의에 빠지거나 허구적인 일반명제에 현혹되지 않으면서 시민사회 육성을 위해 할 수 있는 일은 두 가지이다. 첫 번째는 결사적 삶, 공공영역, 좋은 사회 사이의 효과적인 상호작용들이 평화, 민주주의, 사회정의의 목표들의 관점에서 이루어질 수 있는 전제조건들을 강화하는 것이다. 이것은 모든 불평등과 차별 형태들을 공략하는 일, 사람들에게 적극적인 시민이 될 수 있는 수단을 제공하는 일, 더 많은 참여를 독려하도록 정치를 개혁하는 일, 결사체들과 소통 구조의 독립성을 보장하는 일, 그리고 기관들 간의 동반 관계, 동맹, 연합을 위한 강력한 토대를 구축하는 일 등을 수행함으로써 가능해진다. 두 번째는 결사적 삶 속에서 좋은 사회에 복무하는 시민행동을 북돋우는 혁신사항들을 공공영역을 통해 지원하는 것이다. 이것은 현재의 결사적 삶을 지나간 시대의 양식들로 환원시키는 대신, 결사적 삶을 본질적으로 다른 오늘의 상황들에 들어맞도록 재발명할 필요성을 제기한다. 이러한 행위들이 성공적으로 수행된다면 시민사회들이 시간을 두고 스스로 유기적으로 형성될 수 있는 기회가 존재할 것이다. 비록 그 결과들이 사전에 정의된 어떤 정의에 따르지 않을 수는 있어도 분명 훨씬 더 지속적이고 효과적일 것이다.

진짜 시민사회의 전제조건 구축

지금까지 논의된 한 가지 일관된 주제는 결사적 삶이 좋은 사회의 토대들을 자기 스스로 공고하게 만들 능력이 없다는 것이었다. 오직 평등한 공민권과 민주적인 자치에 대한 훨씬 깊이 있는 신념만이 공공영역의 합의 형성 기능들을 통해 그 둘을 함께 결합시킬 수 있다. 우리의 3가지 시민사회 모델들 각각의 성공은 그것과 다른 모델들과의 상호작용에 좌우된다는 점을 잊어서는 안 된다. 이 상호작용들이 효과적으로 작동되게 하려면, 그것들이 일어나는 특수한 맥락과 거의 상관없이 선행되어야 할 몇몇 사항들이 존재한다. 그것들은 그러한 시너지 효과들이 발전할 수 있는 조건들을 손상시키는 구조적 장벽들에 초점을 두고 있다. 이러한 조건들 가운데 가장 중요한 것은 적극적인 시민이 되기 위해 사람들에게 필요한 지원체계를 무력화시키며, 타인들에게 다가서고 그들과 관계를 맺을 때 요구되는 안전을 박탈하는 빈곤과 불평등, 그리고 배제와 차별의 장벽을 철폐하는 일이다.

평등한 권리가 사법적인 보호와 합당한 임금을 수반하는 일거리 제공, 보육과 관련된 적절한 도움, 공정한 과세, 질 좋은 보건과 교육서비스에 대한 접근성의 평등, 그리고 포괄적인 사회안전망 등을 시민사회 건설을 겨냥한 정부의 개입 사례들이라고 주장하는 것은 아마 정도에서 벗어난 표현처럼 들릴지도 모른다. 그러나 그것은 정확한 사실을 그대로 말한 것이다. 왜냐하면 이런 조건들이 부재하다면, 결사적 삶과 공공영역은 엘리트들에 의해 지배될 것이다. 예를 들면, 보육과 조기 교육에 대한 부적절한 접근성이 서유럽 여성들보다 미국 여성들 사이에서 공민적 참여가 낮게 나타나는 가장 중요한 요인으로 언급되어 왔다.[2] 모든 시민들에게 그런 조건들을 보장하는 일은 그들이 공여자들, 정부들, 또는 기업들의 희망사항이 아닌 자신들의 희망사항에 따라 시민사회를 형성하는 데 요구되는 역량과 기회들을 가질 수 있도록 보증하는 가장 좋은 방법 중 하나이다. 불행히도 정부들은 대개 광범위한 불평등과 불안을 배경에 깔고 특별한 프로그램들을 통해 시민사회 발전에 '힘을 싣는' 시도를 함으로써 정반대 행보를 취한다. 영국의 '큰 사회Big Society' 프로그램은 이러한 우선순위 뒤집기의 전형적인 사례로서 사회적 기업들에 자금을 지원하고 공공-민간 동반 관계들과 책임의 분산을 통해 시민참여를 강화하려는 시도지만, 현재는 경기침체와 예산감축의 한가운데서 많은 사람들의 참여 능력을 파괴하고 있다.[3]

지속적인 심각한 불평등과 불안은 모종의 민주주의적 기획의 실체로서의 시민사회를 위험에 빠뜨릴 수가 있다. 내가 4장에서 인용했던 맨해튼에서 기독교 예배 의식과 유태교 예배 의식을 거행하기 위해 공간과 기물을 공유하는 사례가 가능했던 것은 부분적으로 그 집단들이 제법 부유한 참여자들로 구성돼 있었기 때문이다. 특권과 안전을 확보한 입장에서는 모종의 세계시민주의적인 삶을 영위하는 것이 아주 어려운 일은 아니며, 그것과 결부될 위험들도 최소한이고, 요구되는 노력의 강도 역시 훨씬 덜할 것이기 때문이다. 그러나 생활전선에서 허덕이고 있는 사람들이 평등하게 공유하고 참여하며 협조하기를 기대하는 것은 그들이 그렇게 하는 것이 안전하며 합리적인 일이 될 수 있는 조건들을 창출하려는 노력이 함께 경주되지 않는 한 단지 불합리한 생각에 지나지 않는다. 정치에 관해 논쟁하고 권력의 책임을 묻는 일은 에너지와 용기 양자를 다 요구한다. 권력이 반격할 경우에는 특히 더 그러하다.

틀림없이 안전, 안보, 사회 전역에서의 평등한 보호망을 제공하는 최선의 방법에 대해서 "합리적인 사람들은 동의하지 않을 것이다." 또한 이러한 목표들이 요구하는 국가, 시장, 자발적인 행위의 적절한 혼합 방식에 대해서도 마찬가지일 것이다. 그럼에도 정부, 기업, 또는 비영리집단들이 어떻게 독자적으로 바람직한 결과들을 성취할 수 있을지 여부는 파악하기가 어렵다. 기관들 간의 보충성은 필수적이다. 그리고 이것은 민영화와 상업화가 3가지 모습(결사적 삶, 좋은 사회, 공공영역

– 역자 주)으로 위장한 시민사회에 미치는 효과들에 대해 주의 깊은 감시체계의 가동을 필요로 한다. 그리고 '공동생산' — 국가, 기업들, 공동체 집단들이 협업하여 공공재화와 필수 서비스를 공동으로 제공하는 일 — 에 대한 지지는 지역의 자원들을 경영하는 데 있어 시너지 효과를 창출하고 결과들에 대한 소유의식을 증대시킨다. 일례로 시애틀에서는 공공 자원과 공동체 자원이 함께 조성될 수 있는 '근린대응투자기금Neighborhood Matching Fund'이 운용되고 있다. 이 제도는 시민들이 예산 수립과정 및 그 외의 거버넌스 측면들에 있어 한몫을 하는 것은 물론, 그들이 주도하는 기획들에 공공 지원과 민간 지원을 제공하는 라틴아메리카 도시 지역의 실험들(브라질에서 시작된 '주민참여예산제' 등을 가리킨다 – 역자 주)을 반영하고 있다.

    이러한 개입들에 덧붙여 정부들은 결사적 삶과 공공영역의 독립성을 보장해줄 책임을 가지고 있다. 이 독립성은 투명성, 책무성, 대화와 토론을 진작시키는 그들의 기능에 필수적이다. 이 정부의 책임은 시민적 권리들과 정치적 권리들, 특히 정보, 결사, 표현의 자유에 대한 권리들의 법적인 보호를 통해서, 그리고 시민행동을 가능케 하는 환경의 수립과 자유 및 책무성의 균형을 이룬 재정 및 규제 구조라는 사법적 혼합체인 독립 미디어의 수립에 의해 가장 잘 완수될 수 있다. 실제로 대부분의 시민사회 환경은 결사적 삶을 공공연히 침해하고 통제한다. 특히 시민집단들과 소통 수단들을 조직에 흡수하려는 유인책에 대한 저항이 거의 불가능한 권위주의적 맥락 속에서는 더더욱 그러하다. 심지어 미국처럼 성숙한 민주주의체제에조차 이러한 유혹들은 명백히 존재한다. 특히 2001년 9월 11일 테러공격 이후의 안보환경에서는 더욱 그러하다.

이런 기상도 하에서 정부의 침범은 항상 정치적이거나 이념적인 이유로 목표집단들을 공략하는 데 악용될 수 있다. 그럴 경우 그것은 상이한 견해들과 목소리들이 표현될 수 있는 권리를 보유하고 있는 건강한 시민사회에 대한 저주가 되는 것이다. 우리는 3장에서 상이한 사상학파들이 '비문명화된 사회'의 문제 — 목적과 실천방식에서 한 집단이 다른 집단에게 거부감을 일으키는 결사체들의 현전을 의미한다 — 에 어떻게 접근하는지를 살펴보았다. 이 문제를 다루는 방법들은 여러 가지가 있다. 그럼에도 '의견의 일치' — 국가가 수용 가능하다고 인정한 행태에 관한 정의(定義) — 를 위해 법안을 만드는 일은 보다 급진적인 다른 견해들을 위축시킬 위험을 수반한다. 사실상 정부와 자발섹터 간의 '공약concordat(公約)'이 좀 더 효과적인데, 그것은 그들 상호산의 권리와 책임들을 규정하며 자발적인 행동강령과 사법적 조치들의 혼합물에 의해 뒷받침된다. 그러한 공약들이 이미 영국, 캐나다 등지에서 실험되어오고 있다. 여기서 특히 중요한 것은 시민들이 가능한 한 쉽게 비영리집단에 가입하고 탈퇴할 수 있게 하는 것이다. 그렇게 함으로써 중첩적 멤버십 — 이것의 중요성은 이 책을 통해 계속해서 강조되었다(저자인 에드워즈의 견해상 중첩적 멤버십은 시민사회의 유대를 강화시키는 가장 큰 요인이다. 이런 견지에서 그는 이것의 유용성을 푸트남의 '사회적 자본', 즉 신뢰와 대비시키고 있다 – 역자 주) — 으로 인도될 가능성이 더 크기 때문이다.

공공영역의 관점에서 설명하면, 정보의 자유로운 유통 역시 평등한 기회, 합의 형성, 그리고 시민들이 정부와 기업들을 상대로 그것들의 행위에 대한 책임을 묻는 일에 필수적이다. 재정, 고용, 그리고 법적 권리에 관한 정보의 접근을 광범위하게 허용하는 일은, 배제된 집단들의 고립을 상쇄시키는 데 도움이 되며, 또한 공공정책들이 배제된 집단들의 이익을 반영하도록 영향을 미칠 가망성을 한층 높일 것으로 보인다. 그러므로 공공정보공개법과 공영 미디어와 통신 채널들의 촘촘한 네트워크는, 좀 더 실질적인 의미에서 '공적인' 모든 유형의 공간들과 함께 우선순위로 꼽히는 사항들이다. 그런 공적 공간은 물리적 유형(특히 무료 인터넷 접근이 가능하다면 시장, 광장, 공동체의 주민자치센터들, 공공도서관과 같은 장소들)일 수도 있고, 가상의 공간 유형(단지 적은 수의 기업들이 인터넷망의 구조 및 코드들의 상업화와 집중화된 통제를 점점 더 강화시키는 것에 대해 반격하는 공간)일 수도 있으며, 교육 유형(사교육의 희생을 대가로 공영대학들을 육성하는 공간)이거나, 미디어가 제공하는 공간들(공동체 라디오, 공영 텔레비전, 정부 보조를 받는 유선 채널들, 그리고 자국어로 간행되는 일간지들과 잡지들을 위시한 다채롭고 다원적인 언론 지지를 통한 표현의 공간)일 수도 있다. 여기서 정부들은 공익의 편에서 소통 산업을 규제함으로써 — 예컨대 미국 내에서 '클리어채널회사Clear Channel Corporation'가 시도하고 있는 것처럼 지방 라디오 방송국을 왕창 사들이는 회사들의 매입을 저지함으로써, 유선방송사들이 공공재 사용권 획득의 조건으로 지역 공동체 접근센터의 재정을 떠맡도록 요구함으로써, 그리고 공영서비스 방송의 위성 전파사용 비용을 보조함으로써 — 일역을 담당할 수 있다.

  이에 덧붙여, 공적인 개입을 위해서는 사람들이 우정관계들을 형성하고, 서로의 의견에 도전하며 각자의 특수성들을 넘어 새로운 동맹들과 충성심을 생성할 수 있는 경로들과 만남의 장들이 필요하다. 벨라루스에서는 '폴란드계 스테판 바토리 재단Polish Stefan Batory Foundation'이 미래 사회의 방향성에 관해 정부, 기업들, 비영리단체들 사이의 대화를 촉진시키려는 의도로 기획된 일련의 원탁토론들을 후원하고 있다 — 이와 같은 일은 명백히 벨라루스처럼 권위주의적인 맥락에서는 전례가 없는 행보이다. 남녀공학 학교, 대학, 주택프로젝트, 합동 미디어 벤처업체, 협동조합과 같은 집합적 생산 및 영업조직, 그리고 상이한 집단들의 자연자원 공동경영 — 이런 것들은 모두 계층 및 인종을 가로지르는 가교들을 건설하여 '공적인 것the public'에 대한 새로운 감각들을 강화시키는 데 도움이 된다.

좀 더 확장된 시각으로 보면, 세 가지 모델들 사이의 긍정적인 시너지 효과를 창출하기 위해서는 우선적으로 대의민주주의와 참여민주주의 제도 내의 개혁들이 선취되어야 한다. 공공영역을 재활성화시키고, 결사체들이 정치체제 내에서 정당한 역할을 가지고 있다는 점을 인정하며, 시민들과 정부 사이의 연계를 강화시키는 것이다. 이것들은 모두 공공영역의 구조들 속에서 좋은 사회의 비전과 실현방식을 결정하는 과정들과 결사적 삶을 연계시키는 관계들을 공고히 하는 방법들이다. 공식적인 정치 체계상의 용어로 말하자면, 2012년 미국대선에서 미국 유권자 가운데 50퍼센트가 투표에 불참하였다는 사실은 이해할만하다. 정치가 유권자의 눈에 부패하고 비효과적이며 보통 사람들의 관심사와 관련이 없는 것으로 보인다는 점을 감안하면 말이다.[4] 물론 이 딜레마에 대한 일차적 해법은 선거자금 개혁, 선거 모니터링, 유권자 등록방식과 선거 절차의 개선을 통해 정치를 깨끗하게 만들며, 투표와 같은 공식적인 정치참여로부터 빠져나갈 루트들을 막는 것이다. 여기 반드시 포함돼야 할 것은 이 과정의 일환으로서 (필요한 재정과 재원의 지원을 받는) 정치적 권위의 분권 또는 탈중앙집중화 정책을 함께 실시하여 시민들이, 예컨대 권력, 이익, 자원의 공정한 배분을 위해 상위질서의 개입 행위가 필수적인 영역들을 제외한 다른 모든 사안들의 통제에 함께 참여할 수 있는 여건을 조성해야 한다는 점이다. 볼리비아의 '인민참여법Law of Popular Participation'은 이런 방식으로 **보충성**을 제도화하려는 노력을 보여주는 진귀한 예이다. 이것은 도시의 용수공급의 민영화를 원상복구하려는 노력들 속에서 이미 그 유용성이 입증된 참여방식이다. 국가의 정책결정 과정에서 시민의 목소리, 참여, 대표성을 확대시키는 일은 합의, 신뢰, 사회적 학습기회, 국가기관의 확장된 책무성과 대민(對民) 대응성, 그리고 소수자 권리들 및 이익들에 대한 폭넓은 보호를 이끌어낸다.

시민사회는 1990년대 이래로 이론과 실제에 있어 직접민주주의 또는 심의민주주의 등장의 주된 수혜자였다. 또한 공식적인 정치의 영역을 에워싸고 있는 과정들 — 공공영역의 과정들 — 속에 직접적인 참여의 공간을 만드는 일은 모든 행위 어젠다의 필수항목이었다. 심의 방식의 여론조사, 대안적 투표 절차들과 대의(代議) 양식들, 주요 정책 딜레마들과 관련된 토론, 시민들의 목소리가 경청되는 더 많은 공간들의 창출 등은 모두 하나같이 중요하다. 비록 이런 것들의 채택이나 성공은 호의적인 정치적 맥락의 존재 여부에 달린 것일지라도 말이다. 미국의 타운홀미팅과 같은 고전적인 참여 형태들은 오늘의 바쁜 시민들에게 — 피오리나Morris Fiorina가 지적하듯이 — 너무 많은 비용과 시간을 요구한다. 이 타운홀미팅은 본래 추수를 마친 이후 이듬해 땅을 갈 준비가 되기 전까지 길고 외로운 뉴잉글랜드 지방의 겨울을 나기 위한 '유

---

* **보충성** – 중앙에 대한 지방의 영향력을 강화시키려는 목적에서 유럽연합 체제가 채택하고 있는 연방주의적 원칙.

쾌한 기분전환용' 시간 때우기 방식이었다.[5] 그 때문에 현 시점에서는 작업장을 중심으로 조직되거나 향상된 정보기술을 기반으로 하는 신종 참여양식들이 특히 주효할 것이다. 본질적인 측면에서 그 어떤 참여 형태라도 그것이 증대된다는 것은 환영할 만한 일이다. 왜냐하면 우리는 책이나 훈련을 통해 시민이 되는 방법을 학습하는 것이 아니라 경험과 행위를 통해서 그 방법을 습득하기 때문이다.

시민들의 직접적인 정치과정 참여 방식들을 통해 공민적 활동과 정치적 활동 사이에 강한 유대관계를 진작시키는 일은 다분히 모험적이다. 그것은 시민사회의 독립성 상실과 시민사회가 국가 또는 시장의 체계 속으로 흡수될 수 있는 위험도 함께 수반하기 때문이다. 그러나 우리는 2장에서 좋은 사회를 위한 개혁들에 관해 어떤 합의를 확보하는 데 있어 정치적 삶이 진정으로 민주적이며 효과적이기 위해서 왜 이러한 유대관계들이 성공적으로 작동될 필요가 있는지를 살펴보았다 ― 민주화는 현실정치 없이는 발생할 수가 없다. 그러나 그 두 개의 영역이 어떻게 연계될 수 있는지에 대한 합의는 존재하지 않는다. 가장 유망한 루트 가운데는 '비(非)정당정치', 늘어난 시민사회 주창운동과 정책입안 작업이 포함된다. 이것들은 공민적 행위와 정치적 행위를 동일한 결사체 또는 네트워크의 다른 영역들로 분리시키는 일, 시민사회 활동가들을 정부의 직위들에 선출하거나 임명되도록 하는 일, 특수한 정당들과 대비되는 정당시스템들을 지원하는 일 등을 포함한다. 이런 영역들 내에서 공여자들의 지원이 시간이 경과함에 따라 훨씬 더 민감해지고 있다는 일부 증거가 존재한다.[6] '공민교육civic education'은 시간이 경과함에 따라 정치와 자원활동에 더 많이 참여하는 결과로 이어진다는 명제에 대해서는 찬성하는 쪽과 반대하는 쪽의 경험적 자료가 모두 존재한다 (공민교육이 비록 학생들에게는 인기가 없을지 모르겠지만 학교들이나 정치인들 사이에서는 특별한 인기가 있다). 그럼에도 다른 모든 조건들이 동일하다면 자발결사체들에 참여한 사람들이 훨씬 더 정치에 참여할 가능성이 크다. 특히 그들이 초중고교와 대학 재학시절에 참여한 경험이 있는 경우에 더욱 그러하다.[7]

이 모든 것들을 시민사회 행동 어젠다 상에서는 어떻게 이해할 수 있는가? 시민덕성 교육, 서비스 학습, 공동체 서비스와 확대된 비공식적 정치참여 양식들은 분명한 유용성을 담지하고 있다. 단 국가가 그것들을 통제하지 않을 경우에, 그것들이 공식적인 정치의 장에서 개혁의 대체물로 사용되지 않을 경우에, 그리고 저임금 집단과 소수자 집단들의 낮은 참여율 저변에 깔려 있는 보다 폭넓은 구조적 장애요인들을 공략하기 위한 목적에서 이미 추천한 다른 개입 방식들의 대체물로 사용되지 않을 경우에 유용해진다는 것이다. 이러한 조치들은 결사적 삶, 공공영역, 그리고 좋은 사회 사이의 효과적인 상호작용을 위한 전제조건들을 구축하는 데 일조할 수 있다. 한편 그것들은 반드시 함께 발전되어야만 할 결사체들 사이의 역량들과 연계점들의 존재에 좌우될 것이다.

건강한 결사적 생태시스템 개발의 촉진 방안

결사적 삶과 그것의 효과가 이 장에서 기술한 것처럼 복잡하다면 대외원조나 정부개입을 통해 영향력을 행사하려는 그 어떤 시도도 난관과 위험을 방지하기가 쉽지는 않을 것이다. 하지만 1989년 이래 특히 동유럽에서 번창한 시민사회 건설 산업의 접근법은 일부 예외는 있지만 서구의 노선, 구체적으로는 북미 자유주의적-민주주의 규범들과의 연계선상에서 지역주민들의 결사적 삶을 조종하려는 모종의 노골적 시도처럼 보인다. 공여자들이 가장 중요하다고 생각하는 (예를 들면, 주창운동을 하는 NGO들이나 대개 수도에 근거지를 두고 있는 엘리트들의 다른 활동수단들) 결사체들을 미리 선정한다거나, (아프리카와 이슬람 세계의 비공식적인, 마을이나 부족에 기초한 결사체들과 보다 급진적인 사회운동들이나 전(前)정치적 구성체들처럼) 서구인들의 기대치에 못 미치는 토착시민행동의 표현들을 무시하고, 신출내기 집단들이 대외원조를 따내려고 달려들면 불신과 경쟁의식을 확산시키며, 결사체들이 타국의 이익과 결탁할 때 반발을 야기하는 일들이 발생한다. 정부의 책무성을 진작시키는 독립 미디어 집단과 단체들에 대한 간헐적인 지원을 별개로 하면 공공영역의 창설은 대체로 무시된다. "정치기관들을 새로 만드는 데는 6개월이 걸리고, 생존가능성이 절반정도 되는 경제체제를 창조하는 데는 6년 … 하나의 시민사회를 창조하는 데는 60년이 걸린다"는 다렌도르프Ralf Dahrendorf의 경고를 아랑곳하지 않으면서 프로젝트의 시간척도들은 쉽게 다룰 수 있는 크기인 2년이나 3년 단위로 나누어지고 책무성은 체계를 재조정하여 외부 공여자들과 조정자들에게로 떠넘겨진다.[8] 공민적 기관들을 육성하는 일은 오랜 기간을 통해서 가장 조심스럽고 민감한 부속행위들을 수반하게 된다. 이와 대조적으로 원조(援助) 산업은 자신들이 올바른 방향으로 가고 있다고 확신하는 사람이 어떤 상이한 시점에 한 상이한 나라를 위해 만들어진 엉뚱한 지도를 펼쳐놓고 운전하는 불도저와 흡사하게 위험천만하다. 미국의 점령 이후 나타난 혼돈상황에서 이라크에 '시민사회부'가 필요하다고 역설했던 이라크의 '**연합과도정권**Coalition Provisional Authority'이 우

선순위 상에서 지독한 실수를 저지른 적절한 사례로서 이에 해당된다.[9]

서구의 경우 자발결사체들은 원조기관들이 제시하는 급작스런 변동 사항들에 조금 덜 취약할지도 모르겠지만 여전히 정부 용역사업들에 대한 의존성과 민간 재단들 및 여타 다른 공여자들의 변덕스런 요구라는 위험들에 노출되어 있다. 이런 사정은 보다 큰 재정 지원과 기술 지원을 확보한 일부 집단들을 다른 집단들보다 편애함으로써 다원주의의 진정성을 쉽게 왜곡시킬 수 있고, 결과적으로 시민들과 그들의 결사체들 사이에 자리 잡은 관계들의 발전을 억제하고 국가의 지원 감축과 민영화에 훨씬 더 많은 기여를 하게 될 것이다. 누군가가 새로운 NGO를 창립하는 것은 어렵지 않다 (그가 미얀마나 중국에 살고 있는 것이 아니라면 말이다). 이 작업은 단기간 내에 쉽게 결과를 얻을 수 있는 것들에 집중하거나 비영리섹터의 물리적 기반확충에 투자하려는 공여기관들의 경향과 잘 맞아떨어진다. 그러나 이런 개입방식들 자체는 거의 아무 성과도 내지 못한다. 이러한 개입방식들은 결사적 삶의 유기적인 양태들의 진화를 촉진시키려는 진정한 시도들이 아니라, 미리 정해진 규범들에 따라 자신의 운명을 구성하려는 잘못된 시도들일 뿐이다 — 이것은 리Xiarong Li가 '**시민사회결정론**civil society determinism'이라고 부르는 현상이다.[10] 그런 시도들의 결과는 성공적인 것이기가 어렵다. 이는 마치 망가진 결혼생활의 불행한 자녀가 그런 것처럼, 독립적이고 자립

---

* **연합과도정권**(Coalition Provisional Authority) – 2003년 3월 19일 미국이 주도한 다국적군이 이라크를 점령한 이후에 설치된 과도정부.

* **시민사회결정론**(civil society determinism) – 이것은 개별 시민사회의 결사적 삶의 생태계에 특징과 성격에 따라 동일한 프로젝트를 수행하더라도 다른 결과를 초래한다는 이론이다.

적인 실체들로서 결사체들의 미래는 항상 위협받는 상황에 놓이게 될 것이다. 그럼에도 결사적 삶의 엔진을 잘 돌게 할 윤활유 역할을 담당하는 외부 지원은 유용하겠지만 그것이 결코 그 자동차를 운전하는 사람의 손을 대신할 수는 없는 법이다.

일련의 독립적인 평가연구들은 이 침울한 예측을 확인해준다. 그러나 왜 그 기록이 빈곤한 것인지는 알려주지 않는다.[11] 공여기관들은 그들이 수립한 결정들의 영향에 관해서는 거의 아무런 책임도 지지 않는다. 가령 그들이 책임을 지는 구조라면 실수가 좀 줄어들 텐데도 말이다. 공여기관의 책임을 묻는 것은 결코 비이성적인 요구가 아니라고 생각할지도 모른다. 하지만 충격적이게도 자선과 대외원조의 세계에는 그런 깃들이 부재한다. 게다가 민주주의를 촉신시키려는 성치결사체들에 대한 지지가 시장자유화(또는 조직적 수준에서 주창활동과 민중동원에 대한 지지를 능가하는 NGO 서비스 제공에 대한 지지)를 촉진시키려는 경제결사체들에 대한 지지에 의해 상쇄됨에 따라 외부의 어젠다들은 자주 모순을 일으킨다. 데이턴협정Dayton Accords 이후 보스니아에서는 공여자들이 '다원주의'를 지지한다고 공언했던 한편으로 당시 활동에 대한 평가를 했던 스마일리Ian Smillie에 의하면 그들이 실제로 추구했었고 자금을 댔던 활동은 '싸구려 서비스 제공'이었다.[12]

공적 원조는 재임 중인 행정부의 정치 어젠다와 묶여 있으므로 시민사회 자금 제공처럼 정치화된 영역에서 순수한 거리두기가 가능할 것이라고 기대하는 일 차제는 순진한 발상에 지나지 않을 것이다. 증대된 공여자의 일관성과 조정을 통해 외부 도움이 잠재적으로 지니고 있는 폐해들을 줄이기 위한 노력들이 이미 단계적으로 취해지고 있다.[13] 그럼에도 미국이 후원하고 있는 '위대한 중동 이니시어티브Greater Middle

East Initiative'에 대한 평가결과들을 예로 들면, 러시아와 우크라이나의 시민사회 원조와 인도의 NGO들과 사회운동들에 대한 원조 양자는 풀뿌리 연결고리가 약한 NGO들에게 과도한 투자를 한 결과 대단한 왜곡 현상이 발생했음을 보여준다.[14] 이것이 성공사례가 전혀 없었다는 말은 아니다. 소로스Geroge Soros가 (스테판 바토리 재단과 같은 독립적인 기금 모금기관들을 출범하도록 반체제인사들에게 복사기를 제공한 일을 비롯하여) 동유럽에 쏟아 부은 노력들은 주목할 만한 것이며 다른 재단들과 국제NGO들 몇몇도 그에 버금가는 노력을 기울인 바 있다. 2003년과 2005년 사이 우크라이나, 조지아, 키르기스스탄의 '색동 혁명들'을 대상으로 이와 유사한 주장들이 제기되었다. 이 세 가지 사례 모두 외부인(특히 미국)이 해당 지역 맥락에서 정당성을 결여했고, 또한 당시 진행 중이었던 정치적 불안정과 민주적 역행에 기여했을 수도 있는 시민사회 내부 요인들을 지원한 것에 대해 비판을 받기도 했지만 말이다. 이러한 문제들은 시민사회에 대외원조가 주어질 경우에 거듭되는 특징으로서 민주주의를 지속시키고 심화시키려는 목적의 훨씬 더 힘든 투쟁에 수반되며 첫 번째 민주선거 과정 이전과 이후에 강렬하게 분출하는 활동들과 함께 나타난다 — 이것은 스페인과 폴란드, 그리고 '아랍의 봄'과 같은 최근의 과정들 속에서 관찰된 양태이기도 하다.[15] 이미 잘 조직되고 구체적인 목표를 가진 지역사회 운동을 후원하는 외부의 노력들이 존재할 때 최선의 결과가 도출된다. 이런 시나리오 상으로는 적은 액수의 돈과 기술적 지원이라도 그것이 적절한 시점에 주어지면 중요한 차이를 창출할 수 있다.

만약 그러한 차이에 대한 기록 내용이 빈약하다면 무엇이 그것을 개선할 수 있을까? 첫 번째의 주먹구구식 대답은 언제나 비교적 독립적으로 자신의 맥락에서 '삶을 영위하고 있는' 결사적 삶의 형태들을 찾아보는 것이다 — 단지 '유력한 용의자들'만을 찾아서는 안 된다. 그것들이 (사미르 칼라프가 말하듯이 관용을 계발하는 일에 기여하고 있는) 레바논에 있는 보수적인 모스크 결사체들일 수도 있고, 인종차별 정책 하에서 핵심적인 사회적, 경제적, 정치적 역할을 맡은 바 있는 남아프리카 타운들의 매장(埋葬)협회들, 아니면 (태동하고 있는 '지구정의[正義]운동'에서 주요 동력원으로 활동하고 있는) 프랑스와 브라질의 노동조합들일 수도 있다.[16] 이런 집단들이 바로 글로벌화하는 자본주의, 민족주의의 부활, 그리고 그런 조류들이 낳은 파편화 현상에 대항하여 공동체와 결사의 문제들에 대한 새로운 대응책들의 조직전선들을 점유하는 행위자들이다. 학자들이 설득력 있게 증명했듯이, 19세기 말에 서양에서 결사적 삶이 도시화, 산업화, 이민에 의해 급진적으로 재조직된 것처럼 그것이 다시금 재조직될 수도 있을 것이다. 특히 지구정의운동은 참신하고 덜 위계적인 구조들, 관행들, 조직기술들을 발전시키는 혁신을 이룩했다. 비록 그 혁신사항들이 구체적인 정책대안들의 차원에서 어떤 합의에 이를 수 있을지는 두고 볼 일이지만 말이다.

둘째, 우리는 결사적 생태계의 구성요소들이 각자 또는 함께 보다 더 효과적으로 기능할 수 있는 조건을 조성하는 일에 초점을 맞추어야만 한다. '토양'과 '기후'가 올바르다면 결사적 삶은 지역 환경에 어울리는 방식으로 성장하고 진화할 것이다. 이것은 가능한 한 최대로 많은 집단들을 넓게 포용하는 것에 대한 지원을 요구한다. 또한 그들의 업무가 지속성을 가지도록 해야 한다면, 그들이 시너지를 일으키는 방식으로 공민적 삶에 대한 자신들의 비전을 방어하고 증진시키는 일을 수행하도록 돕고, 그들이 융통성 있는 인간적인 서비스와 독립적인 비판을 자신들만의 방식들을 통해 결합시킬 수 있게 하며, 그들이 자신들 상호간의 관계 그리고 자신들이 책임의무를 다해야 할 공중과의 관계에 대한 것들을 스스로 해결할 수 있도록 놔둬야한다. 앞의 5장에서 추천했던 것처럼 비영리 집단들의 주창 역할과 그들이 상이한 기능들을 함께 결합하는 능력을 비롯하여 결사적 삶 속의 공민적-정치적 연결고리들을 지원하는 것 — 서비스 제공, 역량구축, 주창활동을 결합시키는 혼성적 단체들의 생성 또는 '정의 구현에 대한 사랑'이라는 시민권운동 철학 속에 담긴 개인적인 것과 구조적인 것을 결합시킨 변화들의 창출 — 도 역시 중요하다. 일각에서는 '서비스 정치'가 일종의 모순어법이라고들 하지만 그것이 시민행동의 2개 차원을 함께 견인하는 능력은 고려할만한 가치가 있다.[17] 비영리단체들에게 재정지원을 할 때 정부들이 사용하는 규제 규범들과 계약 장치들은 이 균형점을 찾는 일에 민감해질 필요가 있다. 시민들로 하여금 권위주의적인 장악방식들에 대해 저항하도록 하고 또 새로운 정치적 기회들이 생겨났을 때 그에 반응하도록 하는 것이 바로 생태계의 깊이와 연속성이다.

다른 중요한 조치들 가운데는 조금 덜 눈에 띄는 결사체들과 (특히 여러 가지 맥락들 속에서 사람들과 기관들을 연결하는 훌륭한 중간자들로 증명된 여성결사체들과 같은)[18] 주변화된 집단들의 이익을 대표하는 사람들에 대한 지원이 포함된다. 또한 결사체들이 시간이 지남에 따라 상당한 타성과 자기이익을 발전시키는 경향을 시정하기 위한 지도력 발굴통로를 새롭게 하는 일, 그리고 집단 내부의 경계선을 초월하는 집합적 행동 네트워크와 새로운 관계들 속으로 사람들을 수직·수평적으로 연계시키는 연결고리들을 강화하는 일이 포함된다. 여기서 그것이 광범위한 토대에 기초한 연합체든, 동맹체든, 사회운동이든, 또는 중간지원 조직들과 특정의 사회적 기반을 가지고 있는 멤버십 집단들 사이의 기초적 관계 설정이든 그 방식은 별 문제가 되지 않는다. 이 모든 조치들은 상대적으로 힘이 약한 집단들이 새롭고 중첩적인 관계들의 구축 및 책무성 강화 능력은 물론, 공공정책에 대한 영향력을 증대시킬 것이다.

셋째, 우리는 자발결사체의 재정적 독립성을 강화하는 일에 가능한 한 많은 관심을 집중해야만 한다. 이는 정부계약들, 재단들, 대외원조금에 대한 의존성이 시민행동의 아킬레스건이기 때문이다. 자원들은 반드시 조직의 정체성, 기능, 사명, 책무성에 관한 질문들과 연결되는 모종의 '운영방향 제시 효과'를 수반한다. 지역적인 기여방식들에 근거한 다양한 세입 원천들을 가지고 있는 결사체들이 대체로 공여자들의 압력에 훨씬 더 효과적으로 저항할 수 있고, 그들의 관심을 주력 활동에 확고하게 집중할 수 있으며, 그들이 단지 외부 이익세력의 앞잡이라는 비난을 근절시킬 수 있다. 이것은 서구에서 발달된 전통적 자선모금 활동 모델 — '굶는 아이' 증후군 — 을 복제하라는 의미가 아니며, 오히려 회비 납부, 제공된 서비스에 대한 비용 회수, 영리사업 수입, 재단 지원금, 재산 기증, 그리고 우리가 3장 말미에서 살펴본 민주적인 자기-출연금 모델 등을 포함하는 보다 폭넓은 모금 방식의 장려를 의미한다. 근래 ('공무[公務]' 수행 중 햄프턴에 있는 피피 라 루 Fifi La Roo 온천을 방문했던 뉴욕 소재 마르켈 재단의 선임 집행위원 사례와 같은) 일부 자금 유용 스캔들에도 불구하고 재단의 자금 지원은 적어도 이론상으로는 그것의 유연성과 장기적 시간척도 때문에 중요한 항목으로 존재한다. 비록 우리가 3장에서 보았듯이, 통제지향적이고 특정한 종류의 단기적이고 측정이 가능한 결과들을 요구하는 '자선주의(慈善主

義)'의 등장이 이러한 이점들을 부식시킬 수 있다고 하더라도 말이다.[19] 인도의 달리트기금Dalit Fund처럼 지역에서 기증받은 독립적인 기금설립 재단들이나 전 세계에 퍼져 있는 공동체 재단들을 지원하는 것은 매우 유용한 일이다. 왜냐하면 그것이 책임과 자원들을 게이츠Melinda & Bill Gates 재단이나 포드재단Ford Foundation과 같이 멀리 있는 기관들로부터 분산시키기 때문이다. 국립 또는 준(準)국립 개발기금들도 전도(前導)가 촉망된다.[20]

끝으로, 비서구적인 맥락들 속의 시민사회에 관해서는 알려지거나 이해된 바가 거의 없기 때문에 전 세계적으로 펼쳐지는 결사적 삶의 현실들과 복잡다단함에 관해 추가적인 연구가 이루어지는 것이 극히 중요하다고 생각한다. 더 많은 연구가 그것 자체로 더욱 효과적인 조력자가 되지는 않겠지만 적어도 기부자들이 판단할 수 있는 근거들로 이루어진 보고(寶庫)를 생성하고 그들이 종종 수립하는 가설들을 내놓거나 역으로 그것들에 대해 반론을 피는 일을 약간 더 용이하게 만들 것이다. 요컨대,

- 당신은 자신이 왜 특정 결사적 삶의 양태들을 진작시키는 것인지, 또 왜 그 결과에 대한 책임을 수용하는지에 대해 명쾌하고 투명해야 한다.
- 당신이 가장 중요하다고 미리 결정한 형식들이 아니라, 결사체들이 자기 스스로 조직형태와 관계들을 형성할 수 있는 조건들에 초점을 맞추어야 한다.
- 당신은 결사적 삶을 모종의 생태계로 간주하며, 상대적으로 약한, 부재한 또는 단절된 구성요소들을 찾아보아야 한다.
- 당신은 가능한 한 폭넓은 범위의 집단들이 함께 모여 자신들의 미래

비전들을 명확하게 표현할 수 있도록 그들에게 자원들을 제공해야 한다.
- 당신은 효과적인 자원 창출, 독립성, 효과성을 확보하는 열쇠로서 토착적 뿌리들과 책무성을 진작시켜야 한다.

결론

어떤 사상이 하나의 '거대 사상'으로서의 자격을 획득하려면 그 크기가 얼마나 커야 하는 것일까? 시민사회는 중요한가? 그것은 지나치게 복합적인가? 그것의 적실성은 특정 맥락들, 문화들, 역사적 기간들에 한정되는 것일까? 내가 이 책에서 시민사회를 탐구했던 방식들에 비춰보면 그것은 확실히 중요한 사상이다. 왜냐하면 그것은 우리로 하여금 세계를 해석하고 변혁시키는 일을 동시적으로 할 수 있도록 도와주기 때문이다. 그럼에도 실제로 시민사회가 무엇인지, 그것이 하는 일이 무엇인지, 또는 그것이 세계의 특정 지역들에 현존하는지 아닌지의 여부에 관해서는 어떠한 합의도 존재하지 않기 때문에 단번에 이처럼 너무 많은 요구들을 제시하는 것은 어리석은 일일 것이다. 지금 확실해 보이는 것은 시민사회가 미래에도 오랫동안 계속해서 시민행동과 토론을 위해 어떤 중요한 뼈대를 제공할 것이라는 점이다.

내가 보여주고 싶었던 바는, 시민사회는 우리가 성취해야 할 어떤 목표(좋은 사회로서의 시민사회 - 역자 주)인 동시에 그 목표에 이르는 어떤 수단(결사적 삶의 토대로서 시민사회 - 역자 주)이라는 것이다. 또한 (시민사회라는 큰 목표의 세부) 목표들과 수단들을 매개로 상호

개입하는 모종의 체계(공공영역으로서 시민사회 - 역자 주)라는 사실이다. 이러한 3가지 '얼굴들'이 서로를 바라보면서 자신들의 상이한 관점들을 모종의 상호지원적인 체계 속에 편입시킨다면, 시민사회라는 사상은 정치와 사회변혁의 과정에 관해 상당히 많은 것을 설명할 수 있을 것이며, 또한 저항과 사회적, 경제적 문제들에 대한 대안적인 해법들을 조직하는 실천적인 틀로서 복무할 수 있을 것이다. 좋은 사회에 관한 이론들은 우리로 하여금 자유와 인간 진보에 대한 탐색을 동기화하는 규범적 목표들과 제도적 도전들을 응시하도록 돕는다. 결사적 삶에 관한 이론들은 비(非)국가적 행위 — 그것은 항상 필요하지만 결코 충분하지는 않다 — 라는 매개물을 통해 그러한 도전들에 대처하는 방법을 설명하는 데 도움이 된다. 그리고 공공영역에 관한 이론들은 사회적 목표들과 그것의 달성에 필요한 전략들을 둘러싼 논쟁과 타협의 틀을 제공함으로써 앞의 두 이론들을 연결시킨다. 시민사회 토론과 관련된 여러 가지 난관들은 우리가 단순히 이 사상학파들이 서로로부터 고립된 상태에서 각기 제공할 수 있는 바에 대한 우리의 기대치를 낮추고 단 한 개의 모델, 합의, 또는 설명을 강제하려는 모든 시도들을 포기할 때에야 비로소 사라지게 될 것이다.

이 3가지 방식들을 적용하여 어떤 진정한 시민사회를 건설하는 일은 엄청난 에너지와 상상력을 요구할 것이다. 이 시민사회 사상이 시민투쟁들에 제공하는 통찰이 중요한 이유가 바로 그것이다. 2000년에 열린 소말리아 지부티 평화회담Djibouti Peace Conference for Somalia 장에서 지역사회 세력들은 역내 군벌들의 지속적인 지배에 대한 대응논리를 전개하면서 시민사회 언어를 광범위하게 사용한 바 있다.[21] "당신이 도대체 무슨 권리로 우리가 업무상 매우 중요하게 생각하는 개념을 빼앗아

가려는 것인가?"라는 질문은 2002년 인도의 한 활동가가 내게 한 논평인데, 꽤 옳은 말이기도 했다. 시민사회 사상이 지닌 이론상의 결점이 무엇이든, 그것은 사회운동을 위한 일종의 시금석을 제공한다. 그리고 시민사회의 본질은 집합행동 — 결사체들 속에서, 공공영역을 통해서, 그리고 사회 전반에서 이루어지는 — 이기 때문에 이 논쟁은 우리 자신의 개별적인 노력 및 경험들이 진정한 인간 본질의 정수인 사랑, 연대감, 희생, 그리고 우정을 바탕에 깔고 있는 인간관계들을 결코 대체할 수 없다는 사실을 우리에게 상기시킨다. 그러한 관계들이 사회, 국제관계, 그리고 경제체제 내의 광범위한 변화들로 인해 심각한 수준으로 부자연스러워졌을 때 시민사회가 가르쳐야 할 가장 중요한 교훈이 아마도 이것일 것이다.

시민사회는 적극적인 시민들로서 우리들이 만드는 바, 바로 그것이라는 말은 진부하게 들릴 것이다. 그럼에도 '사회적 에너지'나 '의지에 근거한 행동'이 긍정적인 사회변화를 위한 힘으로서 시민사회에 불을 댕기는 불꽃이라는 것 역시 사실이다. 정부로부터 그렇게 하라는 말을 들었기 때문에, 또는 시장의 유인책 때문이 아니라 그렇게 하는 게 옳기 때문에 무엇인가를 하기로 하는 결정은 결사적 삶을 영구히 하나의 동력으로 만들며, 국가들과 기업들의 잘못된 관행들을 변화시키는 작업에 연료를 제공하고, 사람들로 하여금 공공영역에서 목소리를 높이는 동기를 제공한다. 이런 의미에서 시민사회는, 호킨Paul Hawken의 표현을 차용하면, "사람들이 어떻게 상상력, 탄성력, 확신을 사용하는지"에 관한 어떤 이야기이다.[22] 시민사회에 대한 비판들은 대체로 타당하다. 그러나 좋은 사회에 대한 꿈들, 자발결사체들의 자원 및 기회들, 그리고 공공영역의 논쟁과 민주적인 삶이 없다면 인생이 어떠할 것인지한 번 생각해보라. **성난 몬트리올 할머니들**Raging Grannies of Montreal, **폭탄 사용에 반대하는 고양이 애호가들**Cat Lovers Against the Bomb, **바지 내리기**Drop Yer Drawers, 모유 수유에 반대하는 시민들Citizens Against Breast-Feeding(개인적으로 내가 좋아하는 단체는 아니다), 그리고 **위대한 사원의 엘크 딸들**Grand Temple Daughters of the Elk와 같은 것들이 없는 세상은 아마도 삶의 재미가 조금은 덜 하지 않을까? 약한 민주주의, 강한 관료제, 기업권력, 법률만능주의와 민족주의의 재발흥 등에 대항하는 개념과 현실 양자 모두의 의미로서 시민사회는, 21세기의 평화적이고 번영하는 세계질서를 향한 전망들에 필수적인 요소이다. 왜냐하면 시민사회는 "우리를 모든 인간공동체의 구성에 있어 도덕적인 것, 사회적인 것, 정치적인 것의 융합에 대한 어떤 새로워진 자각으로 인도"하기 때문이다.[23]

전 세계적으로 매일 수백만 명의 시민사회 집단들이 투쟁을 통해 인간공동체에 바탕을 둔 대규모 행동이 대안적 정치형태들의 토대, 그리고 어떤 새로운 사회유형을 창출할지도 모른다는 점을 환기시키는 유

---

* **성난 몬트리올 할머니들**(Raging Grannies of Montreal) – 할머니들이 모인 집단으로 정치적 현안과 이슈에 관해 우스운 복장으로 거리시위를 하거나 코믹하게 개조(改造)한 정치풍자 가사(歌詞)로 합창하는 동영상을 유튜브에 탑재하는 방식으로 정치적 의견을 제시.
* **폭탄 사용에 반대하는 고양이 애호가들**(Cat Lovers Against the Bomb) – 이들은 평화운동 집단이며, 특히 매년 달력을 발행하여 전쟁 반대 캠페인을 벌임.
* **바지 내리기**(Drop Yer Drawers) – 무료로 속옷을 나눠주는 텍사스의 자선단체, 동네 어린이 도서관이나 초등학교 등에 팬티를 나누어 주는 캠페인을 통해 강간에 대해 경계함.
* **위대한 사원의 엘크 딸들**(Grand Temple Daughters of the Elk) – 1902년 흑인 여성들이 주축이 되어 설립된 지역사회 반인종주의, 우애 친선단체.

용한 신호를 보낸다. 적어도 이 확신에 관한 한 나는 내가 한 사람의 '시민사회부활론자'로 불려진다고 해도 행복할 것이다. 최상의 경우에 시민사회는 사랑과 온정, 비폭력, 연대성에 의해 지배되는 세계라는 하나의 비전에 추동되어 앞으로 나아가는 사람들, 서로 간의 관계들을 통해 비범한 삶을 사는 평범한 사람들의 이야기이다. 최악의 경우, 시민사회는 하나의 구호보다 조금 더 나은 정보에 불과하며, 더욱이 매우 혼동을 자아내는 어떤 것이기도 하다. 하지만 최악의 경우에 초점을 맞추려고 최선의 것을 뒷전에 남겨둘 필요는 없다. 시민사회 사상은 우리에게 지속적으로 찬양되어 마땅한 사상으로서 남아 있을 것이다. 그것은 그 사상이 우리의 삶에 관해 가장 일목요연한 설명들을 제공하기 때문이 아니라, 그것이 우리 속의 최선을 상대로 말을 걸며, 우리 속의 최선으로 하여금 그와 유사한 최선의 방식으로 대응하도록 촉구하기 때문이다.

보론

시민사회 사상의 역사와 21세기 시민사회

정치철학의 전통에서 살펴본 시민사회 용어 및 개념

'시민사회civil society'라는 용어가 처음으로 정치철학 전통에 등장한 것은 18세기이다. 사회계약론 주창자인 홉스, 로크, 루소로부터 흄과 칸트의 저작 속에 시민사회 개념의 근사치들이 발견되는 것은 사실이다. 그렇지만 이들은 대체로 국가, 시민사회, 정치사회를 동일한 범주로 취급하는 경향을 보였다. 18세기 동안 세력이 공고해진 신흥 부르주아 계급의 등장을 배경으로 시민사회 논의가 본격화되고 사상의 2대 주류가 형성되기 시작했다.

우선 대륙철학의 전통에서는 헤겔이 시민사회라는 용어를 그의 『법철학』 제3절 '시민사회'에서 처음 사용하였다. 헤겔은 국가로부터 자유로운 17~18세기 신흥 부르주아 상공인들의 경제활동 영역에 관해 설명할 목적에서 시민사회라는 용어를 도입한 것으로 보인다. 하지만 그는 사회 내 경쟁적인 이익집단들의 난립을 조정하기 위해 국가가 개입해야 한다는 입장을 취함으로써 요즘 우리의 견해상으로 시민사회의 최고 덕목인 자율성을 폄하하는 한계를 보였다.

같은 시기 영국, 특히 스코틀랜드의 계몽주의자들 — 아담 퍼거슨, 토머스 페인, 아담 스미스 — 은 고전적 자유주의 입장에서 시민사회의 자율성을 최대한으로 보장하기 위해 국가의 개입을 최소화해야 한다는 입장을 취함으로써 시민사회 사상의 정통성을 확보하게 되었다. 이들은 국가(그것의 대표로서 정부)는 국민주권의 신탁자이며 국가가 국민을 제대로 대의하지 — 공익을 대변하지 — 못할 경우 국민이 국가에 양도했던 주권의 반환을 요구할 수 있다는 로크의 대의정부론적 입장을 수용하면서 국가-(시민)사회의 이분구도를 확립했다.

아담 스미스는 (시민)사회 안에 국가의 개입으로부터 자유로운 경제 영역, 즉 시장의 개념을 도입하였다. 이곳은 보통사람들이 스스로 조직을 결성하여 — 예컨대 동업조합 같은 것을 만들어 — 자신의 행위를 스스로 다스리는 자율성의 영역이었다. 그러나 이러한 경제활동의 자유에 초점을 맞춘 (시민)사회는 어디까지나 군주가 국가의 우두머리라는 자신의 지위를 이용해서 사적 경제생활에 개입함으로써 보게 될 피해를 사적 이익집단들이 집합적으로 대처하여 막아내는 활동의 장 이상의 의미는 아니었다.

따라서 이것은 요즘 우리의 시민사회에 대한 이해로는 불완전한 행태의 시민사회인 것은 말할 것도 없고, 과거 로마인들의 시각에서도 마찬가지였다. 로마인들의 시민사회civitas societas는 스스로 국가를 건설하여 그것으로 하여금 공익에 이바지하도록 만드는 문명화된 정치 공동체 속에 사는 사람들의 무리를 의미했기 때문이다. 그들에게 국가는 시민사회의 수단에 지나지 않았다. 반면 그들의 시민사회는 사적인 공간 또는 가정 사회와 구별되는 것이었고, 사람들은 그 속에서 맡은 바 공적, 사회적, 정치적 역할을 수행해야 했다. 한마디로 로마의 시민사회는 도덕적 가치와 정치적 권위의 상징이었던 것이다.

알렉시스 드 토크빌은 요즘 우리의 시각으로 볼 때 보다 완전한 형태의 시민사회 모형을 제시하고 있다. 그의 유명한 『미국의 민주주의』는 1830년대 초 미국을 여행한 후 저술한 관찰서이다. 그 책 속에 소개된 미국 시민들의 삶은 공동체 정신a spirit of community, 자발주의voluntarism, 결사체주의associationalism로 특징지을 수 있는 형태를 띠고 있었다. 그가 발견한 신대륙 미국은 귀족 중심의 의회민주주의가 여전히 공고한 영국은 물론, 반세기 전 인민혁명으로 앙시엥레짐을 혁파한 자신의 고국 프랑스의 공화주의 통치형태와 비교도 할 수 없을 정도로 시민들이 적극적으로 개입하는 대중민주주의 국가였던 것이다.

최근 로버트 푸트남을 위시한 시민사회 이론가들은 1830년대 토크빌이 보았던 미국의 시민사회에 새롭게 주목하면서 건강한 자발결사체들이 왕성하게 활동하는 사회가 훨씬 민주적이며 경제적인 성공도 거둔다는 논지의 '사회적 자본social capital' 이론을 제시하여 시민사회 논쟁에 불을 지폈다. 그것은 이른바 신토크빌주의자들의 등장을 알리는 신호탄이었다. 물론 이들의 이론에 대한 반박도 만만치 않았다. 반박의 핵심 논지는 "자발결사체이기만 하면 그것이 어떤 성격의 집단인가와 상관없이 모두 사회의 민주화에 기여하는가"라는 질문 속에 집약되었다. 이탈리아나 러시아의 마피아, 독일의 신나치 스킨헤드 집단이나 미국의 백인우월주의 집단인 KKK 등도 자발결사체임에는 분명하다. 하지만 과연 이들의 존재가 이탈리아, 러시아, 미국 사회의 민주화 또는 선진화에 긍정적으로 기여한다고 볼 수 있는가? 이런 견지에서 신토크빌주의자들의 주장이 가지는 영향력은 제한적일 수밖에 없어 보인다 (독자들은 본문에서 에드워즈의 체계적인 설명을 통해 이 점을 직접 확인할 수 있을 것이다).

여기서 시선을 한국사회로 돌려 요즘 우리가 이해하는 시민사회 개념에 대해 점검해 보자. 우선 지난 십수년간 우리 사회에서 '시민사회'라는 용어는 흔히 NGO라고 불리는 시민단체들의 총합, 특히 공간 차원에서는 이런 단체들이 활동하는 영역으로 이해되어온 게 사실이다. 다소 협소한 이해방식이기는 해도 이렇게 시민사회를 이해하는 방식에 특별한 하자가 있는 것은 아니다.[1] 아직까지 이 개념의 용례에 대한 명확한 규정이나 합의가 존재하는 것도 아니고,[2] 대부분의 연구자들도 그런 정의 방식에 별다른 이의를 제기하지 않는다.[3] 하지만 이것은 시민사회에 대한 매우 협소한 규정방식에 해당된다.

일례로 이 책의 저자 에드워즈는 시민사회를 '제3섹터 또는 비영리섹터로 불리는 공간'으로 정의하면서 이 공간에 포함될 수 있는 항목들로 '국가와 가정 사이에 존재하는 모든 자발결사체와 네트워크들', 즉 '공식 등록된 다양한 성격의 비영리단체들을 비롯해 노동조합, 전문 기업 집단, 공동체의 자조집단, 사회운동, 독립 미디어 등과 같은 것들'을 전부 포함시키고 있다.

코헨과 아라토의 경우에 시민사회는 '(특히 가정과 같은) 친밀감에 바탕을 두고 있는 영역으로서 경제영역과 국가영역 사이에 존재하는 사회적 상호작용의 영역이며, 결사체들(특히 자발결사체들), 사회운동들, 공적 의사소통의 형식들로 구성된 영역'으로 정의된다.[4] 월저 Michael Walzer에 따르면 시민사회는 '가족, 신앙, 이익, 이념으로 채워지는 (정치적으로) 강제되지 않은 인간결사와 관계네트워크의 공간'이다.[5] 끝으로 이 모든 시각을 아우르는 종합적인 관점에서 다이아몬드는 시민사회의 성격을 다음과 같이 규정한다.

> (시민사회는) 개방적이고 자기생성적이며, 적어도 부분적으로는 스스로 재원을 조달하고, 국가로부터 자율성을 가지며, 법질서나 공유된 규칙들의 관계 내에서 조직된 사회적 삶의 영역이다. 일반적으로 이것은 공적 영역에서 자신들의 관심사, 열정, 선호, 이념 등을 표현하며 정보를 교환하고 집합적 목표를 달성하며, 국가를 상대로 요구하고, 국가 구조와 기능을 개선하며 관료의 책임을 묻기 위해 집합적으로 행동하는 시민들과 관련된다는 측면에서 사회와 구별된다.[6]

상기한 견해들의 공통분모는 무엇인가? 위 견해들은 시민사회의 개념 규정과 관련하여 명시적이든 암묵적이든 다음 세 가지 인식적 지평을 공유하고 있는 것으로 보인다. 첫째, 위에서 살펴본 것처럼 시민사회는 국가 그리고 시장과 대치구도를 형성한다는 사실이다. 둘째, 하버마스주의자들을 중심으로 공유된 인식에 따르면 시민사회는 위치상 국가와 시장 사이에 존재하며, 국가처럼 지배를 목적으로 하거나 시장처럼 불평등을 용인하거나 하지 않는 자유로운 시민들의 의사소통적, 규범적, 윤리적 공간이라는 인식이 폭넓게 퍼져 있다. 셋째로 심의(숙의)

민주주의를 지지하는 측은 시민사회가 시민들 간의 자유로운 결사와 심의과정을 통해 대의민주주의의 민주성 결핍을 보충하는 기능을 수행한다는 인식을 공유하고 있는 것으로 보인다.

위의 둘째와 셋째 사항이 제시하는 것처럼, 시민사회는 사적 이익의 추구에서 비롯되는 갈등을 봉합하고 사회를 통합시키며 자유로운 토론의 장으로서 민주주의를 진작시킨다는 긍정적인 시각으로 기술되고 있다. 그런 한편, 시민사회는 국가와 시장의 작동으로부터 완전히 독립적일 수 없으며 양쪽의 영향력으로부터 결코 자유롭지 못하기 때문에 '억압, 배제, 불평등'의 공간이라는 부정적인 인식이 없는 것은 아니다.[7]

이렇듯 조화와 통합의 장과 갈등과 배제의 장이라는 상반된 인식이 혼재하는 이유는 무엇일까? 우리는 시민사회가 공적 영역과 사적 영역의 특성을 동시에 가지고 있다는 사실에서 그 원인을 찾아볼 수 있을 듯하다. 이 점은 근대 시민사회가 등장하게 된 탄생배경을 살펴보면 분명하게 드러난다. 이 대목에서 시민권의 변천과정에 초점을 맞추어 근대 시민사회 등장의 의미를 살펴보도록 하자.

시민권의 변천을 통해 본 근대 시민사회의 탄생 과정과 성격 변화

고대에는 공적 영역인 폴리스*polis*와 사적 영역인 가정*oikos*의 구별이 분명했다. 시민사회라는 개념은 아예 존재하지 않았다. 사실상 국가와 시민사회가 통합되어 있었기 때문이다. 형식상 시민사회를 시민권 citizenship을 가진 사람들의 군집상태로 규정할 수 있다면 폴리스는 이 조건을 완벽하게 만족시키는 사회였다. 폴리스에서 시민들은 시민권이 규정하는 평등한 권리와 의무에 따라 아고라Agora 광장에 모여서 도시국가의 제반 업무를 논의하고 결정했다. 이런 맥락에서 고대 시민사회는 성격상 정치영역이었던 것이다.

물론 정치영역으로서 폴리스의 주된 정치활동은 공동체 내에서 적용되는 삶의 규칙을 정하는 일, 즉 입법 기능으로 집약될 수 있었다. 그러나 현실적인 이유 때문이기는 하지만 현대인들은 폴리스의 입법 기능 자체보다 그곳에서 행해진 직접민주주의의 작동방식에 더 관심을 보이는 경향이 있다. 잘 알려진 것처럼 아고라 광장에 모인 시민들은 누구나 대표자가 될 자격을 가지고 있었기 때문에 스스로 지배자인 동시에 피지배자이기도 했다. 그들은 직접 통치자를 뽑고, 의견을 내고 훌륭한 연설을 통해 동료 시민들을 설득했으며 치열한 찬반토론을 벌이는 심의민주주의의 원형을 보여주었다.

한나 아렌트가 지적하는 것처럼 이러한 담론적 정치행위는 참여자의 치열한 '분투정신the spirit of agonism'이 아니라면 불가능한 일이었다. 그리스인들의 분투정신은 '영웅적 행위'에 대한 찬미와 맥을 같이 하고 있었으며, 그들의 '불멸성'에 대한 유별난 집착의 다른 표현이었던 것이다.[8] 위대한 행위는 그들에게 후손의 기억을 통해 대대손손 전해질 것이므로 신의 전유물인 불멸성을 획득하는 수단으로 인식되었던 것이다.

이런 견지에서 아테네 시민에게 아고라의 정치토론에 참여하는 일은 존재론적 욕구에서 비롯되고 있었다고 볼 수도 있다. 결과론적으로 이런 분투정신이 아테네 시민공화주의civic republicanism의 근간이 되었다. 사적 이익이 아닌 '위대함'이 그들이 분투하는 목적이었기 때문에 아테네 시민들은 '폴리스를 위해 자신의 사적인 즐거움'을 기꺼이 희생했던 것이다.[9] 이런 점에서 폴리스는 성격상 윤리공동체였다 (로마의 시민사회civitas societas는 바로 이러한 폴리스의 성격을 계승했다고 볼 수 있다).

한편 가정은 폴리스와 다르게 가장을 정점에 둔 위계적 질서 밑에서 생산과 재생산이 이루어지는 경제활동의 영역이었다. 가장을 제외한 모든 구성원들은 시민권을 가지고 있지 못했으며, 구조상 시민권자인 가장이 여자, 노예, 아이들과 같은 비(非)시민권자들을 지배하는 양태를 보였다. 요컨대 폴리스가 정치적 평등을 보장하는 공간이었다면, 이곳은 생산관계에 바탕을 둔 인간 불평등의 원형을 보여주는 공간이었다. 그러나 역설적이게도 이 경제영역이 아고라의 정치적 평등을 담보해 주었다. 아고라의 시민들은 생물학적 삶과 경제적 삶이 이미 보장된 상태에서 정치적 권리를 동등하게 행사할 수 있었기 때문이다 (즉 경제적 삶의 보장은 정치적 평등 구현의 필요조건이었던 셈이다).

근대 국가체제에 돌입하면서 이런 공사 영역의 구분에 2가지 중요한 변화가 일어나게 된다. 하나는 고대 이래로 줄곧 사적 영역에서 가내수공업 형태로 이루어지던 경제활동이 기계에 의한 대량생산의 형태로 바뀌면서 공적인 성격을 획득하게 된 것이고, 다른 하나는 공동체 구성원들 대부분이 참정권 운동과 공민권 운동을 통해 점차 보통 시민권을 획득하게 된 사실이다. 요컨대 기존의 공적 영역과 사적 영역 사이에 제3의 영역인 '사회영역'이 형성되면서 사적 영역에서 이루어지던 생산활동 전반이 이곳으로 옮겨갔던 것이다.[10] 이제 시민들은 자본가나 임노동자로서 생산활동에 직·간접적으로 관여하게 되었으며 그들 중 대다수는 노동의 주체가 되었다. 그러나 고대의 경제활동 주체들이 비시민이었던 것과 달리 근대 경제활동의 주체는 특수한 경우를 제외하고는 거의 모두가 시민권을 보유한 시민이다.

　현상적 측면에서 볼 때, 이런 변화는 시민권자들이 구성하는 영역으로서 시민사회가 그것의 본령인 정치영역을 떠나 경제영역으로 본거지를 옮긴 것으로 볼 수 있을 것이다. 정치적 측면에서 이것은 시민과 정치의 분리를 의미했으며, 경제적 측면에서는 인간(노동)의 상품화를 의미했다. 그리고 정치존재론적 측면에서는 인간이 삶의 진정성을 상실한다는 의미였다. 시민들이 떠나간 정치영역에는 이제 근대국가라는 행정관료체제가 들어섰다. 이렇게 하여 새로 탄생한 근대 행정국가와 근대 자본주의 시민사회는 새로운 관계 정립의 국면에 돌입하게 되었던 것이다.

　국가는 국민경제를 경영한다는 명분하에 거대한 관료제적 통제시스템을 구축하여 시민사회의 생활체계를 식민화하기 시작했고, 이제 경제영역화된 시민사회는 국가권력의 틈입을 최소화하는 일을 최우선 과제로 삼게 되었다.[11] 주기적으로 반복되는 전쟁과 경제공황으로 인해 민생의 최종 책임자로서 국가의 주도권은 더욱 강화되어 갔고, 그 결과 시민사회의 자율성은 심각한 타격을 입을 수밖에 없었다.

　한편 이러한 상황의 전개는 시민사회에게 반격의 기회를 허용했다. 과거와 달리 근대교육을 잘 받은 시민들은 근대화 과정에서 자신들이 잊고 있었던 (또는 박탈당한) 것이 시민적 권리들임을 자각하기 시작했고, 지금까지 국가가 위탁관리해 온 정치영역의 독점권을 문제삼기 시작했다. 그들의 반격은 시민사회 내에 새로운 정치의 공간을 구축함으로써 지금까지 국가가 독점해온 제도적 정치권력에 대항적인 '비(非)제도적인 시민의 힘을 조직하는 방식'으로 진행된다.[12] 이런 시민들의 행보는 고대 이래 탈정치화되었던 시민사회가 다시 정치화되는 의미였으며, 시민과 정치의 재결합을 함의한다고 볼 수 있을 것이다.

바꿔 말해서 이것은 '정치적 존재로서 시민의 부활'로 해석할 수 있으며, 1970년대 이후 동구에서 처음 목격되고 구소련의 붕괴 이후 전 세계적으로 확산되고 있는 시민사회의 동력화 현상의 주요 원인인 것이다. 따라서 현재 우리가 이해하고 있는 시민사회와 근대적 시민사회는 시민의 '권능화empowerment' 수준에서 확실한 차이를 보인다. 일례로 이제 시민들은 국가의 제도적 정치양식에 전적으로 의존하거나 절대적 신뢰를 보내는 대신, 스스로 결사하는 방식을 통해 정치적 권리를 집합적으로 행사하고자 한다. 이런 견지에서 시민사회는 고대 이래 상실했던 정치성을 회복하고 있다고 볼 수 있으며, 고대 아고라 광장이 수행했던 정치적 기능의 일정 부분을 담당하게 되었다고 하겠다. 이렇게 보았을 때 현대 시민사회는 '공적 영역', 즉 정치의 영역과 동일시해도 무방할 것이다.

담론정치의 장으로서 시민사회

의사소통이론가 하버마스의 '담론적 공공영역discursive public sphere' 개념은 이미 학계에 상세히 소개되었기 때문에 굳이 여기서 개념 설명을 위해 따로 지면을 할애할 필요는 없을 듯하다.[13] 더욱이 심의민주주의에 관한 논의들은 이미 국내에서도 활발히 진행되고 있으며, 그 과정에서 공적 심의가 대의민주주의의 민주적 정당성 결여에 대한 바람직한 처방책으로 제시됨으로써 공공영역이 공론장으로서 담지하는 가치와 효용에 대해서는 비교적 명확한 개념적 합의가 도출되어 있는 상태이다.

시민사회부활론자들에게 시민사회와 공론장은 동일한 것으로 인식된다.[14] 이들은 기본적으로 시민사회를 논쟁과 심의, 결사, 제도적 타협이 이루어지는 장으로 보기 때문이다. 일례로 맥클레인과 플레밍 같은 사람들은 시민사회는 "사회적 차별, 사회문제, 공공정책, 정부의 대책과 공동체의 현안, 문화정체성 등을 계발하고 토론하는 비입법적, 초사법적, 공적 공간"이라고 규정하고 있다.[15] 이런 성격의 공간으로 간주될 수 있는 것들은 그 수도 많고 형태도 다양하다. "문학서클과 독서클럽 등의 '미시적' 공공영역들, 시민 배심원단과 공공 라디오 및 텔레비전의 '토론의 날' 프로그램들, 독립적 신문들, 양식화된 토론들, 국민투표들 및 전국 수준의 여론조사들은 물론, 세계사회포럼 또는 상이한 견해나 이견을 가진 사람들을 위한 사이버 공간의 지적인 대화의 장을 자처하는 오픈데모크라시openDemocracy처럼 공중에게 열려 있는 인터넷 사이트 등도 모두 잠재적인 글로벌 공공영역이라 할 수 있다."[16]

앞서 지적했듯이 이제 시민사회는 그것의 권역 내에 정치의 장을 스스로 만들어내고 있으며, 이런 정치적 공간에서 정치는 고대 아고라 광장에서 이루어졌던 것처럼 상시적으로 의사소통하는 방식으로 진행된다. 그러나 문제는 순전한 형태의 정치영역이었던 폴리스가 정치적 평등을 담보했던 것과 달리, 시민사회의 공론장은 완전한 정치적 평등을 보장하는 데 한계를 보이게 된다. 예를 들어, 공론장에 대한 접근성, 발언과 정보 접근에 있어서의 평등은 종종 구호에 그칠 뿐이다.

첫째로 시민사회의 출발이 경제영역이었다는 태생적 한계를 이유로 들 수 있다. 시민사회의 공론장은 기본적으로 서로 다른 개별 이익을 대변하는 시민들 또는 시민집단들이 동일한 목적을 가지고 있는 상대와 합리적 또는 규범적 타협을 일구어내는 장소로 볼 수 있다. 이런 공론장의 규칙은 공익을 대변하는 NGO나 시민집단들에게도 똑같이 적용된다고 볼 수 있다. NGO나 시민집단 역시 '특수한 이익(혹은 명분)'의 대변자라는 기본 사실을 부정할 수는 없기 때문이다.

두 번째 이유로는 담론정치Dialogic Politics의 운영 양식과 정치적 권위 문제를 생각해 볼 수 있다. 고대의 담론정치는 아고라라는 물리적으로 고정된 공간 한 곳에서 정해진 시간과 규칙에 따라 정규적으로 이루어진 데 반해, 최근의 공론장들은 유목민의 캠프처럼 시공간을 제멋대로 옮겨다닐 뿐 아니라, 공론장마다 규칙도 제각각이고 회의가 열리는 때와 장소도 불규칙하다. 게다가 공론장의 숫자가 많아진 관계로 그들은 과거 아고라 광장이 배타적으로 상징했던 정치적 '권위'를 담보할 수 없다. 그러므로 정치적 권위의 확보를 위해 다른 공론장들과 경합하는 국면을 피할 수 없게 된다. 결국 이들의 권위는 국가와 같은 최상위적 권위를 표상하는 외부 심판자에 의해 제도화되거나 공식화되는 수순을 밟아 획득될 수밖에 없는 것이다.

또한 담론정치에 참여하고자 하는 시민은 특절 공론장의 위치를 확인하는 단계에서부터 실제 회의장에 앉는 단계까지 일련의 과정에서 요구되는 상당한 개인적 비용을 감수해야만 할 것이다. 그가 사이버 공론장에 참여하는 경우는 정보통신 기술적 접근 능력과 기기 마련 비용이 추가로 더해지며, 국제 공론장에 참여하는 경우는 외국어 구사능력까지 겸비해야 한다. 결과적으로 담론정치는 그것을 전문으로 하는 새로운 유형의 '정치가'를 요구한다고 볼 수 있다. 이런 관점에서 보았을 때 아마도 NGO들만큼 담론정치에 적합한 후보는 발견하기 힘들 것이다. 특정 분야에 대한 전문지식, 관련 공론장에 대한 축적된 정보와 소통 네트워크, 가동할 수 있는 인적 자원, 담보된 사회적 공신력 등의 조건들이 이를 뒷받침한다.

실제로 1990년대를 전후하여 NGO들이 국내외적으로 비약적인 수적, 양적 성장세를 보여왔다. 몇몇 나라들의 공식 등록된 NGO의 증가치를 살펴보면, 네팔의 경우 1900년 220개 단체에서 93년 1210개 단체로, 볼리비아는 1980년 100개에서 1992년 530개로, 튀니지는 1988년 186개에서 1991년 530개로 증가했다. 1997년 2개 국가를 대상으로 실시된 통계조사에 따르면 인도의 NGO는 100만 개가 넘었으며 동년 브라질은 21만 개, 이집트는 1만 7,500개, 대만은 1만 5,000개였다. 조사된 22개국의 12개 직종 중 한 직종이 NGO였고, 1,100만 명이 자원봉사자로 일하고 있는 것으로 나타났다. 그런가 하면 가나, 짐바브웨, 케냐의 보건과 교육 서비스의 40퍼센트를 NGO섹터가 제공한 것으로 드러났다.[17] 한국의 경우 2004년 현재 공식 등록된 NGO 수는 2,000여 개가 훨씬 넘는 것으로 집계되고 있다.[18]

이에 덧붙여 지난 10년 사이에는 INGO와 초국적NGO네트워크들이 지구시민사회의 새로운 층위를 형성할 정도로 증가하고 있다. 현재 4만여 개의 INGO와 2만여 개의 초국적NGO네트워크들이 존재하며, 이들 가운데 90퍼센트가 1970년대 이후 국제사회에 등장했고, 특히 1989년 이후 급증한 것으로 드러났다.[19] 이들이 국가로부터 시민사회로의 '권력이동'을 주도하는 핵심세력이라는 점도 다방면에서 입증되고 있다.[20]

그럼에도 시민사회 내 공론장의 역할은 어디까지나 특정 사안에 대한 현실적 또는 합리적 합의나 타협안, 나아가 입법제안서를 내놓는 것이다. 그 나머지는 국가의 몫으로 남는다. 시민사회가 제시한 어떤 제안이 '제도화'되지 않는다면, 그것은 공염불에 그칠 것이며, 시민사회의 담론정치 의미는 퇴색할 것이다. 이런 맥락에서 시민사회가 국가와 협치(거버넌스) 관계를 형성하는 일은 피할 수 없는 선택으로 보인다 (이 책의 저자가 상정하는 전체 논의의 전제가 바로 이것이다).

『시민사회』는 어떤 내용을 담고 있는가?

우선 저자의 집필목적은 시민사회와 관련하여 '혼선을 빚고 있는 기존의 논의들을 해체한 후 상이한 사상학파들 간의 관계들을 모종의 참신하고 좀 더 설득력이 있는 종합적인 시각으로 재구축'하는 것이었다. 그 목적을 위해 그는 시민사회를 투영하는 프리즘으로써 3개의 이론축 ― 그의 용어로는 시민사회 사상학파 ― 을 수립한다. 제1축은 토크빌-푸트남 노선의 논의를 중심으로 한 '결사적 삶associational life으로서 시민사회'이고 (2장), 제2축은 아리스토텔레스에서 홉스에 이르는 서양철학 전통 속에서 다양한 형태로 제시되어 온 이상적인 사회 형태 또는 유토피아, 즉 '좋은 사회good society로서 시민사회'이며 (3장), 제3축은 최근 광범위한 지지층을 확보하고 있는 하버마스주의자들의 공공영역 개념을 원용한 '공공영역public sphere으로서 시민사회'이다 (4장). 5장에서는 이 세 축이 상호연계되어야 할 필요성을 역설하고 있다. 저자는 이것을 통합적 접근법이라고 지칭하며 이것이 시민사회라는 수수께끼를 푸는 열쇠라는 주장을 펼친다. 6장에서 저자는 어조를 바꾸어 지금까지 전개한 이론적 논의에 기초하여 현실적으로 적용이 가능한 또는 적용해야 할 제안들을 내놓고 있다. 그럼 각 장의 요점들을 간략히 정리해 보기로 하자.

 2장 '결사적 삶으로서 시민사회'에서는 저자가 5장에서 '시민문화학파'로 바꿔 지칭하는 신토크빌주의자들의 논점들을 소개하고, 이어서 그들의 논의의 허점을 지적하고 있다. 저자에 따르면 이 사상학파는 자발결사체들을 좋은 사회 유전인자의 담지자들로 간주하고 있으며, 관용, 협동심, 민주적 삶의 방식을 배양함으로써 시민사회의 민주적 토양을 가꾸는 역할을 담당한다는 견해를 피력하고 있다. 이들에 대해 저자는 우선 민주적 태도를 기르는 장소는 자발결사체들 이외에도 다른 여러 곳 — 예컨대 가정, 학교, 직장, 대학 등 — 이 있다는 사실을 간과한다고 비판한다. 이어서 자발결사체들은 사회 내 다양한, 때때로 서로 충돌하는 시각과 관점들을 대변하고 있기 때문에 그들이 하나의 정치적 합의 수준에 도달하기가 쉽지 않다는 점을 추가한다. 요컨대 자발결사체들의 다양성을 힘께 묶어줄 수 있는 공동분모의 필요성이 제기되면, 그 필요성이 불가피하게 좋은 사회에 대한 공유된 이상의 필요성을 일깨우게 된다고 주장하는 것이다.

　3장에서 저자는 좋은 사회로서 시민사회 학파는 이런 점에서 시민사회 이론에 대해 일정한 공헌을 할 수 있을 것이라고 주장한다. 왜냐하면 이 학파는 '자발결사체들이 기여하는 바를 올바른 맥락 속에 위치지우고, 이념적 이유 때문에 사회 내 한 부문이 다른 부문들보다 — 예컨대 자발결사체가 국가에 대해, 또는 시장이 자발결사체와 국가 양자에 대해 — 특권을 가지게 되는 경향을 경계하기' 때문이다. 물론 이 학파 역시 약점을 노출한다. 좋은 사회는 상이한 기관들을 좋은 사회가 제시하는 한 방향으로 나아가도록 해야 구현될 수 있다. 그러나 어떤 방향으로 나아가야 하는지, 또는 그 방향이 옳은 것인지를 결정하는 방법론에 대해서 이 학파가 침묵하고 있기 때문이다. 그러한 방법론은 공공영역에서 결정될 수 있을 것이라는 게 저자의 생각이다.

그러므로 4장에서 저자는 '공공영역으로서 시민사회'의 역할을 조명한다. 그의 관점에서 공공영역은 효과적인 협치, 실질적 문제 해결, 평화적으로 서로 간의 입장 차이를 허무는 장소이다. '시민사회는 결사체와 기관들 간의 공조는 물론 논쟁과 심의의 영역'으로 간주될 수 있기 때문에 민주주의에 결정적으로 중요하다. 이는 사회 내 일부 집단들의 특정 사실들만이 대표되고, 대안적인 관점들이 배제되거나 억압되면, 특정 목소리에 다른 목소리들보다 더 큰 힘이 실릴 경우 정치는 극단으로 치닫게 되고 공공정책의 실패를 초래하게 될 것이 자명하기 때문이다. 결국 저자는 2장, 3장, 4장을 통해 모종의 통합적인 접근법의 필요성을 예고하고 있다고 볼 수 있다.

5장은 바로 그러한 접근법의 필요성을 부연 설명하는 부분이다. 앞에서 각각 논의된 시민사회 사상학파들은 이미 살펴본 것처럼 각기 단독적으로는 시민사회에 대한 불충분한 설명만을 제공한다. 그러므로 이것들을 유기적으로 연계시키는 작업은 시민사회 이론가로서 저자의 논리적 귀결일 수밖에 없다. 예컨대 빈곤감축과 심화된 민주주의가 어떤 좋은 사회의 이상이라고 할 때, 이 이상을 실현하기 위해서는 상이한 제도군들 사이의 업무조정이 불가피하다. 그런데 업무조정의 성공 가능성은 그 사회가 건강한 결사적 삶을 통해 협동과 신뢰라는 사회적 자본을 축적하고 있을 경우, 그리고 공공영역에서 정의롭고 민주적인 방식으로 견해차를 해소할 수 있을 경우에 더 높아진다.

한편 이러한 조건들은 '건강한 결사적 생태계'가 담보하는 것들이다. 이것은 '강한 민주주의 국가에 적합한, 즉 독립적인 다수의 공공영역들이 게임의 규칙을 수립하는 데 동등하게 참여할 수 있도록 허용하는 포용력 있는 결사의 생태시스템'이다. 저자는 이런 생태시스템의 건설과 관련하여 불평등의 축소, 결사의 자유 보장, 법적 장치의 마련을 들고 있으며, 이에 대한 국가의 적극적인 역할을 강조하고 있다.

끝으로 6장에서 저자는 앞선 논점들을 재차 요약 정리하면서 향후 시민사회가 나아가야 할 방향을 제시한다. 그의 제안점은 크게 두 가지로 대별된다. 첫째로 그는 건강한 결사적 생태시스템 건설과 관련하여 국가가 사회적 불평등의 조건들을 개선할 것을 권고하고 있다. 불평등은 시민사회에 관한 한 독약과 같은 존재이다. 그것은 시민들의 자발적인 참여를 저해하는 요소이기 때문이다.

둘째로 그는 결사적 삶 자체의 혁신을 주문하고 있다. 결사적 삶은 좋은 사회의 이상에 부응하는 방향으로 혁신되어야만 한다. 최근 우리가 목도하고 있는 것처럼 시민사회나 결사적 삶의 표상으로 부상한 NGO들이 국가기능을 대행하는 역할이나, 시장개혁의 기수로서 또는 민주국가 건설에 앞장서는 일 따위는 당장 필요한 것일 수는 있어도 궁극적으로는 바람직한 것이 아니다. 이러한 일을 하는 NGO들은 정부의 하수인이 되거나 시장에 매수되거나 아니면 국가에 불안정을 야기하는 사회적 요소로 전락할 개연성을 떠안게 되기 때문이다.

이런 맥락에서 저자는 98년 한 대담 중에 'NGO들은 한 때 지나가는 유행'으로 끝날 위험이 존재합니다. (물론) 모든 NGO들이 다 그럴 것이라고 생각하는 것은 아니고, 또 조만간 그렇게 된다는 것도 아니지만, 앞으로 10년 정도면 NGO들의 거품이 다 빠지게 될 것으로 봅니다."라고 전망한 바 있다. 이 대목에서 우리는 다음과 같은 한 가지 흥미로운 질문을 던져봄직하다. NGO들의 정치적 역할이 줄어들 것이라는 전망은 곧 시민사회의 정치적 역할 자체가 축소되어간다는 의미인가?

추측하건대 이에 대한 저자의 답은 "그렇지 않다"일 것으로 보인다.

이렇게 단정할 수 있는 근거는 두 가지가 있다. 하나는 그가 NGO를 자발결사체의 유일한 형태로 보고 있지 않다는 사실이다. 예컨대 알코올 중독자 집단, 2,500만 회원을 가지고 있는 미국의 과체중자 모임 등과 같은 다양한 자조집단들은 물론 보이스카웃, 레바논의 모스크 결사체들, 남아공화국의 매장협회들, 프랑스와 브라질의 노조들의 정치적 영향력을 결코 과소평가하지 않는다는 점을 들 수 있다. 다른 하나는 그가 시민사회 행동론자라는 사실이다. 시민들이 자발적인 결사를 통해 보다 나은 사회를 만드는 데 기여해야 한다는 신념에 관한 한 '자신은 시민사회부활론자'라는 그의 고백이 이를 뒷받침해주고 있기 때문이다.

같은 연장선상에서 그는 시민사회 사상이 현대사회 내 개인주의를 극복하는 집합행동collective action, 정치적 냉소주의를 극복하는 창조행동creative action, 국가 권위와 시장의 유인책에 흡수되지 않는 가치에 기초한 행동value-based action을 진작시키고 있다고 역설하고 있다. 그는 시민사회 사상은 "우리 속의 최고 ― 적극적인 시민의 집합적, 창조적 가치에 의해 추동된 깊은 속마음 ― 를 상대로 말하며, 우리 속의 최고가 동일한 최고의 방식으로 정의롭고, 진정으로 자유로운 사회들을 창조하도록 촉구"하기 때문에 우리가 거부할 수 없는 것으로 남게 된다고 단언하면서 책을 마치고 있다.

『시민사회』 비판: 하나의 시민사회로서 지구시민사회?

옥에도 티가 있는 법. 이 책의 한계는 무엇인가? 그것은 시민사회 분석의 결과를 지구시민사회에 그대로 확대 적용하는 데서 발견된다. 저자는 지난 10년에 걸쳐 오랜 역사를 가지고 있는 "시민사회에 관한 개념들이 실제로 국제무대의 중심으로 이동하기 시작했다"고 지적하면서 시민사회와 지구시민사회의 이론적 연계성에 대해 강한 암시를 주고 있다.

이와 유사한 시각을 보이는 워프너Warpner는 우선 시민사회를 '개인보다 상위에 국가보다 하위에 존재하는 사회적 참여의 영역'이며, 이것은 '우정, 가족, 시장, 자발적 가입에 기초하고 있는 경제적, 사회적, 문화적 실천들의 복합적 네트워크'라고 규정한다. 이어서 그는 초국가적 행동주의자들이 이런 국내 네트워크를 국경 너머로 확장시키면서 국제적 차원의 '공공영역'을 구축했으며 "지구시민사회를 정치화하기 시작했다"고 주장한다.[21] 요컨대 지구시민사회는 한 국가의 시민사회가 타국의 시민사회들과 공식적으로 함께 대화하고 행동하는 '장(場)'으로 규정될 수 있다는 것이다. 그러나 워프너는 한 가지 논리적 모순을 범하고 있다. 그는 시민사회를 '개인보다 상위에 국가보다 하위에 존재하는 사회적 참여의 영역'으로 정의한 후 그 정의를 글로벌 차원으로 확대하여 적용시키고자 하지만, 글로벌 차원에는 개인만 존재할 뿐 세계국가는 존재하지 않기 때문이다.

에드워즈의 논의 속에서도 이와 유사한 논리적 상충이 발생하고 있다. 그는 시민사회 사상의 3가지 축들 간의 상호연계를 강조하는 것 못지않게 시민사회의 정치·경제·사회 부문의 에너지를 집성하는 동반관계 또는 협치의 중요성을 강조한다. 물론 이 동반 관계에서 요구되는 세 요소는 국가-시장-시민사회이다. 한편 그는 이 동반 관계의 원활한 기능수행을 위해서 어떤 건강한 결사적 생태시스템의 구축이 필요하고 이 작업은 국가가 책임지고 수행해주어야 한다는 견해를 피력하고 있다. 요컨대 국가가 나서서 모두가 동등하게 참여하여 정의롭고 민주적인 방식으로 의견을 개진할 수 있는 담론의 장을 열고 관리해야 한다는 논점을 제시하고 있는 것이다.

문제는 국제사회 속에서도 이러한 세 요소가 발견되며 함께 동반 관계를 구성할 수 있는가에 있다. 세 요소 가운데 특히 국가의 역할에 상대적으로 더 큰 비중을 두고 있는 저자의 논의구조는 국제적 차원에 적용했을 때 설명력이 약화될 수밖에 없다. 주지하듯이 지구시민사회는 지구시민들의 결사적 삶을 보호해줄 지구국가가 존재하지 않는다. 한 정치공동체에서 시장을 규율할 수 있는 법적 장치도 미비하기는 마찬가지이다. 물론 유수한 국제기구들이 존재하기는 하지만 이것들이 한 정치공동체의 국가가 자신의 구성원들에게 가지게 되는 배타적인 책무성을 불특정 지구시민들에 대해 가지게 된다는 보장은 없다 (사실 저자는 이와 관련하여 다른 책에서 국제기구의 개혁을 주창하고 있다).

설령 국제기구들이 자체적으로 강한 윤리적 기준과 책무성을 수준을 갖추고 있더라도 문제는 또 있다. 우리가 앞서 살펴본 담론정치의 운영 방식은 일부 참여자에게 상대적으로 유리한 상황으로 전개되기 일쑤이기 때문이다. 글로벌 차원에서는 다른 일반 시민행위자들보다는 NGO들, 그 중에서도 북반구에 속한 NGO들이 담론정치의 승자가 될 확률이 훨씬 높다는 사실은 명약관화하다. 이 점은 최근 일부 대형 NGO들이 시민사회 담론을 주도하는 우리 사회의 경험에 비춰봐도 쉽게 이해가 가는 부분이라고 하겠다.

그러므로 지구시민사회를 개념적으로 정의하고자 할 때 한 가지 분명한 사실은 국민국가 내 시민사회를 정의하는 방식과는 다른 방식으로 정의해야 한다는 점이다. 가장 먼저 떠오르는 방안은 INGO들이 세계무역기구 총회나 다보스 포럼의 회의장 앞에서 벌이는 반세계화 시위 장면에 착안하여 지구시민사회는 국제NGO INGO들이 연대하여 몸으로 저항하는 전투장 또는 국제회의 석상에서 의견을 공표하는 공론장으로 규정하는 방식이다. 안타깝게도 이것을 거부할 경우 내놓을 수 있는 대안은 거의 전무하다시피하다.

결국 지구시민사회에 대한 이해의 최소한은 상이한 국적의 사람들이 국경을 초월하여 공통의 관심사를 일시적으로 또는 장기적으로 함께 추구하거나 수행하는 공간이라는 것일 듯하다. 이런 견지에서 INGO에 종사하는 사람들이 다른 어떤 부류의 사람들보다 이 조건에 더 잘 부합되는 것은 분명하다. 그러나 제1세계에 속하지 못한 우리의 입장에서 볼 때 한 가지 난제는 그들을 지구시민사회의 대표들로 인정하는 것이 의미하는 바가 무엇인지 묻지 않을 수 없는 현실에서 비롯된다.

우리 사회의 경우 시민단체들은 1980년대 민주화운동의 주역으로 참여했던 사람들이 주축이 되어, 극단적으로 표현해서, 시민사회 내 새로운 '운동권'을 형성하고 있으며, 여전히 '지체현상'(조희연의 용어이다)을 보이고 있는 한국의 제도정치에 대한 대항적 시민정치세력으로서 확고한 정당성을 담보하고 있다. 따라서 '한국의 시민사회는 곧 NGO들'이라는 등식이 통용될 수 있었고 지금도 비록 과거만큼은 아니지만 시민들로부터 비교적 높은 신뢰를 받고 있는 게 사실이다.

반면 INGO들의 경우 그들은 지구시민사회 내 여러 행위주체들 가운데 한 유형일뿐더러, 그들이 한국의 NGO들이 담보하는 것과 같은 정치행위 주체로서의 정당성 수준을 확보하고 있는지는 의문이다. 더욱이 제1세계 NGO들이 자국의 풍부한 재원에 힘입어 제3세계 NGO들에게 유형무형의 '영향력'을 행사하고 있음은 모두가 다 아는 비밀이다. 또한 제3세계 NGO들은 1999년 시애틀에서 미국 주도의 세계화 반대시위에 적극 가담함으로써 비로소 국제사회에서 '정치적' 입지를 마련하기 시작한 미약한 신생 행위주체일 뿐이다. 흔히 제1세계 NGO들이 공론장을 주도한다면, 제3세계 NGO들은 대체로 전투장에서 존재가치를 입증하는 양상을 보여준다.

사실 에드워즈가 이러한 저간의 사정에 어둡다거나 간과하고 있다고 말하는 것은 어폐가 있다. 무엇보다 그는 전 세계적으로 이름난 영국의 구호단체인 '옥스팜Oxfam'의 국제지역국장으로서 제3세계의 시민사회 현장을 두루 섭렵한 현장전문가이다. 그가 다른 저서 『미래긍정 *Future Positive*』에서 국제적 협치 문제에 천착하고 있는 점도 그러한 현장경험과 무관치 않은 것으로 보인다. 게다가 그는 '자본주의의 인간화humanizing capitalism'라는 기치를 내걸고 남북문제의 해결 — 글로벌 불평등의 감소 또는 빈곤감축 성장 — 을 최우선적 해결과제로 상정하고 북반구 국가들의 적극적인 역할을 촉구하고 있다.

그럼에도 냉철한 시각에서 볼 때, 그는 여전히 제1세계 담론 전통 속에서 말하고 있다. 특히 국제사회의 협업 가능성에 대해 지나치게 긍정적인 비전과 도발적인 미래구상을 제시하는 이면에는 그가 제1세계의 경제력과 담론정치적 영향력에 대한 현실 인식, 그리고 자신이 그것을 움직일 수 있을 것이라는 자신감이 놓여 있다.

그럼에도 에드워즈의 시민사회 사상으로서 『시민사회』가 시선을 제3세계로까지 확장시키고 있다는 점은 높이 평가받아 마땅할 것이다. 요컨대 그의 시민사회는 단순한 시민사회가 아니라 '문명화된civilized' 사회이다 (이것이 내가 책의 여러 곳에서 시민사회를 '문명화된' 사회로 옮긴 직접적인 이유이기도 하다). 그런 점에서 그 좋은 사회로 가는 길은 시민들의 도덕적 가치와 정치적 권위를 상징했던 로마인들의 '*civitas societas*'로 통하는 듯하다. 이 길목에서 그는 아마도 '백인의 의무White Man's Burden'를 해체한 후 다시 구축하고자 하는지도 모르겠다. 마치 그가 이 책에서 그 거대한 시민사회 사상을 해체하고 다시 구축하기로 나섰던 것처럼 말이다.

주

저자서문

1) http://www.google.com/trends/explore?hl=en-US#q=civil9620society&cmpt=q 검색일: 2013. 6. 24.
2) Ehrenberg (2011:15)
3) http://www.google.com/trends/explore#q=social%20media&cmpt=q 검색일: 2013. 6. 24.
4) http://www.google.com/trends/explore#q=social%20entrepreneur&cmpt=q 검색일: 2013. 6. 24.

1장 | 서론: 그 거대한 사상이란 무엇인가?

1) 2001년에 카토연구소의 소장인 에드워드 크레인(Edward H. Crane)이 서명하여 본인에게 보낸, 서명 날짜가 누락된 기금 모금용 서신에서 가져옴. 기부자들에게 주어지는 사례는 P. J. O'Rourke가 저술한 *Little Civics Lessons*이라는 증정본 한 권이었다.
2) 이 절의 인용구들은 다음에 나열하는 순서를 따랐다. Eberly (1998: 4-5), 주창연구소의 2001년 연례보고서; Scholte (2002:2), Boggs (2000; 259); Post & Rosenblum (2002)에 인용된 Stephen White의 언급; Seligman (1992); 그리고 Rifkin (1995: 280). 또한 Eberly (2008).
3) Hann & Dunn (1996: 1); Chambers & Kymlicka (2002: 1); Khilnani (2002:11); and Seligman (1992: 169).
4) 고(故) Gordon White (1994: 376).

5) 일례로 Seligman (1992), Keane (1998); Ehrenberg (1999), Foley & Hodgkinson (2002), Hall & Trentmann (2005), Alexander (2006), 그리고 Edwards (2011a)를 보시오.
6) Ehrenberg (1999: xi).
7) 이 논쟁들에 관한 훌륭한 논평은 Cohen & Arato (1992)를 보시오.
8) Post & Rosenblum (2002)과 Chambers & Kymlicka (2002: 8)에 수록된 글들을 보시오.
9) 이러한 비판 내용들에 대한 최고의 요약은 Edwards et al. (2001)을 보시오.
10) Foley & Hodgkinson (2002: xix).
11) Chambers (2002: 94).
12) Chambers & Kymlicka (2002: 8); Cohen (1999); Keane (1998); Alexander (2006).
13) Bellah (1995: 277).
14) 또한 Edwards (1999a), Acemoglu & Robinson (2012)을 보시오.
15) Salamon (2010: 187).
16) 일례로 Harbeson et al. (1994), Keane (1988), Escobar & Albarez (1992), 그리고 Fox & Hernandez (1992)를 보시오.
17) Edwards (2000b: 10).
18) Wolfe (1998: 18).
19) 그 대화 내용은 내가 Sussex 대학 내 개발학연구소의 James Manor 교수로부터 직접 들은 것이다.
20) Chandoke (2003); Rieff (1999).
21) Edwards (2000b); Ban Rooy (2004); 그리고 Jordan & van Tuijl (2006).
22) http://www.edelman.com (검색: 2002년)

2장 | '결사적 삶'으로서의 시민사회

1) Goody (2002: 157).
2) Adams (1986: viii)에 기고한 Engel의 서문에서 가져옴.
3) O'Connell (1999: 125).
4) De Tocqueville (1945: vol. 2, 114).
5) http://www.nfpa.org/research/statistical-reports/free-service-statistics/us-fire-department-profile (2012)
6) Adams (1986: 160)에서 인용.
7) Reilly (1995: 7)에서 인용.
8) Walzer (1998: 124).
9) Post & Rosenblum (2002); Uphoff (1993).

10) Slamon (1993); Mathews (1997).
11) One World South Asia 자료: http://Southasia.oneworld.net/news/india-more-ngos; 그리고 International Center for Not-for-Profit Law 자료 (2013).
12) Xiaoguang (2002)
13) BRAC를 한 눈에 보려면: www.brac.net.
14) 미국 국무부 자료 (2012); 전미자발단체위원회 (2012).
15) Gottesdiener (2012).
16) Lichtenstein (2002).
17) Skocpol (1999, 2003).
18) Anderson et al. (2006); Dekker & Van Den Broek (2005).
19) Anheier et al. (2012: 19).
20) Skocpol (1999).
21) Cohen & Arato (1992: x).
22) *The Economist*, January 13, 2001, 42.
23) Antlov (2003).
24) Read & Pekkanen (2008).
25) Lewis (2008).
26) Foley and Edwards (1996)를 보시오.
27) Hashemi (1997).
28) Ramesh (2007).
29) Edwards (2010).
30) Walzer (1998); Lasch (1996); Cohen & Arato (1992: viii).
31) Edwards (1999a: 94); Varshney (2002); Peters & Scarpacci (1998).
32) Smith (2000); Chen et al. (2007)을 보시오.
33) De Oliveira & Tandon (1994: 73).
34) Woodcock (1998); Edwards (2000a).
35) Hawken (2007).
36) Warren (2001b); Bebbington (1996); Patel et al. (2001); Chetkovich & Kunreuther (2006); Pushback Network (2008); Lichterman (2005).
37) Tarrow (2012).
38) *Chicago Sun Times*, November 5, 2002; GPN 활동가들의 우편발송목록 (2002년 11월 15일).
39) Tarrow (1998)l Giugni (1999).
40) Skocpol & Williamson (2012).
41) Van Gelder (2011).
42) Tilly & Tarrow (2007): Hawken (2007)을 보시오.
43) Gottesdiener (2012); Eidelson (2013).
44) INCITE (2007); Choudry & Kapoor (2013); Dauvergne & LeBaron (2013).
45) Dawson (2001); Harris (1999).

46) Howell & Pearce (2011); Nosco (2002); Metzger (2002); Unger (2008).
47) Aslan (2005a)을 보시오.
48) Gellner (1994: 103).
49) Haasan (2012).
50) Kienle (2012).
51) Kandil (1995); Salam (2002); Hawthorne (2004); Paya (2004); Bamyeh (2005); Ezzat (2005); Khallaf & Tur (2007).
52) Hassbo (2007); Beinin & el-Hamalawy (2007).
53) Shaaban (2007)
54) Mardin (1995); Ibrahim (1995); Kelsay (2002); Azra (2002); Zubaida (2002); Bayat (2007); Beinin & Vairel (2009); White (1996) 등을 보시오.
55) Aslan (2005a).
56) Muasher (2011).
57) Tamman (2008); An-Na'im (2008).
58) Bayat (2007); Kelsay (2002).
59) Mamdani (1996).
60) Orvis (2001); Hearn (2001); Lewis (2002).
61) Bayat (1986); Bratton (1994); Harbeson et al. (1994); Mamdani (1996); Comaroff & Comaroff (1999); Lewis (2004).
62) Lehman (2008); Obadare (2011).
63) Sogge (2006).
64) Abe (2005).
65) Obadare (2011).

3장 | '좋은 사회'로서의 시민사회

1) "Thoughts of the First Accused: Saad Eddin Ibrahim to the Supreme State Security Court, 29 July 2002. 사건번호 13244."
2) Roepke (1996); Cornuelle (1965).
3) Saligman (2002: 28); Hall (1995); Keane (1988); Gellner (1994).
4) Myers (1996: 53)에서 인용; Perez-Diaz (1993).
5) Lewis (2004); Seckinelgin (2004).
6) Edwards (2007).
7) http://www.seasonsfund.org (2007).
8) Hawken (2007).
9) Heinrich (2008).

10) http://www.grantspace.org/Tools/Knowledge-Base/Funding-Resources/Individual-Donors/American-giving (2011).
11) Seligman (1992: 2)에서 인용.
12) Walzer (1998: 132), 강조는 필자.
13) McClain과 Fleming (2000)이 사용한 용어로서 Putnam, Etzioni 등의 저서를 전거함.
14) Rosenblum (1998: 350).
15) Putnam (2000). 이 일화는 하버드 신학대학에서 근무했었고 포드재단에서 나와 함께 근무했던 Constance Buchanan에게서 나온 얘기임. 강조는 필자.
16) Keane (1998: 45).
17) Galston and Levine (1998: 36).
18) Robin (2001)을 보시오.
19) Uvin (1998); Salem (1998); Majed (1998); Khalaf (2002).
20) 컬럼바인 총격사건에 관한 가장 최근의 조사들은 이 결과에 의문을 제기했다.
21) 이 언급의 근원은 Fareed Zakaria가 Francis Fukuyama'의 책 『신뢰(*Trust*)』에 관해 『뉴욕타임즈』에 기고한 서평이며, Levi (1996)에 의해 인용됨.
22) Chambers (2002).
23) Geremek (1992); Berlet and Lyons (2000).
24) Keane (1998: 50).
25) Seligman (1992: 197-8)
26) Verba et al. (1995: 457, 2012).
27) Howell (2005); Hagemann et al. (2008); Coffe and Bolzendahl (2011)
28) Fowler and Biekart (2008).
29) Zadek (2001).
30) Carger (1999: 230).
31) Edwards and Post (2008: 4).
32) Bishop and Green (2008); Nicholls (2011); Bugg-Levine and Emerson (2011).
33) Edwards (2010: 57)에 인용됨.
34) Pamela Hartigan, Edwards (2010: 74)에 인용됨.
35) Hirschman (1970).
36) Frumkin (2006).
37) Rodriguez (2007); Hall and Perry (2013).
38) Edwards (2010: 70); Weisbrod (2004)를 보시오.
39) Eikenberry and Kluwer (2004).
40) 이 절에서 기술된 것의 상세한 정보는 Edward (2013)을 보시오.
41) Reilly (1995: 8)에서 인용. 두 번째 인용문은 '전미대응적자선위원회(National Committee on Responsive Philanthropy)'의 워싱턴DC 지국의 수석국장을 역임한 Rick Cohen에게서 가져옴.
42) Post and Rosenblum (2002: 3, 8).

43) Keane (1998)에서 인용. 두 번째 인용은 Rieff (1999: 12)에서 가져옴.
44) Kerala에 관해서는 Keller (1996)을 보시오; Herris (2001); 보다 포괄적인 국가-사회 간의 시너지 효과에 관해서는 Evans (1996), Tendler (1996), Edwards (1999a: 3장)를 보시오.

4장 | '공공영역'으로서의 시민사회

1) Chatterjee (2002)에서 인용.
2) Rosen (2001: 75).
3) McClain and Fleming (2000: 303).
4) Keane (1998).
5) Keane (1998: 169).
6) http://www.opendemocracy.net (2013).
7) Avritzer (2002).
8) Avritzer (2002); Fung and Wright (2003); Boyte (2004); Leighninger (2006); Levine (2007).
9) Boyte (2004: xi, 2008); Schattan et al. (2010).
10) Mutz (2006); Barker et al. (2012); Lohmann and Van Til (2012).
11) McConnell (2003: 41)에서 인용. 또한 Hampshire (1999)를 보시오.
12) Etzioni (1993: xi).
13) Howell and Pearce (2001: 237).
14) Arendt, Myers (1996: 4)에서 재인용함; Walzer (1998: 303).
15) Jordan (1992: 197).
16) John Kean과의 개인적인 대화 내용임.
17) Peklo (2004)를 보시오.
18) Eliasoph (1998); Guinness (2008).
19) Marquand (2004: 2).
20) Boggs (2000), Bollier (2001), Lessig (2001), Benkler (2007)을 보시오.
21) Global Partners and Associates (2007).
22) 영국 일간지 Guardian (2013).
23) Bollier (2001).
24) Lessig (2001); Levine (2002); Benkler (2007).
25) Douglas and Borgos (1996: 25)에서 인용.
26) Edwards and Foley (2001: 139).
27) Shirky (2008, 2010); Castells (2012); Johnson (2013); Schmidt and Cohen (2013).

28) Morozov (2013)
29) Morozov (2011, 2013); Lanier (2011, 2013); Turkle (2011).
30) Carr (2008); Bauerlein (2008); Farrell (2006).
31) Fuchs (2012; 14).
32) Lentz (2011); Berkhout and Jansen (2012); McChesney (2013); Eliasoph (2013).
33) Pew Research Center's Internet and American Life Project (2011).
34) Gerogetown University Center for Social Impact Communication (2011); Christensen (2011); Kahne et al. (2013).
35) www.avaaz.org/en/highlights.php (2013)
36) Boch (2012)
37) Lievrouw (2011); Shah and Jansen (2011).

5장 | 종합: 시민사회라는 수수께끼 풀기

1) Warren (2001a)
2) Isaac (1998)
3) Grootaert (1999); Pritchett and Kaufman (1998)
4) Putnam (2000).
5) 일례로 Putnam (2007)과 Wang and Winn (2006), Pushback Network (200)을 비교해 보시오.
6) Skocpol (1999).
7) Skocpol (1999: 475).
8) Skocpol (2003); Fiorina (1999: 20).
9) Hall (1995: 15).
10) Verba et al. (1995); Fisher (2006).
11) Edwards (1999b); Chetkovich and Kunreuther (2006; Chen et al. (2007).
12) Pushback Network (2008).
13) Varshney (2002)
14) Van der Veer (2002).
15) Berry (1999b: 389): 또한 Berry (1999a)를 보시오.
16) Putnam (2000: 15); Ladd (1999); Ray (2002).
17) Gottesdiener (2012); Eidelson (2013)
18) From the preface to Johnson (2002 : 6).
19) Warren (2001a); Warren (2001b); Minkoff (2002a, 2002b); Eliasoph (2013).

20) Meyer and Hyde (2004); Lichterman (2005); Building Movement Project (2006); Henriksen and Svedberg (2010).
21) Campbell (2002: 208).
22) Eliasoph (2011).
23) Rosenblum (1998, 1999); Post and Rosenblum (2002).
24) Wasserman (1999: 240).
25) Kopecky and Mudde (2007).
26) Post and Rosenblum (2002: 16)에서 인용.
27) Galston (2002)을 보시오.
28) http://www.ids.ac.uk/idsproject/civil-society-and-governance-programme. 또한 Blagescu and Court (2007)을 보시오.
29) Bebbington and Thiele (1993: 21); Edwards and Hulme (1995); Edwards (1999b).
30) Edwards and Gaventa (2001); Keane (2003); Kaldor (2003); Batliwala and brown (2006); Walker and Thompson (2008); Jordan (2011); Dryzek (2012).
31) Benner et al. (2004); Slaughter (2004).
32) Hill (2008); Glasius (2008).
33) Anderson and Rieff (2005)
34) Bob (2005).
35) Patel et al. (2001); Edwards (2001).
36) Tarrow (2005: xiii).
37) Pianta (2005); UNRISD (2005).
38) Glasius (2008).
39) Edwards (2000b); Jordan and van Tuijl (2006).
40) Edwards and Zadek (2003); Van Rooy (2004); Widener Law Review (2007); Strauss and Falk (1997); Sehm-Patomaki and Ulvila (2006); Scholte (2008); Thompson (2008).
41) Butler (2006).
42) Morton (2006); Bob et al. (2007).
43) Khagram and Alvord (2006).
44) Price (2007).
45) Mau et al. (2008).
46) El Sayed-said (2005); Dryzek (2006); Alexander (2006).
47) Albrow and Glasius (2007).
48) Davies et al. (2004)
49) Surman and Reilly (2003).
50) Glasius and Timms (2005); Whitaker et al. (2005).
51) Glasius et al. (2006: v).
52) Warren (2001a).

53) Edwards and Sen (2000); Edwards and Post (2008).
54) Tilly (2007: 188).
55) Ehrenberg (1999: 249).

6장 | 이제 우리는 무엇을 해야 하는가?

1) Putnam (2000: 404).
2) Andersen et al. (2006).
3) Edwards (2011b).
4) http://elections.gmu.edu/voter_turnout.htm (2014).
5) Fiorina (1999).
6) Carothers (2006).
7) Giugni (1999); Galston (2001); Edwards and Foley (2001); McFarland and Thomas (2006); Levine (2007); McBride and Sherraden (2007).
8) Keane (2003: 159)에서 인용.
9) Encarnacion (2011).
10) Li (1999).
11) Sampson (1996); Van Rooy (1998); Carothers and Ottaway (2000); Howell and Pearce (2001); Jenkins (2002).
12) Smillie (1996: iv); Hulme and Edwards (1997).
13) Advisory Group on Aid Effectiveness (2008)
14) Hawthorne (2004); Senzai (2004); Jalali (2005); Henderson (2003); Lutsevych (2013).
15) Carothers (2006); Beissinger (2006); Forbrig and Demes (2007); Encarnacion (2011).
16) Khalaf (2002).
17) 이 'service politics(서비스 정치)'라는 용어는 Long (2000)에서 차용함.
18) 세계은행 사회적 자본 도서관 웹사이트에 탑재되어 있는 Bebbington and Carroll, Salmen and Reid, Uphoff and Krishna의 논문들을 참고하시오. http://www.worldbank.org/poverty/scapital/index.htm (2013)
19) Ruttenberg (2002). '자선자본주의(philanthrocapitalism)'에 관해서는 Edwards (2010)을 보시오.
20) 공고한 발전기금 모델은 Edwards (1999a: 7장)에서 다루고 있으니 참고하시오.
21) Lewis (2002).
22) Hawken (2007: 5).
23) Hann and Dunn (1999: 3).

보론 | 시민사회 사상의 역사와 21세기 시민사회

1) Salamon과 Anheier의 경우 시민사회를 '비영리 조직들'로 구성된 영역으로 비교적 협소하게 정의하고 있다.
2) Bahmueller (1997).
3) Salamon & Anheier (1997); Keane (2003); Edwards (2004).
4) Cohen & Arato (1995: 19).
5) Bahmueller (1997).
6) Diamond (1997: 5); Bahmueller (1997)에서 재인용함.
7) Ehrenberg (1999); Edwards (2004).
8) Arendt (1958: 55). 이런 고대 그리스의 '영웅적 행위'의 전형이나 '불멸성'에 대한 집착과 같은 당시 시대정신을 좀 더 자세히 이해하고자 하는 독자는 브레드 피트가 주연한 영화 〈트로이〉를 보기 바란다.
9) Kymlicka (2002: 295).
10) 아렌트는 이 현상을 '사회적인 것(the social)의 부상'이라고 부르고 있다 (Arendt 1958). 헤겔은 이런 새로운 근대 노동사회를 설명하기 위해 '시민사회(Gesellschaft)'라는 개념을 도입했다. 성격상 시민사회는 '국가가 보장하는 상품생산과 교환 — 사적 소유, 탐욕스런 시장경쟁, 사적 권리 — 의 영역'으로 간주되었다 (Johen Keane, 『시민사회의 역사와 포스트 맑스주의』, 이병천, 박형준 1992: 215).
11) 주지하듯이 이 작업은 아담 스미스의 고전적 자유주의 경제학과 자유주의 정치이론의 핵심과제가 되었다.
12) 노무현 대통령의 묘비에 새겨진 비문이 떠오른다. "민주주의 최후의 보루는 깨어있는 시민의 조직된 힘입니다."
13) 이것의 원형이었던 한나 아렌트의 '공영역(public realm)' 개념 범주에 관한 상세한 설명은 『한나 아렌트의 '행위(Action)' 개념 분석』 (서유경, 2000)를 참조하시오.
14) 신토크빌주의자와 시민사회부활론자의 구분은 사실 매우 모호하며 구성원이 상당 부분 중첩되고 있다.
15) McClain & Fleming (2000).
16) Edwards (2014: 57, 58).
17) Edwards (2004: 22).
18) 『한국시민사회연감』 (2004).
19) Edwards (2004: 23).
20) Mathews (1997); 현재 전 세계적으로 빛나는 활약상을 보여주고 있는 NGO들을 위시하여 다양한 사회집단들이 정치적 차원에서 시민운동을 조직하여 국가행정과 시장운영의 투명성, 책무성, 협치 방식의 도입을 촉구함으로써 양자를 견제하는 축으로 작용한다. 경제적 차원에서는 국가의 자원과 시장의 혜택에서 소외된 곳에 물자와 서비스를 제공하는 한편, 자본주의의 전세계적 확산에 따른 폐해를 바로잡고 시정하는 데 앞장선다. 그런가 하면 사회적 차원에서는 신뢰, 배려, 협동심과 같은 '사회적 자본'의 배양과 확충에 일역을 담당함으로써 시장에 활력을 불어넣는 촉매 역할을 수행하고 있다 (Edwards 2004).
21) Wapner (1995: 312-313).

참고문헌

Abe, C. (2005) 'Reinventing development and the test of civil society in Africa', *CODESRIA Bulletin*, nos. 3 and 4, 70–2.
Acemoglu, D., and J. Robinson (2012) *Why Nations Fail: The Origins of Power, Prosperity and Poverty*. New York: Crown Business.
Adams, J. L. (1986) *Voluntary Associations*. Chicago: Exploration Press.
Advisory Group on Aid Effectiveness (2008) *Civil Society and Aid Effectiveness: Synthesis of Findings and Recommendations*, http://web.acdi-cida.gc.ca/cs.
Albrow, M., and M. Glasius (2007) 'Democracy and the possibility of a global public sphere', in M. Glasius, M. Kaldor and H. Anheier (eds), *Global Civil Society 2007/8*. London: Sage.
Alexander, J. (2006) *The Civil Sphere*. Oxford: Oxford University Press.
An-Na'im, A. (2008) *Islam and the Secular State: Negotiating the Future of Shari'a*. Cambridge, MA: Harvard University Press.
Andersen, R., J. Curtis and E. Grabb (2006) 'Trends in civic association activity in four democracies: the special case of women in the United States', *American Sociological Review*, 71 (June), 376–400.
Anderson, K., and D. Rieff (2005) 'Global civil society: a sceptical view', in M. Glasius, M. Kaldor and H. Anheier (eds), *Global Civil Society 2005/6*. London: Sage.
Anheier, H., M. Kaldor and M. Glasius (2012) 'The Global Civil Society Yearbook: lessons and insights 2001–2011', in M. Kaldor, H. Moore and S. Selchow (eds), *Global Civil Society 2012: Ten Years of Critical Reflection*. Basingstoke: Palgrave Macmillan.
Antlov, H. (2003) 'Not enough politics! Participation and the new democratic polity in Indonesia', in E. Aspinall and G. Fealy (eds), *Indonesia: Decen-*

tralization and Democratization. Singapore: Institute of South-East Asian Studies.

Aslan, R. (2005a) *No God but God: The Origins, Evolution and Future of Islam*. New York: Random House.

Aslan, R. (2005b) 'From Islam, pluralist democracies will surely grow', *Chronicle of Higher Education*, March 11.

Avritzer, L. (2002) *Democracy and the Public Space in Latin America*. Princeton, NJ: Princeton University Press.

Azra, A. (2002) 'The challenge of democracy in the Muslim world: traditional politics and democratic political culture', keynote address to the Conference on the Challenges of Democracy in the Muslim World, Jakarta, March 19-20.

Bamyeh, M. (2005) 'Civil society and the Islamic experience', *ISIM Review* (spring), 40-1.

Barker, D., N. McAfee and D. McIvor (eds) (2012) *Democratizing Deliberation: A Political Theory Anthology*. Dayton, OH: Kettering Foundation Press.

Batliwala, S., and L. D. Brown (eds) (2006) *Transnational Civil Society: An Introduction*. Bloomfield, CT: Kumarian Press.

Bauerlein, M. (2008) *The Dumbest Generation: How the Digital Age Stupefies Young Americans and Jeopardizes our Future*. New York: Penguin.

Bayart, J.-F. (1986) 'Civil society in Africa', in P. Chabal (ed.), *Political Domination in Africa*. Cambridge: Cambridge University Press.

Bayat, A. (2007) *Making Islam Democratic: Social Movements and the Post-Islamist Turn*. Stanford, CA: Stanford University Press.

Bebbington, A. (1996) 'Organizations and intensifications: campesino federations, rural livelihoods and agricultural technology in the Andes and Amazonia', *World Development*, 24 (7), 1161-77.

Bebbington, A., and G. Thiele (eds) (1993) *NGOs and the State in Latin America*. London: Routledge.

Beinin, J., and H. el-Hamalawy (2007) 'Egyptian textile workers confront the new economic order', *Middle East Report*, March 25.

Beinin, J., and F. Vairel (2009) *Workshop on Social Movements in the Middle East and North Africa: Shouldn't We Go a Step Further?* Florence: Robert Schuman Center for Advanced Studies, European University Institute.

Beissinger, M. (2006) 'Promoting democracy: is exporting revolution a constructive strategy?', *Dissent* (winter), 84-9.

Bellah, R. (1995) *Habits of the Heart: Individualism and Commitment in American Life*. Berkeley: University of California Press.

Benkler, Y. (2007) *The Wealth of Networks: How Social Production Trans-*

forms Markets and Freedom. New Haven, CT: Yale University Press.
Benner, T., W. Reinicke and J. M. Witte (2004) 'Multisectoral networks in global governance: towards a pluralistic system of accountability', Government and Opposition, 39 (2), 191–210.
Berkhout, R., and F. Jansen (2012) 'Introduction: the changing face of citizen action', Development, 55 (2), 154–7.
Berlet, C., and M. Lyons (2000) Right-Wing Populism in America. New York: Guilford Press.
Berry, J. (1999a) The New Liberalism: The Rising Power of Citizen Groups. Washington, DC: Brookings Institution Press.
Berry, J. (1999b) 'The rise of citizen groups', in T. Skocpol and M. Fiorina (eds), Civic Engagement in American Democracy. Washington, DC: Brookings Institution Press.
Bishop, M., and M. Green (2008) Philanthrocapitalism: How the Rich Can Save the World. London: Bloomsbury.
Blagescu, M., and J. Court (2007) 'Civil society's impact on public policy', in F. Heinrich and L. Fioramonti (eds), CIVICUS Global Survey of the State of Civil Society. Vol. 2: Comparative Perspectives. Bloomfield, CT: Kumarian Press.
Bloch, N. (2012) 'Half-empty or half-full? Online gateways to real world action', www.WagingNonViolence.org.
Bob, C. (2005) The Marketing of Rebellion: Insurgents, Media and International Activism. Cambridge: Cambridge University Press.
Bob, C. (2011) 'Uncivil society', in M. Edwards (ed.), The Oxford Handbook of Civil Society. Oxford: Oxford University Press.
Bob, C., J. Haynes, V. Pickard, T. Keenan and N. Couldry (2007) 'Media spaces: innovation and activism', in M. Glasius, M. Kaldor and H. Anheier (eds), Global Civil Society 2007/8. London: Sage.
Boggs, C. (2000) The End of Politics: Corporate Power and the Decline of the Public Sphere. New York: Guilford Press.
Bollier, D. (2001) Public Assets, Private Profits: Reclaiming the American Commons in an Age of Market Enclosure. Washington, DC: New America Foundation.
Boyte, H. (2004) Everyday Politics: Reconnecting Citizens and Public Life. Philadelphia: University of Pennsylvania Press.
Boyte, H. (2008) An Evaluation of Minnesota Works Together, a Movement to Transform Civic Culture in the State of Minnesota. Minneapolis: Hubert Humphrey Institute of Public Affairs, University of Minnesota.
Boyte, H. (2011) 'Civil society and public work', in M. Edwards (ed.), The Oxford Handbook of Civil Society. Oxford: Oxford University Press.

Bratton, M. (1994) 'Civil society and political transition in Africa', in J. Harbeson, D. Rothschild and N. Chazan (eds), *Civil Society and the State in Africa*. Boulder, CO: Lynne Rienner.

Bugg-Levine, A., and J. Emerson (2011) *Impact Investing: Transforming How We Make Money While Making A Difference*. San Francisco: Jossey-Bass.

Building Movement Project (2006) *Social Service and Social Change: A Process Guide*. New York: Building Movement Project, www.buildingmovement.org/process_guide.pdf.

Butler, J. (2006) *Born Again: The Christian Right Globalized*. Ann Arbor: University of Michigan Press.

Campbell, D. (2002) 'Beyond charitable choice: the diverse service delivery approaches of faith-related organizations', *Non-Profit and Voluntary Sector Quarterly*, 31 (2), 207–30.

Carothers, T. (2006) *Confronting the Weakest Link: Aiding Political Parties in New Democracies*. Washington, DC: Carnegie Endowment for International Peace.

Carothers, T., and M. Ottaway (2000) *Funding Virtue: Civil Society Aid and Democracy Promotion*. Washington, DC: Carnegie Endowment for International Peace.

Carr, N. (2008) 'Is Google making us stupid?', *Atlantic Monthly* (July/August), 56–63.

Carter, S. (1999) *Civility*. New York: Harper Perennial.

Castells, M. (2012) *Networks of Outrage and Hope: Social Movements in the Internet Age*. Cambridge: Polity.

Center for Public Integrity (2002) *The Politics and Influence of the Telecommunications Industry*. Washington, DC: CPI.

Chambers, S. (2002) 'A critical theory of civil society', in S. Chambers and W. Kymlicka (eds), *Alternative Conceptions of Civil Society*. Princeton, NJ: Princeton University Press.

Chambers, S., and W. Kymlicka (eds) (2002) *Alternative Conceptions of Civil Society*. Princeton, NJ: Princeton University Press.

Chandoke, N. (2003) *The Conceits of Civil Society*. New Delhi: Oxford University Press.

Chatterjee, P. (2002) 'Civil and political society in postcolonial democracies', in S. Khilnani and S. Kaviraj (eds), *Civil Society: History and Possibilities*. Cambridge: Cambridge University Press.

Chen, M., R. Jhabvala, R. Kanbur and C. Richards (2007) *Membership-Based Organizations of the Poor*. London: Routledge.

Chetkovich, C., and F. Kunreuther (2006) *From the Ground Up: Grassroots Organizations Making Social Change*. Ithaca, NY: Cornell University Press.

Choudry, A., and D. Kapoor (2013) *NGOization: Complicity, Contradictions and Prospects*. London: Zed Books.

Christensen, H.S. (2011) 'Political activities on the Internet: slacktivism or political participation by other means?', *First Monday*, 16 (2), 2–7.

Coffe, H., and C. Bolzendahl (2011) 'Civil society and diversity', in M. Edwards (ed.), *The Oxford Handbook of Civil Society*. Oxford: Oxford University Press.

Cohen, J. (1999) 'American civil society talk', in R. Fullwinder (ed.), *Civil Society, Democracy and Civic Renewal*. Lanham, MD: Rowman & Littlefi eld.

Cohen, J., and A. Arato (1992) *Civil Society and Political Theory*. Cambridge, MA: MIT Press.

Comaroff, J., and J. Comaroff (eds) (1999) *Civil Society and the Political Imagination in Africa*. Chicago: University of Chicago Press.

Cornuelle, R. (1965) *Reclaiming the American Dream*. New York: Vintage.

Cross, G. (2002) *An All-Consuming Century*. New York: Columbia University Press.

Dauvergne, P., and G. LeBaron (2013) *The Corporatization of Activism*. Cambridge: Polity.

Davies, T., B. O'Connor, A. Cochran and J. Effrat (2004) *An Online Environment for Democratic Deliberation: Motivations, Principles and Design*. Stanford, CA: Stanford University, Symbolic Systems Program.

Dawson, M. (2001) *Black Visions: The Roots of Contemporary African-American Mass Political Ideologies*. Chicago: University of Chicago Press.

De Oliveira, M., and R. Tandon (eds) (1994) *Citizens Strengthening Global Civil Society*. Washington, DC: CIVICUS.

De Tocqueville, A. (1945) *Democracy in America*. 2 vols. New York: Knopf.

Dekker, P., and A. Van Den Broek (2005) 'Involvement in voluntary associations in North America and Western Europe: trends and correlates 1981–2000', *Journal of Civil Society*, 1 (1), 45–59.

Dionne, E. J. (ed.) (1998) *Community Works: The Revival of Civil Society in America*. Washington, DC: Brookings Institution Press.

Douglas, S., and S. Borgos (1996) 'Community organizing and civic renewal: a view from the south', *Social Policy* (winter), 18–28.

Dryzek, J. (2006) *Deliberative Global Politics: Discourse and Democracy in a Divided World*. Cambridge: Polity.

Dryzek, J. (2012) 'Global civil society: the progress of post-Westphalian politics', *Annual Review of Political Science*, 15, 101–19.

Eberly, D. (1998) *America's Promise: Civil Society and the Renewal of American Culture*. Lanham, MD: Rowman & Littlefi eld.

Eberly, D. (2008) *The Rise of Global Civil Society: Building Communities*

and Nations from the Bottom Up. New York: Encounter Books.
Edwards, B., and M. Foley (2001) 'Civil society and social capital: a primer', in B. Edwards, M. Foley and M. Dani (eds), *Beyond Tocqueville: Civil Society and the Social Capital Debate in Comparative Perspective*. Hanover, NH: University Press of New England.
Edwards, B., M. Foley and M. Dani (eds) (2001) *Beyond Tocqueville: Civil Society and the Social Capital Debate in Comparative Perspective*. Hanover, NH: University Press of New England.
Edwards, M. (1999a) *Future Positive: International Cooperation in the 21st Century*. London: Earthscan.
Edwards, M. (1999b) 'NGO performance: what breeds success? New evidence from South Asia', *World Development*, 27 (2), 361–74.
Edwards, M. (2000a) 'Enthusiasts, tacticians and skeptics: civil society and social capital', *Kettering Review*, 18 (1), 39–51.
Edwards, M. (2000b) *NGO Rights and Responsibilities: A New Deal for Global Governance*. London: Foreign Policy Centre.
Edwards, M. (2001) 'Global civil society and community exchanges: a different form of movemont', *Environmont and Urbanization*, 13 (2), 145–9.
Edwards, M. (2007) 'Love, reason and the future of civil society', in L. McIlrath and I. MacLabhrainn (eds), *Higher Education and Civic Engagement: International Perspectives*. Aldershot: Ashgate.
Edwards, M. (2010) *Small Change: Why Business Won't Save the World*. San Francisco: Berrett-Koehler.
Edwards, M. (ed.) (2011a) *The Oxford Handbook of Civil Society*. Oxford: Oxford University Press.
Edwards, M. (2011b) 'What can the Big Society learn from history?', www.openDemocracy.net.
Edwards, M. (2013) *Beauty and the Beast: Can Money Ever Foster Social Transformation?* The Hague: Hivos.
Edwards, M., and J. Gaventa (eds) (2001) *Global Citizen Action*. Boulder, CO: Lynne Rienner ; London: Earthscan.
Edwards, M., and D. Hulme (eds) (1995) *Beyond the Magic Bullet: NGO Performance and Accountability in the Post-Cold War World*. West Hartford, CT: Kumarian Press ; London: Earthscan.
Edwards, M., and S. Post (eds) (2008) *The Love that Does Justice: Spiritual Activism in Dialogue with Social Science*. Cleveland: Institute for Research on Unlimited Love.
Edwards, M., and G. Sen (2000) 'NGOs, social change and the transformation of human relationships: a 21st century civic agenda', *Third World Quarterly*, 21 (4), 605–16.

Edwards, M., and S. Zadek (2003) 'Governing the provision of global public goods: the role and legitimacy of non-state actors', in I. Kaul, P. Conceiçào, K. Le Goulven and R. Mendoza (eds), *Governing Globalization*. Oxford: Oxford University Press.

Ehrenberg, J. (1999) *Civil Society: The Critical History of an Idea*. New York: New York University Press.

Ehrenberg, J. (2011) 'The history of civil society ideas', in M. Edwards (ed.), *The Oxford Handbook of Civil Society*. Oxford: Oxford University Press.

Eidelson, J. (2013) 'Alt-labor', *American Prospect* (January/February), 15–18.

Eikenberry, A., and J. Kluwer (2004) 'The marketization of the nonprofit sector: civil society at risk?', *Public Administration Review,* 64 (2), 132–40.

El Sayed-Said, M. (2005) 'Global civil society: an Arab perspective', in M. Glasius, M. Kaldor and H. Anheier (eds), *Global Civil Society 2005/6*. London: Sage.

Eliasoph, N. (1998) *Avoiding Politics: How Americans Produce Apathy in Everyday Life*. Cambridge: Cambridge University Press.

Eliasoph, N. (2011) *Making Volunteers: Civic Life After Welfare's End*. Princeton, NJ: Princeton University Press.

Eliasoph, N. (2013) *The Politics of Volunteering*. Cambridge: Polity.

Encarnacion, O. (2011) 'Assisting civil society and promoting democracy', in M. Edwards (ed.), *The Oxford Handbook of Civil Society*. Oxford: Oxford University Press.

Escobar, A., and S. Alvarez (eds) (1992) *The Making of Social Movements in Latin America: Identity, Strategy and Democracy*. Boulder, CO: Westview Press.

Etzioni, A. (1993) *The Spirit of Community*. London: Fontana.

Evans, P. (1996) 'Development strategies across the public-private divide: introduction', *World Development,* 24 (6), 1033–7.

Ezzat, H. R. (2005) 'Beyond multicultural modernism: towards a multicultural paradigm shift in the social sciences', in M. Glasius, M. Kaldor and H. Anheier (eds), *Global Civil Society 2005/6*. London: Sage.

Falk, R. (1995) *On Humane Governance: Toward a New Global Politics*. Cambridge: Polity.

Farrell, H. (2006) 'Bloggers and parties: can the netroots reshape American democracy?', *Boston Review,* September 29.

Fiorina, M. (1999) 'Extreme voices: the dark side of civic engagement', in T. Skocpol and M. Fiorina (eds), *Civic Engagement in American Democracy*. Washington, DC: Brookings Institution Press.

Fisher, D. (2006) *Activism Inc.: How the Outsourcing of Grassroots Campaigns is Strangling Progressive Politics in America. Stanford, CA: Stanford University Press.

Foley, M., and B. Edwards (1996) 'The paradox of civil society', *Journal of Democracy*, 7 (3), 38-52.

Foley, M., and V. Hodgkinson (eds) (2002) *The Civil Society Reader*. Hanover, NH: University Press of New England.

Forbrig, J., and P. Demes (eds) (2007) *Reclaiming Democracy: Civil Society and Electoral Change in Central and Eastern Europe*. Washington, DC: German Marshall Fund.

Fowler, A. (2004) *AID Architecture and Counter-Terrorism: Perspectives on NGO Futures*. Oxford: INTRAC.

Fowler, A. (2007) 'The challenge of socioeconomic and democratic development: marrying civil society's social and political roles?', in F. Heinrich and L. Fioramonti (eds), *CIVICUS Global Survey of the State of Civil Society. Vol. 2: Comparative Perspectives*. West Hartford, CT: Kumarian Press.

Fowler, A., and K. Biekart (eds) (2008) *Civic-Driven Change: Citizen's Imagination in Action*. The Hague: Institute of Social Studies.

Fox, J., and L. Hernandez (1992) 'Mexico's diffi cult democracy: grassroots movements, NGOs and local government', *Alternatives*, 17, 165-208.

Frumkin, P. (2006) *Strategic Giving: The Art and Science of Philanthropy*. Chicago: University of Chicago Press.

Fuchs, C. (2012) 'Some reflections on Manuel Castells' book *Networks of Outrage and Hope. Social Movements in the Internet Age*', *tripleC*, 10 (2), 775-97.

Fullwinder, R. (ed.) (1999) *Civil Society, Democracy and Civic Renewal*. Lanham, MD: Rowman & Littlefi eld.

Fung, A., and E. O. Wright (eds) (2003) *Deepening Democracy: Institutional Innovations in Empowered Participatory Governance*. London: Verso.

Galston, W. (2001) 'Political knowledge, political engagement and civic education', *Annual Review of Political Science*, 4, 217-34.

Galston, W. (2002) 'Liberal egalitarianism: a family of theories, not a single view', in R. Post and N. Rosenblum (eds), *Civil Society and Government*. Princeton, NJ: Princeton University Press.

Galston, W., and P. Levine (1998) 'America's civic condition: a glance at the evidence', in E. J. Dionne (ed.), *Community Works*. Washington, DC: Brookings Institution Press.

Gellner, E. (1994) *Conditions of Liberty: Civil Society and its Rivals*. London: Hamish Hamilton.

Georgetown University Center for Social Impact Communication (2011) *Dynamics of Cause Engagement*. Washington, DC: Georgetown University.

Geremek, B. (1992) *The Idea of Civil Society*. Research Triangle Park, NC: National Humanities Center.

Giddens, A. (ed.) (2001) *The Global Third Way Debate*. Cambridge: Polity.

Giugni, M. (1999) 'How social movements matter', in M. Giugni, D. McAdam and C. Tilly (eds), *How Social Movements Matter*. Minneapolis: University of Minnesota Press.

Glasius, M. (2008) 'Does the involvement of global civil society make international decision-making more democratic? The case of the International Criminal Court', *Journal of Civil Society*, 4 (1), 43–60.

Glasius, M., and J. Timms (2005) 'Social forums: radical beacon or strategic infrastructure?', in M. Glasius, M. Kaldor and H. Anheier (eds), *Global Civil Society 2005/6*. London: Sage.

Glasius, M., M. Kaldor and H. Anheier (eds) (2003) *Global Civil Society 2002/3*. Oxford: Oxford University Press.

Glasius, M., M. Kaldor and H. Anheier (eds) (2004) *Global Civil Society 2004/5*. Oxford: Oxford University Press.

Glasius, M., M. Kaldor and H. Anheier (eds) (2005) *Global Civil Society 2005/6*. London: Sage.

Glasius, M., M. Kaldor and H. Anheier (eds) (2006) *Global Civil Society 2006/7*. London: Sage.

Glasius, M., M. Kaldor and H. Anheier (eds) (2007) *Global Civil Society 2007/8*. London: Sage.

Global Partners and Associates (2007) *New Threats and Opportunities for Freedom of Expression in the Global Information Society*. London: Global Partners.

Goody, J. (2002) 'Civil society in an extra-European perspective', in S. Khilnani and S. Kaviraj (eds), *Civil Society: History and Possibilities*. Cambridge: Cambridge University Press.

Gottesdiener, L. (2012) 'A new face of the new labor movement', www.WagingNonViolence.org.

Grootaert, C. (1999) *Does Social Capital Help the Poor? A Synthesis of Findings from the Local-Level Institutions Study in Bolivia, Burkina Faso and Indonesia*. Washington, DC: World Bank.

Guardian (2013). 'IRS chief says tax-exemption screening went wider than Tea Party groups', *Guardian*, June 24, http://www.guardian.co.uk/world/2013/jun/24/irs-chief-tea-party-occupy-tax.

Guinness, O. (2008) *The Case for Civility and Why Our Future Depends on It*. New York: HarperOne.

Hagemann, K., S. Michel and G. Budde (eds) (2008) *Civil Society and Gender Justice*. London: Berghahn Books.

Hall, H., and S. Perry (2013) 'Girl Scouts fi nancial and leadership woes threaten 100-year-old group', *Chronicle of Philanthropy*, April 7.
Hall, J. (ed.) (1995) *Civil Society: Theory, History, Comparison*. Cambridge: Polity.
Hall, J., and F. Trentmann (eds) (2005) *Civil Society: A Reader in History, Theory and Global Politics*. Basingstoke: Palgrave Macmillan.
Hampshire, S. (1999) *Justice is Conflict*. Princeton, NJ: Princeton University Press.
Hann, C. (2004) 'In the church of civil society', in M. Glasius, M. Kaldor and H. Anheier (eds), *Global Civil Society 2004/5*. Oxford: Oxford University Press.
Hann, C., and E. Dunn (eds) (1996) *Civil Society: Challenging Western Models*. London: Routledge.
Harbeson, J., D. Rothschild and N. Chazan (eds) (1994) *Civil Society and the State in Africa*. Boulder, CO: Lynne Rienner.
Harris, F. (1999) 'Will the circle be unbroken? The erosion and transformation of African-American civic life', in R. Fullwinder (ed.), *Civil Society, Democracy and Civic Renewal*. Lanham, MD: Rowman & Littlefi eld.
Harris, J. (2001) *Depoliticizing Development: The World Bank and Social Capital*. New Delhi: Lectword Books.
Hashemi, S. (1997) 'Building NGO legitimacy in Bangladesh', in D. Lewis (ed.), *International Perspectives on Voluntary Action*. London: Earthscan.
Hassabo, C. (2007) *The Vicissitudes of Grassroots Democracy: The Case of the Bloggers, Kefaya and the Mahalla Textile Company Workers*. Cairo: Ford Foundation.
Hassan, K. (2012) 'Making sense of the Arab Spring: listening to the voices of Middle Eastern activists', *Development*, 55 (2), 232–8.
Hawken, P. (2007) *Blessed Unrest: How the Largest Movement in the World Came into Being and Why No One Saw it Coming*. New York: Penguin.
Hawthorne, A. (2004) *Middle Eastern Democracy: Is Civil Society the Answer?* Democracy and Rule of Law Project, Paper No. 44. Washington, DC: Carnegie Endowment for International Peace.
Hearn, J. (2001) 'The uses and abuses of civil society in Africa', *Review of African Political Economy*, 28 (87), 43–53.
Heinrich, V. F. (2008) 'Studying civil society across the world: exploring the thorny issues of conceptualization and measurement', *Journal of Civil Society*, 1 (3), 211–28.
Heinrich, V. F., and L. Fioramonti (eds) (2007) *CIVICUS Global Survey of the State of Civil Society. Vol. 2: Comparative Perspectives*. Bloomfi eld, CT: Kumarian Press.

Heller, P. (1996) 'Social capital as a product of class mobilization and state intervention: industrial workers in Kerala, India', *World Development*, 24 (6), 1055–71.

Henderson, S. (2003) *Building Democracy in Contemporary Russia: Western Support for Grassroots Organizations*. Ithaca, NY: Cornell University Press.

Henriksen, L. S., and L. Svedberg (2010) 'Volunteering and social activism: moving beyond the traditional divide', *Journal of Civil Society*, 6 (2), 95–8.

Hill, G. (2008) 'A case of NGO participation: the ICC negotiations', in J. Walker and A. Thompson (eds), *Critical Mass: The Emergence of Global Civil Society*. Toronto: Wilfred Laurier University Press.

Hirschman, A. (1970) *Exit, Voice and Loyalty: Responses to Decline in Firms, Organizations and States*. Cambridge, MA: Harvard University Press.

Hirst, P. (1994) *Associative Democracy: New Forms of Economic and Social Governance*. Cambridge: Polity.

Howell, J. (2005) 'Gender and civil society', in M. Glasius, M. Kaldor and H. Anheier (eds), *Global Civil Society 2005/6*. London: Sage.

Howell, J., and J. Pearce (2001) *Civil Society and Development: A Critical Exploration*. Boulder, CO: Lynne Rienner.

Hulme, D., and M. Edwards (eds) (1997) *NGOs, States and Donors: Too Close for Comfort?* New York and London: Palgrave Macmillan.

Ibrahim, S. (1995) 'Civil society and the prospects for democracy in the Arab world', in A. Norton (ed.), *Civil Society in the Middle East*. Leiden: E. J. Brill.

INCITE (2007) *The Revolution Will Not Be Funded: Beyond the Non-Profit Industrial Complex*. Cambridge, MA: South End Press.

International Center for Not-for-Profi t Law (2013) *NGO Law Monitor*. Washington, DC: ICNL.

Isaac, J. (1998) *Democracy in Dark Times*. Ithaca, NY: Cornell University Press.

Jalali, R. (2005) 'Foreign aid and civil society: how external aid is detrimental to southern NGOs and social movements', *Democracy and Society*, 2 (2), 6–24.

Jenkins, R. (2002) 'Mistaking "governance" for "politics": foreign aid, democracy and the contribution of civil society', in S. Khilnani and S. Kaviraj (eds), *Civil Society: History and Possibilities*. Cambridge: Cambridge University Press.

Johnson, B. (2002) *Objective Hope: Assessing the Effectiveness of Faith-Based Organizations: A Review of the Literature*. Philadelphia: University of Pennsylvania, Center for Research on Religion and Urban Civil Society.

Johnson, S. (2013) *Future Perfect: The Case for Progress in a Networked

Age. New York: Riverhead.
Jordan, J. (1992) *Technical Diffi culties: African-American Notes on the State of the Union*. New York: Pantheon.
Jordan, L. (2011) 'Global civil society', in M. Edwards (ed.), *The Oxford Handbook of Civil Society*. Oxford: Oxford University Press.
Jordan, L., and P. van Tuijl (eds) (2006) *NGO Accountability: Politics, Principles and Innovations*. London: Earthscan.
Kahne, J., N. Lee and J. Feezell (2013) 'The civic and political signifi cance of online participatory cultures among youth transitioning to adulthood', *Journal of Information Technology and Politics*, 10 (1), 1–20.
Kaldor, M. (2003) *Global Civil Society*. Cambridge: Polity.
Kandil, A. (1995) *Civil Society in the Arab World*. Washington, DC: Civicus.
Keane, J. (1998) *Civil Society: Old Images, New Visions*. Stanford, CA: Stanford University Press.
Keane, J. (2003) *Global Civil Society*. Cambridge: Cambridge University Press.
Kelsay, J. (2002) 'Civil society and government in Islam', in R. Post and N. Rosenblum (eds), *Civil Society and Government*. Princeton, NJ: Princeton University Press.
Khagram, S., and S. Alvord (2006) 'The rise of civic transnationalism', in S. Batliwala and L. D. Brown (eds), *Transnational Civil Society: An Introduction*. Bloomfi eld, CT: Kumarian Press.
Khalaf, S. (2002) *Civil and Uncivil Violence in Lebanon: A History of the Internationalization of Communal Conflict in Lebanon*. New York: Columbia University Press.
Khallaf, M., and O. Tur (2007) 'Civil society in the Middle East and Mediterranean', in V. F. Heinrich and L. Fioramonti (eds), *CIVICUS Global Survey of the State of Civil Society. Vol. 2: Comparative Perspectives*. Bloomfi eld, CT: Kumarian Press.
Khilnani, S. (2002) 'The development of civil society', in S. Khilnani and S. Kaviraj (eds), *Civil Society: History and Possibilities*. Cambridge: Cambridge University Press.
Khilnani, S., and S. Kaviraj (eds) (2002) *Civil Society: History and Possibilities*. Cambridge: Cambridge University Press.
Kienle, E. (2012) 'Egypt without Mubarak, Tunisia after Bin Ali: theory, history and the Arab Spring', *Economy and Society*, 41 (4), 532–57.
Konrád, G. (1989) *Antipolitics*. New York: Bookthrift.
Kopecky, P., and C. Mudde (2007) 'Civil or uncivil? Civil society's role in promoting values, norms and rights', in F. V. Heinrich and L. Fioramonti (eds), *CIVICUS Global Survey of the State of Civil Society. Vol. 2: Comparative Perspectives*. Bloomfi eld, CT: Kumarian Press.

Ladd, E. (1999) *The Ladd Report*. New York: Free Press.
Lanier, J. (2011) *You Are Not a Gadget: A Manifesto*. New York: Vintage.
Lanier, J. (2013) *Who Owns the Future?* New York: Simon & Schuster.
Larson, S. (2006) 'The World Social Forum in search of itself', *openDemocracy*, January 26, www.opendemocracy.net/globalization-world/wsf_3211.jsp.
Lasch, C. (1996) *The Revolt of the Elites and the Betrayal of Democracy*. New York: W. W. Norton.
Leadbeater, C. (2008) *We-Think*. London: Profile.
Lehman, H. (2008) 'The emergence of civil society organizations in South Africa', *Journal of Public Affairs*, 8, 115–27.
Leighninger, M. (2006) *The Next Form of Democracy: How Expert Rule is Giving Way to Shared Governance and Why Politics Will Never Be the Same*. Nashville: Vanderbilt University Press.
Lentz, R. (2011) 'Civil society in the digital age', in M. Edwards (ed.), *The Oxford Handbook of Civil Society*. Oxford: Oxford University Press.
Lessig, L. (2001) *The Future of Ideas: The Fate of the Commons in a Connected World*. New York: Random House.
Levi, M. (1996) 'Social and unsocial capital: review of *Making Democracy Work*', *Politics and Society*, 24 (1), 45–55.
Levine, P. (2002) *Building the Electronic Commons*. College Park: University of Maryland, Democracy Collaborative, http://democracycollaborative.umd.edu/programs/public/BuildingElectronicCommons.pdf.
Levine, P. (2007) *The Future of Democracy: Developing the Next Generation of American Citizens*. Hanover, NH: University Press of New England.
Lewis, D. (2002) 'Civil society in African contexts: reflections on the usefulness of a concept', *Development and Change*, 33 (4), 569–86.
Lewis, D. (2004) 'Old and new civil societies in Bangladesh', in M. Glasius, D. Lewis and H. Seckinelgin (eds), *Exploring Civil Society: Political and Cultural Contexts*. Abingdon: Routledge.
Lewis, D. (2008) 'Crossing the boundaries between third sector and state: life-work histories from the Philippines, Bangladesh and the UK', *Third World Quarterly*, 29 (1), 125–41.
Li, X. (1999) 'Democracy and uncivil societies: a critique of civil society determinism', in R. Fullwinder (ed.), *Civil Society, Democracy and Civic Renewal*. Lanham, MD: Rowman & Littlefield.
Lichtenstein, N. (2002) *State of the Union: A Century of American Labor*. Princeton, NJ: Princeton University Press.
Lichterman, P. (2005) *Elusive Togetherness: Church Groups Trying to Bridge America's Divisions*. Princeton, NJ: Princeton University Press.

Lievrouw, L. (2011) *Alternative and Activist New Media*. Cambridge: Polity.

Lohmann, R., and J. Van Til (eds) (2012) *Resolving Community Conflicts and Problems: Public Deliberation and Sustained Dialogue*. New York: Columbia University Press.

Long, S. (2000) *The New Student Politics: The Wingspread Statement on Student Civic Engagement*. Washington, DC: Campus Compact.

Lutsevych, O. (2013) *How to Finish a Revolution: Civil Society and Democracy in Georgia, Moldova and Ukraine*. Chatham House Briefing Paper 2013/01. London: Chatham House.

Majed, Z. (1998) 'Civil society in Lebanon', *Kettering Review* (fall), 36–43.

Mamdani, M. (1996) *Citizen and Subject: Contemporary Africa and the Legacy of Late Colonialism*. Princeton, NJ: Princeton University Press.

Mardin, S. (1995) 'Civil society and Islam', in J. Hall (ed.), *Civil Society: Theory, History, Comparison*. Cambridge: Polity.

Marquand, D. (2004) *Decline of the Public: The Hollowing Out of Citizenship*. Cambridge: Polity.

Mathews, J. (1997) 'Power shift', *Foreign Affairs* (January/February), 50–66.

Mau, S., J. Mewes and A. Zimmerman (2008) 'Cosmopolitan attitudes through transnational social practices?', *Global Networks*, 8 (1), 1–24.

McBride, A. M., and M. Sherraden (eds) (2007) *Civic Service Worldwide: Impacts and Inquiry*. London: M. E. Sharpe.

McChesney, R. (2013) *Digital Disconnect: How Capitalism is Turning the Internet Against Democracy*. New York: the New Press.

McClain, L., and J. Fleming (2000) 'Some questions for civil society revivalists', *Chicago-Kent Law Review*, 75 (2), 301–54.

McConnell, C. (2003) 'Advanced democracy', *YES Magazine* (winter), 41–2.

McFarland, D., and R. Thomas (2006) 'Bowling young: how youth voluntary associations influence adult political participation', *American Sociological Review*, 71 (June), 401–25.

McPherson, M., L. Smith-Lovin and M. Brashears (2006) 'Social isolation in America: changes in core discussion networks over two decades', *American Sociological Review*, 71 (June), 353–75.

Mertes, T. (2002) 'Grassroots globalism: reply to Michael Hardt', *New Left Review*, 17 (September/October), 101–10.

Metzger, T. (2002) 'The Western concept of civil society in the context of Chinese history', in S. Khilnani and S. Kaviraj (eds), *Civil Society: History and Possibilities*. Cambridge: Cambridge University Press.

Meyer, M., and C. Hyde (2004) 'Too much of a good thing? Insular neighbourhood associations, nonreciprocal civility and the promotion of civic health', *Non-Profit and Voluntary Sector Quarterly*, 33 (3), 77–96.

Minkoff, D. (2002a) 'The emergence of hybrid organizational forms: combining identity-based service provision and political action', *Non-Profit and Voluntary Sector Quarterly*, 31 (5), 377–401.

Minkoff, D. (2002b) 'Walking a political tightrope: responsiveness and internal accountability in social movement organizations', in E. Reid and M. Montilla (eds), *Exploring Organizations and Advocacy: Governance and Accountability*. Washington, DC: Urban Institute.

Morozov, E. (2011) *The Net Delusion: The Dark Side of Internet Freedom*. New York: Public Affairs.

Morozov, E. (2013) *To Save Everything, Click Here: The Folly of Technological Solutionism*. New York: Public Affairs.

Morton, D. (2006) 'Gunning for the world', *Foreign Policy* (January/February), 58–67.

Muasher, M. (2011) 'Arab Spring: eternal season of flux', *Politico*, June 30.

Mutz, D. (2006) *Hearing the Other Side: Deliberative versus Participatory Democracy*. Cambridge: Cambridge University Press.

Myers, S. (1996) *Democracy is a Discussion: Civic Engagement in Old and New Democracies*. New London: Connecticut College.

National Council of Voluntary Organizations (2012) *What the Research Tells Us About the Voluntary Sector*, http://www.ncvo-vol.org.uk/policy-research/what-voluntary-sector/what-research-tells-us.

Nicholls, A. (2011) 'Social enterprise and social entrepreneurs', in M. Edwards (ed.), *The Oxford Handbook of Civil Society*. Oxford: Oxford University Press.

Nosco, P. (2002) 'Confucian perspectives on civil society and government', in R. Post and N. Rosenblum (eds), *Civil Society and Government*. Princeton, NJ: Princeton University Press.

Obadare, E. (2011) 'Civil society in Africa', in M. Edwards (ed.), *The Oxford Handbook of Civil Society*. Oxford: Oxford University Press.

O'Connell, B. (1999) *Civil Society: The Underpinnings of American Democracy*. Hanover, NH: University Press of New England.

Orvis, S. (2001) 'Civil society in Africa or African civil society?', *Journal of Asian and African Studies*, 36 (1), 17–38.

Patel, S., J. Bolnick and D. Mitlin (2001) 'Squatting on the global highway: community exchanges for urban transformation', in M. Edwards and J. Gaventa (eds), *Global Citizen Action*. Boulder, CO: Lynne Rienner; London: Earthscan.

Paya, A. (2004) 'Civil society in Iran: past, present and future', in M. Glasius, D. Lewis and H Seckinelgin (eds), *Exploring Civil Society: Political and Cultural Contexts*. Abingdon: Routledge.

Peklo, J. (2004) *The Balkan Syndrome: Nationalism and the Media.* Krakow: ZNAK Foundation.

Perez-Diaz, V. (1993) *The Return of Civil Society: The Emergence of Democratic Spain.* Cambridge, MA: Harvard University Press.

Peters, P., and J. Scarpacci (1998) *Cuba's New Entrepreneurs: Five Years of Small-Scale Capitalism.* Arlington, VA: Alexis de Tocqueville Institution.

Pew Research Center's Internet and American Life Project (2011) *The Social Impact of Technology.* Washington, DC: Pew Research Center.

Pianta, M. (2005) *UN World Summits and Civil Society: The State of the Art.* Civil Society and Social Movements Paper no. 18. Geneva: United Nations Research Institute on Social Development.

Post, R., and N. Rosenblum (eds) (2002) *Civil Society and Government.* Princeton, NJ: Princeton University Press.

Price, V. (2007) 'Democracy, global publics and world opinion', in M. Glasius, M. Kaldor and H. Anheier (eds), *Global Civil Society 2007/8.* London: Sage.

Pritchett, L., and D. Kaufman (1998) 'Civil liberties, democracy and the performance of government projects', *Finance and Development* (March), 26–9.

Pushback Network (2008) *All Together Now.* Los Angeles: Pushback Network.

Putnam, R. (1993) *Making Democracy Work: Civic Traditions in Modern Italy.* Princeton, NJ: Princeton University Press.

Putnam, R. (2000) *Bowling Alone: The Collapse and Revival of American Community.* New York: Simon & Schuster.

Putnam, R. (2007) 'E pluribus unum: diversity and community in the twenty-first century', *Scandinavian Political Studies,* 30 (2), 137–74.

Ramesh, R. (2007) 'Nobel winner starts anti-graft party', *Guardian Weekly,* March 2–8.

Ray, M. (2002) *The Changing and Unchanging Face of US Civil Society.* New Brunswick, NJ: Transaction.

Read, B., and R. Pekkanen (2008) *Straddling State and Society: Challenges and Insights from Ambiguous Associations.* Iowa City: Department of Political Science, University of Iowa.

Reilly, C. (ed.) (1995) *New Paths to Democratic Development in Latin America: The Rise of NGO-Municipal Collaboration.* Boulder, CO: Lynne Rienner.

Rieff, D. (1999) 'The false dawn of civil society', *Nation,* February 22.

Rifkin, J. (1995) *The End of Work: The Decline of the Global Labor Force and the Dawn of the Post-Market Era.* New York: G. P. Putnam.

Robin, C. (2001) 'Missing the point: a review of *Bowling Alone*', *Dissent* (spring), 108–11.

Rodriguez, L. (2007) 'The Girl Scouts: uncharted territory', *Non-Profit Quar-*

terly (fall), 16–22.
Roepke, W. (1996) *The Moral Foundations of Civil Society*. New Brunswick, NJ: Transaction.
Rosen, J. (2001) *What Are Journalists For?* New Haven, CT: Yale University Press.
Rosenblum, N. (1998) *Membership and Morals: The Personal Uses of Pluralism in America*. Princeton, NJ: Princeton University Press.
Rosenblum, N. (1999) 'The moral uses of pluralism', in R. Fullwinder (ed.), *Civil Society, Democracy and Civic Renewal*. Lanham, MD: Rowman & Littlefi eld.
Rutenberg, J. (2002) 'A foundation travels far from Sesame Street', *New York Times*, September 6.
Salam, N. (2002) *Civil Society in the Arab World: The Historical and Political Dimensions*. Occasional Paper 3, Islamic Legal Studies Program, Harvard Law School.
Salamon, L. (1993) *The Global Associational Revolution: The Rise of the Third Sector on the World Scene*. Occasional Paper 15. Baltimore: Johns Hopkins University, Institute for Policy Studies.
Salamon, L. (2004) *Global Civil Society: Dimensions of the Nonprofit Sector. Vol. 2*. West Hartford, CT: Kumarian Press.
Salamon, L. (2010) 'Putting the civil society sector on the economic map of the world,' *Annals of Public and Cooperative Economics*, 81 (2), 167–211.
Salem, P. (1998) 'Deconstructing civil society: refl ections on a paradigm', *Kettering Review* (fall), 8–15.
Sampson, S. (1996) 'The social life of projects: importing civil society to Albania,' in C. Hann and E. Dunn (eds), *Civil Society: Challenging Western Models*. London: Routledge.
Schattan, V., P. Coelho and B. von Lieres (2010) *Mobilizing for Democracy: Citizen Action and the Politics of Public Participation*. London: Zed Books.
Schlumberger, O. (ed.) (2007) *Debating Arab Authoritarianism: Dynamics and Durability in Non-Democratic Regimes*. Stanford, CA: Stanford University Press.
Schmidt, E., and J. Cohen (2013) *The New Digital Age: Reshaping the Future of People, Nations and Business*. New York: Knopf.
Scholte, J. (2002) *Democratizing the Global Economy: The Role of Civil Society*. Coventry: University of Warwick, Centre for the Study of Globalization.
Scholte, J. (2007) 'Civil society and the legitimization of global governance', *Journal of Civil Society*, 3 (3), 305–26.
Scholte, J. (2008) 'Looking to the future: a global civil society forum', in J.

Walker and A. Thompson (eds), *Critical Mass: The Emergence of Global Civil Society*. Toronto: Wilfred Laurier University Press.

Seckinelgin, H. (2004) 'Contractions of a sociocultural reflex: civil society in Turkey', in M. Glasius, D. Lewis and H. Seckinelgin (eds), *Exploring Civil Society: Political and Cultural Contexts*. Abingdon: Routledge.

Sehm-Patomaki, K., and M. Ulvila (2006) *Democratic Politics Globally: Elements for a Dialogue on Global Political Party Formations*. Working Paper 1. Helsinki: Network Institute for Global Democratization.

Seligman, A. (1992) *The Idea of Civil Society*. Princeton, NJ: Princeton University Press.

Seligman, A. (2002) 'Civil society as idea and ideal', in S. Chambers and W. Kymlicka (eds), *Alternative Conceptions of Civil Society*. Princeton, NJ: Princeton University Press.

Senzai, F. (2004) 'Bush's shaky plans for change in the Middle East', *Civility Review*, 1 (1), 3–4.

Shaaban, A. B. (2007) 'The new protest movements in Egypt: has the country lost patience?', *Arab Reform Brief*, 17 (November).

Shah, N., and F. Jansen (2011) *Digital Alternatives With a Cause*. The Hague: Hivos.

Shirky, C. (2008) *Here Comes Everybody: The Power of Organizing without Organizations*. London: Allen Lane.

Shirky, C. (2010) *Cognitive Surplus: Creativity and Generosity in a Connected Age*. New York: Penguin.

Sidel, M. (2004) *More Secure, Less Free? Antiterrorism Policy and Civil Liberties after September 11*. Ann Arbor: University of Michigan Press.

Singer, P. (2002) *One World: The Ethics of Globalization*. New Haven, CT: Yale University Press.

Skocpol, T. (1999) 'Advocates without members: the recent transformation of American civic life', in T. Skocpol and M. Fiorina (eds), *Civic Engagement in American Democracy*. Washington, DC: Brookings Institution Press.

Skocpol, T. (2003) *Diminished Democracy: From Membership to Management in American Civic Life*. Oklahoma City: University of Oklahoma Press.

Skocpol, T., and M. Fiorina (1999) 'Making sense of the civic engagement debate', in T. Skocpol and M. Fiorina (eds), *Civic Engagement in American Democracy*. Washington, DC: Brookings Institution Press.

Skocpol, T., and W. Williamson (2012) *The Tea Party and the Remaking of Republican Conservatism*. Oxford: Oxford University Press.

Slaughter, A.-M. (2004) *A New World Order*. Princeton, NJ: Princeton University Press.

Smillie, I. (1996) *Service Delivery or Civil Society? NGOs in Bosnia and*

Hercegovina. Ottawa: CARE Canada.
Smith, D. H. (2000) *Grassroots Associations*. Thousand Oaks, CA: Sage.
Smith, R. (1996) *We Have No Leaders: African Americans in the Post-Civil Rights Era*. Albany: SUNY Press.
Sogge, D. (2006) 'African civil domains: realities and mirages', in *Crisis of the State and Civil Domains in Africa*. Madrid: FRIDE.
Strauss, A., and R. Falk (1997) 'For a global peoples' assembly', *International Herald Tribune*, November 14.
Surman, M., and K. Reilly (2003) *Appropriating the Internet for Social Change*. New York: Social Science Research Council.
Tamman, H. (2008) 'Repentant Jihadists and the changing face of Islam', *Arab Reform Bulletin* (September), http://carnegieendowment.org/2008/09/09/repentant-jihadists-and-changing-face-of-islamism-in-egypt/eiaa.
Tarrow, S. (1996) 'Making social science work across space and time: a critical reflection on Robert Putnam's *Making Democracy Work*', *American Political Science Review*, 90 (2), 389–97.
Tarrow, S. (1998) *Power in Movement: Social Movements and Contentious Politics*. Cambridge: Cambridge University Press.
Tarrow, S. (2005) *The New Transnational Activism*. Cambridge: Cambridge University Press.
Tarrow, S. (2012) *Strangers at the Gates: Movements and States in Contentious Politics*. Cambridge: Cambridge University Press.
Tendler, J. (1996) *Good Government in the Tropics*. Cambridge, MA: MIT Press.
Thompson, A. (2008) 'A global civil society forum: laying the groundwork', in J. Walker and A. Thompson (eds), *Critical Mass: The Emergence of Global Civil Society*. Toronto: Wilfred Laurier University Press.
Tilly, C. (2007) *Democracy*. Cambridge: Cambridge University Press.
Tilly, C., and S. Tarrow (2007) *Contentious Politics*. London: Paradigm.
Turkle, S. (2011) *Alone Together: Why We Expect More from Technology and Less from Each Other*. New York: Basic Books.
Unger, J. (ed.) (2008) *Associations and the Chinese State: Contested Spaces*. London: M. E. Sharpe.
United States Department of State (2012) *Fact Sheet on NGOs in the United States*. http://www.humanrights.gov/2012/01/12/fact-sheet-non-governmental-organizations-ngos-in-the-united-states.
UNRISD (2005) *World Summits and Civil Society Engagement*. Research and Policy Brief 6. Geneva: United Nations Research Institute for Social Development.
Uphoff, N. (1993) 'Grassroots organizations and NGOs in rural development:

opportunities with diminishing states and expanding markets', *World Development,* 21 (4), 607–22.
Uvin, P. (1998) *Aiding Violence: The Development Enterprise in Rwanda.* West Hartford, CT: Kumarian Press.
Van der Veer, P. (2002) 'Civic calm', *Biblio* (November/December), 34–5.
Van Gelder, S. (2011) *This Changes Everything.* San Francisco: Berrett Koehler.
Van Rooy, A. (ed.) (1998) *Civil Society and the Aid Industry.* London: Earthscan.
Van Rooy, A. (2004) *The Global Legitimacy Game: Civil Society, Globalization and Protest.* Basingstoke: Palgrave Macmillan.
Varshney, A. (2002) *Ethnic Confl ict and Civic Life: Hindus and Muslims in India.* New Haven, CT: Yale University Press.
Verba, S., K. Schlozman and H. Brady (1995) *Voice and Equality: Civic Voluntarism in American Politics.* Cambridge, MA: Harvard University Press.
Verba, S., K. Schlozman and H. Brady (2012) *The Un-Heavenly Chorus: Unequal Political Voice and the Broken Promise of American Democracy.* Princeton, NJ: Princeton University Press.
Walker, J., and A. Thompson (eds) (2008) *Critical Mass: The Emergence of Global Civil Society.* Toronto: Wilfred Laurier University Press.
Walzer, M. (1998) 'The idea of civil society: a path to social reconstruction', in E. J. Dionne (ed.), *Community Works: The Revival of Civil Society in America.* Washington, DC: Brookings Institution Press.
Wang, T., and R. Winn (2006) *Groundswell Meets Groundwork: Recommendations for Building on Immigrant Mobilizations.* New York: Four Freedoms Fund.
Warren, M. (2001a) *Democracy and Association.* Princeton, NJ: Princeton University Press.
Warren, M. (2001b) *Dry Bones Rattling: Community Building to Revitalize American Democracy.* Princeton, NJ: Princeton University Press.
Wasserman, D. (1999) 'Self-help groups, community and civil society', in R. Fullwinder (ed.), *Civil Society, Democracy and Civic Renewal.* Lanham, MD: Rowman & Littlefi eld.
Weisbrod, B. (2004) 'The pitfalls of profits: why nonprofits should get out of commercial ventures', *Stanford Social Innovation Review,* 2 (3), 1–8.
Whitaker, C., B. de Sousa Santos and B. Cassen (2005) 'The World Social Forum: where do we stand and where are we going?', in M. Glasius, M. Kaldor and H. Anheier (eds), *Global Civil Society 2005/6.* London: Sage.
White, G. (1994) 'Civil society, democratization and development: clearing the analytical ground', *Democratization,* 1 (3), 375–90.
White, J. (1996) 'Civic culture and Islam in urban Turkey', in C. Hann and E.

Dunn (eds), *Civil Society: Challenging Western Models*. London: Routledge.
Widener Law Review (2007) *Symposium on Envisioning a More Democratic Global System, Widener Law Review,* 13 (2), 1–446.
Wilson, J. (2006) 'Civil society: a Russian variant?', *openDemocracy,* June 17. www.opendemocracy.net/Russia/article/Civil-Society-A-Russian-Variant.
Wing, K., T. Pollak and A. Blackwood (2008) *The NonProfit Almanac 2008.* Washington, DC: Urban Institute Press.
Wolfe, A. (1998) 'Is civil society obsolete?', in E. J. Dionne (ed.), *Community Works: The Revival of Civil Society in America.* Washington, DC: Brookings Institution Press.
Woolcock, M. (1998) 'Social capital and economic development: toward a theoretical synthesis and policy framework', *Theory and Society,* 27 (2), 151–208.
Wuthnow, R. (2007) *America and the Challenges of Religious Diversity.* Princeton, NJ: Princeton University Press.
Xiaoguang, K. (2002) *An Evaluation of the State of Development of Chinese NGOs and Suggestions for Capacity-Building.* Beijing: Chinese Academy of Sciences Research Centre.
Zadek, S. (2001) *The Civil Corporation.* London: Earthscan.
Zubaida, S. (2002) 'Civil society, community and democracy in the Middle East', in S. Khilnani and S. Kaviraj (eds), *Civil Society: History and Possibilities.* Cambridge: Cambridge University Press.

보론 참고문헌

Arendt, Hannah (1958). *The Human Condition*. Chicago: Chicago University Press.
Bahmueller, Charles (1997). "Civil Society and Democracy Reconsidered." in Laura A. Pinhey & Candace L. Boyer, (eds.) *Resources on Civic Education for Democracy: International Perspectives*. Bloomington: ERIC Clearinghouse for Social Studies / Social Science Education.
Cohen, J., and A. Arato (1992) *Civil Society and Political Theory*. Cambridge, MA: MIT Press.
Diamond, Jared (1999). *Guns, Germs, and Steel*. New York: W.W.Norton.
Edwards, Michael (2004). "Civil Society: Theory and Practice." (www.infed.org/association/civil_society.htm)
Edwards, Michael (2014). *Civil Society, 3rd ed*. MA: Polity Press.
Ehrenberg, J. (1999) *Civil Society: The Critical History of an Idea*. New York: New York University Press.
Keane, J. (2003) *Global Civil Society*. Cambridge: Cambridge University Press.
Kymlicka, Will (2002). *Contemporary Political Philosophy: An Introduction*. Oxford: Oxford University Press.
Mathews, Jassica (1997). "Power Shift." *Foreign Affairs* (Jan/Feb. 1997).
McClain, L., and J. Fleming (2000) 'Some questions for civil society revivalists', *Chicago-Kent Law Review*, 75 (2), 301-54.
Salamon, Lester M. & Helmut K. Anheier (1997). *Defining the Nonprofit Sector*. Manchester: Manchester University Press.
Wapner, Paul (1995). "Politics beyond the State: Environmental Activism and World Civic Politics." *World Politics* 47 (April 1995).
『한국시민사회연감』 (2004). 시민의 신문사.

찾아보기

N

NGO 2, 4, 18, 20-24, 27, 29, 31-32, 35, 48-49, 53, 57, 59, 78, 80, 84, 89, 100, 120, 139, 148, 152-154, 166, 168, 179-180, 182; NGO화(NGO-ization) 47; 국제NGO 31, 182

ㄱ

가말리엘(Gamaliel) 43
강한 민주주의 국가 167, 208
강한 시민사회 2, 21, 81, 86
갤스턴(William Galston) 11
거버넌스 21, 55-56, 143, 148, 150, 153, 172, 206
겔너(Ernest Gellner) 10, 38
결사인(結社人, an association man) 27
결사적 삶 14, 16, 18, 22, 24, 29, 32, 40-41, 48, 50, 52, 54-55, 57, 64, 72, 75-76, 79-80, 90-91, 93, 101, 120, 127, 131-136, 140, 143-149, 159, 163, 166, 168-172, 175, 178-184, 186, 188-189
결사적 생태시스템 130, 132, 134, 163, 178

결사혁명(associational revolution) 28-29, 32
공공영역(public sphere) 12-14, 34, 96, 99-101, 103, 105-116, 118, 120-124, 126-127, 131-132, 138, 140, 145-149, 159, 161-163, 167-173, 175-179, 188-189; 공공영역의 쇠퇴 98
공공영역(public sphere) 이론 12, 93, 100-102, 127, 134
공공정보공개법 174
공동선(common good) 20, 96, 107, 123
공동체농장연맹(Community Farm Alliance) 139
공론장 108
공민(civic, 公民) 16; 공민교육(civic education) 177-178; 공민정신(civic spirit) 38
공민권 58, 111, 113, 169; 공민권법(Civil Rights Act) 163; 공민권운동 141
공민문화학파(civic culture school) 134, 159
공민적: 공민적 개입(civic engagement) 134; 공민적 삶(a meaningful civic life) 49, 83-84, 88, 139-140, 143, 183; 공민적 참여 136, 170

공익(public interest) 110, 115, 126, 141, 151, 174; 공익 로비활동 142
교토의정서(Kyoto Protocol) 150
국민국가 4-5, 23, 31, 212
국제민주주의연맹(International Democratic Union) 154
국제쉘/슬럼거주자들(Shack/Slum Dwellers International) 152
국제운동네트워크 119
국제형사재판소(International Criminal Court) 151
권능 담화(empowerment talk) 145
그라민은행(Grameen Bank) 37
그람시(Antonio Gramsci) 8, 81
그린피스 152
근린대응투자기금(Neighborhood Matching Fund) 172
근본주의 108
글로벌 거버넌스(global governance) 64, 156, 159
글로벌 공공영역 100, 116, 150, 156-158, 164
글로벌녹색당(Global Greens) 155
글로벌화 104, 156-157, 183
급진적 행동주의 141
기후변화 150, 156

ㄴ

나르시스(Narcissus) 145
남부기독교지도자협의회(Southern Christian Leadership Council) 141
남아프리카의 치료행동캠페인(ATAC) 35
노동운동 30, 162; 노동운동의 쇠퇴 30
노동조합 19, 137-138
녹색생활은행(Green Life Bank) 89
뉴욕 길 만들기(Make the Road New York) 89

ㄷ

다당제 21, 35
다렌도르프(Ralf Dahrendorf) 179
다원주의(pluralism) 6, 8, 10, 42, 75, 147, 149, 180-181
다이아몬드 분쟁 149
달리트기금(Dalit Fund) 186
담론민주주의(discursive democracy) 12
담론적 공공영역(discursive public sphere) 99
담론정치 102-104, 108, 115
당파정치 37
대외원조 179, 181-182, 185
대의민주주의 17, 35, 102-103, 175
대처(Margaret Thatcher) 105
대표성 결여 154
대항적 동원(counter-mobilization) 117
데이턴협정(Dayton Accords) 181
독립 미디어 28, 100, 172, 179, 196
동성애; 동성애 혐오 107, 111; 동성애자 권리운동 141
듀이(John Dewey) 12, 98
드라이젝(John Dryzek) 157
디지털 찬미론자 122, 124
딜룰리오(John Dilulio) 144

ㄹ

라니어(Jaron Lanier) 120
라자스탄(Rajasthan) 35
래쉬(Christopher Lasch) 39
레씨그(Larry Lessig) 115
레이거노믹스(Reaganomics) 15
로비집단 139
로젠블럼(Nancy Rosenblum) 70, 145-146
로크(John Locke) 38

로크웰(Norman Rockwell) 68
르완다의 후투(Hutu)족 74
리(Xiarong Li) 180
리프(David Rieff) 23
리프킨(Jeremy Rifkin) 4
링컨(Abraham Lincoln) 29

ㅁ

마르퀀드(David Marquand) 112
마술탄환 27, 167
마키아벨리(Niccolò Machiavelli) 104
맑스(Karl Marx) 12; 맑스주의 16, 129
맘다니(Mahmood Mamdani) 55, 57
매디슨(James Madison) 10
맥베이(Timothy McVeigh) 74-75
맥키벤(Bill McKibben) 125
머독(Rupert Murdock) 112
면대면 참여방식 121-122, 143
모로조프(Evgeny Morozov) 119-120
무가베(Robert G. Mugabe) 46
무슬림형제단(Muslim Brothers) 52
무아세르(Marwan Muasher) 54
무토지농민운동(landless movement) 139
문명충돌론 50
문명화된 사회 16, 40, 66, 81-82, 90, 135, 147
미국노동총연맹-산업별조합회의(AFL-CIO) 30, 143
미국은퇴자협회(American Association for Retired Persons) 143
미네소타 제이씨(Minnesota Jaycees) 147
미산별노조총연맹(AFL-CIO) 138
미시적 공공영역 100
미시환경(micro-climates) 69
민영화 18, 22, 162, 171, 176, 180
민족주의: 민족주의 운동 56; 민족주의의 부활 183
민주주의 69, 97, 99, 104, 110, 120, 127, 130, 132-133, 141, 144-148, 154, 156, 159-160, 167, 169, 181-182
민코프(Deborah Minkoff) 144
밀(John Stuart Mill) 103

ㅂ

바르쉬니(Ashutosh Varshney) 39, 140
바야트(Asef Bayat) 54
바우만(Zygmunt Bauman) 91
방글라데시 농촌진흥위원회(BRAC) 29
백신 및 면역 글로벌연맹(Global Alliance for Vaccines and Immunization) 150
버바(Sidney Verba) 139
베리(Jeffrey Berry) 141
베버(Max Weber) 26
베빙턴(Tony Bebbington) 43
벨(Daniel Bell) 68
벨라(Robert Bellah) 18
보수주의 77
보이트(Harry Boyte) 98, 102
보충성 171, 176
볼(John Ball) 1
볼카니제이션(Balkanization) 123
부시(George W. Bush) 109
브라질의 주민참여 예산제 102
블로그 활동가 네트워크들 51
비교결사학파(comparative associational school) 134, 159
비영리단체(NPOs) 29, 32, 89, 145, 174
비영리산업복합체(Non-Profit Industrial Complex) 47
비영리섹터 27, 41, 47, 180
비(非)정당정치 177
비판이론 129; 비판이론가(critical the-

orists) 13
빈곤: 빈곤-감축 성장(poverty-reducing growth) 4; 빈곤 퇴치 67

ㅅ

사마지(Araya Samaj) 29
사에드-사이드(Mohammed El Sayed-Said) 157
사유(思惟) 8, 62, 96
사이버유토피아니즘 119
사회계약 91, 133
사회민주주의자 21
사회적 기업 40, 83-84, 86-89, 171
사회적 네트워크 133
사회적 다윈주의(Social Darwinism) 9
사회적 자본(social capital) 10, 20, 66, 70, 133, 135-136, 166, 173
살라몬(Lester Salamon) 4
상징시스템 프로그램(Symbolic Systems Program) 158
상호교차적 네트워크 43
색동 혁명들(color revolutions) 119, 182
생활세계의 식민화(colonization of the life world) 13
생활임금캠페인(Living Wage Campaign) 44
서비스 정치 184
서비스-제공 NGO 51
설리번 카운티(Sullivan County) 2
성난 몬트리올 할머니들(Raging Grannies of Montreal) 190
성난 사람들(indignados) 23, 119
성차별주의 107, 111
세계경제포럼(WEF) 158
세계댐위원회(WCD: World Commission on Dams) 150

세계사회포럼(WSF: World Social Forum) 20, 63, 100, 105, 158
세계시민주의 171
세계여성대회 155
세계연방주의자운동(World Federalist Movement) 151
세네트(Richard Sennet) 98
세르비아저항운동(The Serbian Resistance Movement) 146
세이브더칠드런(Save the Children) 31
센(Nabinchandra Sen) 95
셀리그먼(Adam Seligman) 77
셔키(Clay Shirky) 118
소게(David Sogge) 58
소수자 권리 176
솔리다리티(Solidarity) 17, 34, 67
숙의민주주의 12
쉑드웰러즈인터내셔널(Shack Dwellers International) 32
슈미트(Eric Schmidt) 118
스마일리(Ian Smillie) 181
스카치폴(Theda Skocpol) 30, 33, 137, 140, 142-143
슬랙티비즘(slacktivism) 121
시민권 20, 146; 시민권적 권리들 21
시민기금(crowd-funding) 120
시민 배심원단 100
시민사회 결정론(civil society determinism) 180
시민사회부활론자 68-70, 73, 75, 79, 109, 129, 165, 191
시민사회이론 55
시민성(civility) 9, 64, 70, 109-110
시민행동(citizen action) 6-7, 161, 169, 172, 184, 187
시비쿠스(CIVICUS) 66
시비타스 후마나(the civitas humana) 62

시에라클럽(Sierra Club) 143
식민주의 5, 55
신노동당 34
신보수주의 45
신용조합 40
신토크빌주의자 15, 20, 41, 66, 68, 91, 100, 145
심의민주주의(deliberative democracy) 12, 176

ㅇ

아나키스트 68
아라토(Andrew Arato) 39
아랍의 봄(Arab Spring) 8, 50, 52, 54, 67, 119, 123, 182
아랍 인티파다(Arab Intifada) 50
아렌트(Hannah Arendt) 12, 98, 107, 147
아리스토텔레스(Aristotle) 8-9, 97, 110
아리아스 공식(Arias Formula) 154
아메리칸 리전(American Legion) 137, 141
아와미 연맹(Awami League) 36
아웅산 수치(Aung Sang Suu Kyi) 64
아프리카민족회의(ANC) 35-36
안-나임(Adullahi An-Na'im) 54
알렉산더(Jeffrey Alexander) 13
알카에다(al-Qaeda) 23, 73
약속을 지키는 사람들(Promise Keepers) 45
에반스(Sara Evans) 98
에치오니(Amitai Etzioni) 104
엘리아소프(Nina Eliasoph) 110, 144-145
연합과도정권(Coalition Provisional Authority) 179
오픈데모크라시(openDemocracy) 100, 157
옥스팜(Oxfam) 31, 41, 152
온정적 보수주의자(Compassionate Conservatism) 16, 144
우쉬타쉐(Ushtashe) 109
울프(Alen Wolfe) 23
워런(Mark Warren) 132, 144
원형-사회(proto-social) 52
월저(Michael Walzer) 10, 28, 39, 68, 107
위대한 중동 이니시어티브(Greater Middle East Initiative) 181
유누스(Muhammad Yunus) 36
유엔만민의회(UN Peoples' Assembly) 154
유엔사회개발연구소(United Nations Research Institute for Social Development) 153
유전자 조작 식품 97
의사소통(communications) 97, 120; 의사소통 구조 109, 114; 의사소통적 행위 12
이슬람 근본주의자들 109
이슬람주의 운동 52
인간적으로 변하는 자본주의(humanizing capitalism) 20
인도주의적 개입 150
인도주의적 거버넌스(humane governance) 65
인민참여법(Law of Popular Participation) 176
인종주의 107, 111
인터넷중심주의 119
잉겔(Ronal Engel) 26

ㅈ

지구정의(正義)운동 183

자기-출연금 모델　185
자발결사체　15, 18–20, 27–28, 30–31, 36, 48, 53, 60, 66, 70, 73–74, 87, 101, 130, 138, 145, 161–162, 178, 180, 185, 189
자발주의(voluntarism)　51, 195
자선주의(慈善主義)　185
자선모금활동 모델　185
자선자본주의(philanthrocapitalism)　39
자유주의　12, 77
자유주의적 평등주의(liberal egalitarianism)　11
자유해방주의(libertarianism)　3
재탄생한 시민사회(twice-born civil society)　78
저질화(dumbing down)　115
저항문화　48
전미생명권위원회(National Right to Life Committee)　142
전미여성연합(National Organization of Women)　143
전미총기협회(National Rifle Association)　142, 156
전체주의　105, 147
점령하라(Occupy) 캠페인　23, 41, 45, 112, 119
정보통신기술(ICTs)　118, 122
정체성 정치(identity politics)　111
정치공동체(polity)　66, 93, 96, 113
정치사회(political society)　34
제2의 시민사회　82
제3섹터　27, 29, 42, 67
제5부(the fifth estate)　24
제로섬 게임　130
좋은 거버넌스(good governance)　4, 21
좋은 사회　2, 8, 14, 40, 60, 62, 68, 72, 78, 80–82, 93, 100–101, 104, 130–134, 136, 141, 149, 159–164, 166, 169, 171, 177–178, 187–188; 좋은 사회의 비전　175
좋은지구사회　155
주창(advocacy)　112; 주창(主唱) 집단　137; 주창연구소(Advocacy Institute)　3; 주창활동　144–145, 181, 184
중첩적 멤버십　133, 142, 173
지구e-의회(global e-parliament)　154
지구시민사회(global civil society)　64–65, 149, 151–153, 155, 157–159; 지구시민사회 이론　150
지구시민행동(global citizen action)　149, 156
지구적 시민권(global citizenship)　156
지구적 윤리공동체(global ethical community)　62, 65
지구정의운동　183
지식공유제(knowledge commons)　126
직접민주주의　17–18, 35, 176
집합행동　20, 25, 39, 56, 75, 88, 189

ㅊ

찬도케(Neera Chandokee)　23
참여민주주의　102, 175
책무성　105, 147, 153, 176, 179, 187
청년리케움(Young Men's Lyceum)　29
체트닉스(Chetniks)　109
초국적 결사체　152, 155
초국적 네트워크　47, 164
초국적 의사소통　158

ㅋ

카르(Nicholas Carr)　122
카스텔즈(Manuel Castells)　118

카터(Stephen Carter) 81
카토연구소(Cato Institute) 3
캠벨(David Campbell) 145
케인즈(John Maynard Keynes) 8
코스모크라시(cosmocracy) 65
코스모폴리탄 민주주의(cosmopolitan democracy) 65
코헨(Jean Cohen) 39
콘라드(George Konrad) 38
쿠 클럭스 클랜(KKK: Ku Klux Klan) 73
큰 사회(Big Society) 프로그램 170
클릭티비즘(clictivism) 121
키인(John Keane) 13, 99
킹(Martin Luther King) 161

ㅌ

타고르(Rabindranath Tagore) 95, 109
타운홀미팅 68, 100, 176
탈정치화 102
태로우(Sidney Tarrow) 152
터클(Sherry Turkle) 120
테러 23, 74, 172; 테러리스트 75; 테러리즘 62
토착시민행동 179
토크빌(Alexis de Tocqueville) 10, 14, 26, 91
특수-이익 정치 42
티쿤올람(tikkun olam) 62
티파티(Tea Party) 45, 112
틸리(Charles Tilly) 161

ㅍ

파드론(Mario Padron) 27

파크스(Rosa Parks) 110
퍼거슨(Adam Ferguson) 8
페미니스트 13
편평한 운동장 152, 161, 163
폴리스(polis) 9, 24, 62
표현의 자유(Freedom of Speech) 68
푸쉬백 네트워크(Pushback Network) 43, 140
푸트남(Robert Putnam) 10, 27, 70, 74, 93, 135-136, 142, 166
풀뿌리 항의시위 141
피오리나(Morris Fiorina) 176

ㅎ

하나의 공중 116
하버마스(Jürgen Habermas) 12-14, 98-99, 103, 115
하벨(Vaclav Havel) 63
학생비폭력조정위원회(Student Non-Violent Coordinating Committee) 141
행동주의 6
허쉬먼(Hirschman) 85
헤겔(Hegel) 11, 14, 194
헤리티지연구소(Heritage Institute) 45
헤미스페릭소셜얼라이언스(Hemispheric Social Alliance) 31
헤즈볼라 52
협치 96, 106
호킨(Paul Hawken) 43, 65, 189
홉스(Thomas Hobbes) 8-9
환상열석(stone circles, 環狀列石) 비영리단체 89
회의학파(school of skeptics) 134, 160
히틀러(Adolf Hitler) 76
힌두 민족주의 77

역자 소개

서유경 (sykphil@khcu.ac.kr)

경희대학교 영어교육과 졸업
켄트대학교 정치사회학 석사
옥스퍼드대학교 정치사회학 석사
경희대학교 정치철학 박사

현 경희사이버대학교 후마니타스학부 교수
    대통령직속 정책기획위원회 위원
    한국NGO학회 부회장 겸 편집위원장

한국정치학회 정치사상분과위원장 및 편집이사
한국국제정치학회 이사, 21세기정치학회 이사

주요 저역서
『미국의 결사체 민주주의』 (아르케, 공저)
『아렌트와 하이데거』 (교보문고, 역서)
『한나 아렌트 사랑 개념과 성 아우구스티누스』 (텍스트, 역서)
The Political Aesthetics of Hannah Arendt (독일 Lambert Academic
    Publishing, 영문 저서) 외 다수

명인문화사 정치학 관련 서적

정치학 분야

정치학의 이해 Roskin 외 지음 / 김계동 옮김
정치학개론: 권력과 선택, 제15판 Shively 지음 / 김계동, 민병오, 윤진표, 이유진, 최동주 옮김
비교정부와 정치, 제10판 Hague, Harrop, McCormick 지음 / 김계동, 김욱, 민병오 외 옮김
정치학방법론 Burnham 외 지음 / 김계동 외 옮김
정치이론 Heywood 지음 / 권만학 옮김
정치 이데올로기: 이론과 실제 Baradat 지음 / 권만학 옮김
민주주의국가이론 Dryzek, Dunleavy 지음 / 김욱 옮김
신자유주의 Cahill, Konings 지음 / 최영미 옮김
정치사회학 Clemens 지음 / 박기덕 옮김
복지국가: 이론, 사례, 정책 정진화 지음
포커스그룹: 응용조사 실행방법 Krueger, Casey 지음 / 민병오, 조대현 옮김
문화로 읽는 세계 Gannon, Pillai 지음 / 남경희 외 옮김
거버넌스의 정치학: 한국정치의 새로운 패러다임 모색 김의영 지음
한국현대사의 재조명 한국전쟁학회 편
성공하는 리더십의 조건 Keohane 지음 / 심양섭 외 옮김
여성, 권력과 정치 Stevens 지음 / 김영신 옮김

국제관계 분야

국제관계와 세계정치 Heywood 지음 / 김계동 옮김
국제정치경제 Balaam, Dillman 지음 / 민병오 외 옮김
국제관계이론 Daddow 지음 / 이상현 옮김
국제기구의 이해: 글로벌 거버넌스의 정치와 과정, 제3판 Karns, Mingst, Stiles 지음 / 김계동, 김현욱 외 옮김
현대외교정책론, 제3판 김계동, 김태효, 유진석 외 지음
외교: 원리와 실제 Berridge 지음 / 심양섭 옮김
세계화와 글로벌 이슈, 제6판 Snarr 외 지음 / 김계동, 민병오, 박영호 외 옮김
세계화의 논쟁: 국제관계 접근에서의 찬성과 반대논리, 제2판 Haas, Hird 엮음 / 이상현 옮김
현대 한미관계의 이해 김계동, 김준형, 박태균 외 지음
글로벌 환경정치와 정책 Chasek 외 지음 / 이유진 옮김
핵무기의 정치 Futter 지음 / 고봉준 옮김
비핵화의 정치 전봉근 지음
비정부기구(NGO)의 이해 Lewis 외 지음 / 최은봉 옮김
한국의 중견국 외교 손열, 김상배, 이승주 외 지음
자본주의 Coates 지음 / 심양섭 옮김

지역정치 분야

동아시아 국제관계 McDougall 지음 / 박기덕 옮김
일본정치론 이가라시 아키오 지음 / 김두승 옮김
현대 중국의 이해, 제3판 Brown 지음 / 김흥규 옮김
현대 미국의 이해 Duncan, Goddard 지음 / 민병오 옮김
현대 러시아의 이해 Bacan 지음 / 김진영 외 옮김
현대 일본의 이해 McCargo 지음 / 이승주, 한의석 옮김
현대 유럽의 이해 Outhwaite 지음 / 김계동 옮김
현대 동남아의 이해, 제2판 윤진표 지음
현대 아프리카의 이해 Graham 지음 / 김성수 옮김
현대동아시아의 이해 Kaup 편 / 민병오, 김영신, 이상율, 차재권 옮김
미국정치와 정부 Bowles, McMahon 지음 / 김욱 옮김
미국외교정책: 강대국의 패러독스 Hook 지음 / 이상현 옮김
세계질서의 미래 Acharya 지음 / 마상윤 옮김
알자지라 효과 Seib 지음 / 서정민 옮김
일대일로의 국제정치 이승주 편
중일관계 Pugliese, Insisa 지음 / 최은봉 옮김

북한, 남북한 관계 분야

북한의 외교정책과 대외관계: 협상과 도전의 전략적 선택 김계동 지음
북한의 체제와 정책: 김정은시대의 변화와 지속 체제통합연구회 편
북한의 통치체제: 지배구조와 사회통제 안희창 지음
남북한체제통합론: 이론·역사·경험·정책, 제2판 김계동 지음
한국전쟁, 불가피한 선택이었나 김계동 지음
한반도 분단, 누구의 책임인가? 김계동 지음
한류, 통일의 바람 강동완, 박정란 지음

안보, 정보 분야

국제안보의 이해: 이론과 실제 Hough, Malik, Moran, Pilbeam 지음 / 고봉준, 김지용 옮김
전쟁과 평화 Barash, Webel 지음 / 송승종, 유재현 옮김
국제안보: 쟁점과 해결 Morgan 지음 / 민병오 옮김
전쟁: 목적과 수단 Codevilla 외 지음 / 김양명 옮김
국가정보: 비밀에서 정책까지 Lowenthal 지음 / 김계동 옮김
국가정보의 이해: 소리없는 전쟁 Shulsky, Schmitt 지음 / 신유섭 옮김
테러리즘: 개념과 쟁점 Martin 지음 / 김계동 외 옮김